青少年不可不知的未解之谜全集

汤勇 编著

天津科学技术出版社

图书在版编目（CIP）数据

青少年不可不知的未解之谜全集/汤勇编著.—天津：
天津科学技术出版社，2009.12
ISBN 978-7-5308-5459-4

Ⅰ.①青… Ⅱ.①汤… Ⅲ.①科学知识–青少年读物
Ⅳ.①Z228.2

中国版本图书馆CIP数据核字（2009）第221163号

责任编辑：范朝辉
责任印制：王 莹

天津科学技术出版社出版
出版人：胡振泰
天津市西康路35号　　　邮编 300051
电话：（022）23332390（编辑室）　23332393（发行部）
网址：www.tjkjcbs.com.cn
新华书店经销
北京华戈印务有限公司印刷
开本 787×1092　1/16　印张 28　字数 360 000
2010年2月第1版第1次印刷
定价：39.80元

前 言

恐龙干尸为什么会重现人间？千奇百怪的UFO为何频频光顾地球？外星生命把地球生命当作活标本吗？古老的庞贝城怎么会在一夜之间消失了呢？冰川里惊现的"男尸"究竟是何人？人造心脏在五万年前就已经被"研发"了吗？尼斯湖水怪真的存在吗？法老的"杀人魔咒"又是怎么回事……物转星移，到底有多少离奇真相被历史的阴霾笼罩？沧海桑田，到底有多少惊人谜团被岁月的尘埃掩埋？

在世界漫长而辉煌的进程中，还存在着许许多多悬而未解的谜团。这些神奇、怪异、惊险的谜团"贯穿"了史前文明与当今社会，从神秘的自然到深邃的历史，从浩瀚的宇宙到无垠的海底，它们深深地吸引着人类，引发着人类不断地思考、探索和研究。随着人类源源不断的"挖掘"，许多离奇、神秘的谜团已经被人类的智慧破解，但随着时代的发展，一个个新的谜团又向人类发起了新的"挑战"，面对这些挑战，一代代人又开始了永无止境的探索，而青少年作为社会的"中流砥柱"，更应该了解这个未知的世界，更应该了解目前科学的进展，更应该勇敢的接受"挑战"，因为我们肩负着"历史的重任"，而这重任之一就是用科学的力量，用人类的智慧，打开一扇扇神秘之门，破解一个个未解之谜！

为了让你进一步了解这充满神秘色彩的未知世界和闪烁着智慧之光的科学进程，我们编撰了《青少年不可不知的未解之谜全集》，本书以知识性、科学性、趣味性为出发点，参考了最新的研究成果和大量文献资料，以一种全新的视角来展现人类广泛关注的各个领域的谜团，荟萃了极富研究价值又令无数人着迷的种种不解之谜，如恐龙、飞碟、外星生物、水怪、野人、宝藏等等，内容上涵盖了科学、历史、政治、地理、天文、建筑、考古、艺术、自然等各个领域。

《青少年不可不知的未解之谜全集》将精彩的文字解说与精美图片完美结合。众所周知，图片是文字最直观的反映和补充，其真实性和立体感不容置疑，因此为了让您了解最真实的未解之谜，我们用300多幅珍贵的图片再现了那些神秘、奇幻、诡异、罕见、悬疑的惊悚瞬间。这些图片包括了真实的罕见旧照、精美的临摹画像、宏伟的建筑景观、清晰的摄影照片等。相信文字解说的事件，图片还原的真实，精彩绝伦的内容，智慧剖析的原理必能用智慧之光照亮一座座幽暗的迷宫，用科学之手揭开一层层神秘的面纱。

第一章，我们讲述了那个古老而庞大的"家族"，那个备受青少年喜爱、吸引无数专家研究的凶猛族群——恐龙，在这里，我们将为你详细地讲解恐龙的习性和诞生之谜、恐龙的种族之谜及恐龙蛋之谜等。你还可以享受到一场视觉盛宴——触目惊心的恐龙争霸，以假乱真的恐龙模型，实实在在的恐龙化石……

第二章，你是不是也"钟情"于外星人的种种"超能力"，你是不是也经常说某某是外星人，外星人究竟离我们有多远，他们又为何频频光顾地球……本章为你呈现关于飞碟和外星人的"天外世界"。

第三章，木乃伊能复活，人造心脏五万年前已经存在，这些看似不可能的事情你听说过吗？远古的文明除了留给人类荒废的故址外，还有那些解不开的"文明之谜"让一代代科学家不断探索。

第四章、第五章……相信这些一定满足你对科幻的向往、对知识的渴望!

本书虽作为青少年拓展思维、启迪智慧的科普读本,但也适于想要了解未解之谜的一般读者,因为本书所讲述的未解之谜,都是非常经典的,它们或源于历史,或涉及文化,或现于生活。另外,本书在编写的过程中,参考了大量资料,在此,特向这些图书资料的作者或提供者表示衷心的感谢。

青少年不可不知的

未解之谜 全集

Weijiezhimi Quanji

目 录

第1章 开启亿年恐龙的绝密档案

Part 01 恐龙诞生和习性之谜

恐龙真的是小行星撞击地球产生的吗 / 3
恐龙主宰世界之谜 / 5
恐龙习性之谜 / 8
恐龙家族"和睦"吗 / 10
恐龙好战之谜 / 12
恐龙食量之谜 / 13
恐龙寿命之谜 / 15

Part 02 恐龙种族之谜

"龙"之谜 / 18
马门溪龙的研究之谜 / 20
鱼龙之谜 / 23
暴龙之谜 / 29
凶狠的异特龙 / 31
中华龙鸟之谜 / 32

Part 03 恐龙蛋之谜

恐龙孕育方式之谜 / 35
恐龙蛋之谜 / 38

Part 04 探秘惊人的恐龙奇观

恐龙干尸重现人间之谜 / 44
恐龙癌症之谜 / 45
世界最大的恐龙脚印之谜 / 47
中国恐龙奇观 / 49
活恐龙追踪 / 54
"恐龙公墓"的形成之谜 / 56
最后灭亡的恐龙 / 59

Part 05 恐龙无限遐想之谜

恐龙真的灭绝了吗 / 60
恐龙仍在天上飞吗 / 61
你幻想过克隆恐龙吗 / 63
再造古蜥视觉蛋白 / 65
恐人的传说 / 66

第2章
破解飞碟外星人传奇之谜

Part 06 人类的种种质疑

UFO真的降临过地球吗 / 71
飞碟与外星人来自何处 / 72
外星生命把地球生命当做活标本吗 / 73
月球是外星人的中转基地吗 / 74
外星人有何面貌 / 75
外星生命不屑与人类沟通吗 / 78
神秘麦田圈是外星人所为吗 / 79

Part 07 真实的天外来客

中国正史中的飞碟绑架事件 / 81
到"飞碟"做客 / 82
"魔鬼"降临莫斯科 / 83
中国：不明飞行物造访湖南、四川 / 84
巴基斯坦：不明飞行物现身偏远山村 / 85
美国：不明飞行物横于路当中 / 86
秘鲁：不明飞行物留下"倩影" / 87
澳大利亚：不明飞行物光临南部海面 / 88
非洲：不明飞行物像支雪茄 / 89
保加利亚：不明飞行物绽放绿色光芒 / 90
新西兰：不明飞行物与火山爆发同时出现 / 91

Part 08 巧遇的"不速之客"

七旬老妇巧遇6指外星人 / 93
魔力无边：外星人施展"定身法" / 94

怪事一件：路遇UFO / 95
勇者的行为：枪击外星人 / 96
幸与不幸：被外星人救过的人 / 98
追逐与戏弄：人类与UFO角逐 / 99
来无影去无踪：UFO"坐山观虎斗" / 100
近距离接触：UFO对决中国空军 / 102
围拢靠近：UFO骚扰民航班机 / 103
不善的行动：UFO攻击军事设施 / 104

Part 09 外星人的遗留物

外星人的遗留物 / 105
外星人在新疆留下岩画 / 107
外星婴儿 / 108
外星人遗留在地球上的尸体 / 109

Part 10 科学家的惊人发现

科学家宣称：外星人一直关注着人类和地球 / 111
与外星人聊天：科学家正在探讨星际语言 / 112
美国海军少将发现：地心存在飞碟基地 / 114
外星人告诉我们：揭示飞碟的原理和结构 / 114
世界著名天文学家称：25年内一定找到外星人 / 115
UFO使植物被烧焦 / 116
UFO使水源受污染 / 117
UFO伤害人体 / 117
UFO使电路短路 / 118

第3章
追问至今未解的古代文明

Part 11 惊人的超前文明

人类之前的文明之谜 / 123
神秘的石柱群之谜 / 128
撒哈拉沙漠壁画之谜 / 128
敦煌石窟之谜 / 130
美索不达米亚的遥远文明之谜 / 132

惊人的"预测力" / 133

神奇的"死人之脸"之谜 / 133

Part 12 不凡的玛雅文明

神秘的玛雅神殿 / 135

玛雅文字之谜 / 136

令人叹惊的玛雅数理及科技 / 137

神秘石雕绘像 / 138

Part 13 神秘的埃及金字塔文明

迷雾重重的金字塔 / 140

金字塔建筑技术之谜 / 145

金字塔用途之谜 / 146

木乃伊复活之谜 / 147

木乃伊的制作 / 150

五万年前的人造心脏之谜 / 151

第4章
探寻扑朔迷离的中外历史

Part 14 直击帝王生死

秦始皇的生父之谜 / 155

成吉思汗陵墓之谜 / 156

顺治帝出家之谜 / 157

雍正猝死之谜 / 158

乾隆身世之谜 / 159

亚历山大大帝之谜 / 160

希特勒身死之谜 / 162

肯尼迪被刺之谜 / 163

伊丽莎白女王之谜 / 164

Part 15 破解后宫疑云

孝庄太后下嫁之谜 / 166

陈圆圆死因之谜 / 167

昭君千古谜团 / 168

西施有无之谜 / 169

杨贵妃下落之谜 / 170

埃及艳后的情感之谜 / 171

Part 16 探索名人真相

李白死因之谜 / 173

花木兰之谜 / 174

李清照改嫁后之谜 / 175

哥伦布国籍 / 176

耶稣存在之谜 / 178

苏格拉底死因之谜 / 179

Part 17 试问政界悬案

司马迁受腐刑之谜 / 180

韩信死因之谜 / 181

诸葛亮之谜 / 182

郑和下西洋之谜 / 184

谋杀威廉二世之谜 / 185

"国会纵火案"元凶 / 186

"三巨头"惊险之谜 / 187

第5章
打开神秘莫测的地理密码

Part 18 扑朔迷离的古城遗迹

死城"埃伯拉"之谜 / 191

一夜之间消失的庞贝城 / 192

楼兰古城消失之谜 / 196

印加帝国消失之谜 / 199

丛林城市吴哥城神秘消失之谜 / 200

埋葬地下的特奥帝瓦坎之谜 / 201

迷离扑朔的陶蒂华康城 / 202

Part 19 不寒而栗的异域魔境

死神岛 / 203

神秘岛 / 204

旋转岛 / 206

魔幻地带百慕大三角 / 208

亦真亦幻的"空中花园" / 213

第6章
叩问疑云密布的文化深宫

Part 20 《圣经》密码

圣经中的谜团 / 219

夏娃和亚当之谜 / 220

诺亚方舟之谜 / 221

示巴女王的神秘国度 / 223

Part 21 惊悚奇闻

杀人的法老魔咒 / 224

神奇的水晶头颅 / 229

诡异的"希望"蓝钻石 / 234

北京猿人存在人吃人的现象吗 / 237

古罗马军队神秘失踪之谜 / 242

Part 22 渊源追踪

马拉松的来源 / 246

汉字起源真的是"仓颉作书"吗 / 250

瑜伽为何长盛不衰 / 254

谁把原子弹留给了人类 / 258

古代有核战争吗 / 262

第7章
领略耐人寻味的艺术玄奇

Part 23 "美"中谜团

诗人荷马之谜 / 269

命运之钻"希望"
"希望"重45.52克拉,深蓝色,世界著名珍宝。

蒙娜丽莎的神秘微笑 / 270

爱神移居之谜 / 274

Part 24 雕塑之谜

裸体雕塑之谜 / 280

狮身人面像之谜 / 285

复活节岛雕像连环谜 / 289

第8章
漫步迷雾重重的考古世界

Part 25 离奇的身世尸骨之谜

刘备尸体葬于何处之谜 / 295

唐僧尸骨之谜 / 295

西夏王朝之谜 / 297

耶稣骨灰之谜 / 300

冰川里的男尸之谜 / 301

印加帝国的少女"沉睡"之谜 / 302

Part 26 惊人的神奇发明之谜

火药发明之谜 / 305

古代电灯、彩电之谜 / 306

里耶秦简之谜 / 309

袖珍作弊书之谜 / 311

日本出土的四神镜之谜 / 312

古罗马的"化妆品"之谜 / 313

Part 27 罕见的遗址考古之谜

轩辕黄帝陵墓之谜 / 314

秦皇陵地宫布局之谜 / 316

尉迟寺考古之谜 / 319

法门寺之谜 / 319

尼雅遗址之谜 / 322

白帝城考古之谜 / 323

河北梳妆楼之谜 / 325

宋代钧窑之谜 / 326

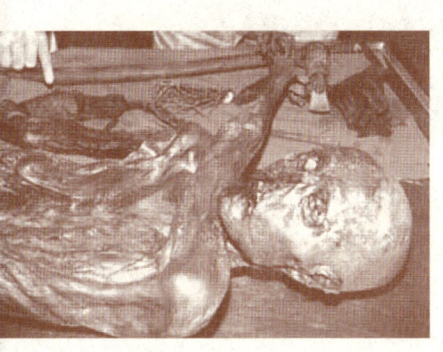

第9章
寻找悬疑重重的珍贵宝藏

Part 28 惊心动魄的寻宝故事

海盗拉比斯的藏宝图 / 331
寻找海底的"克罗斯维诺尔"珍宝 / 333
与伯爵夫人同眠的185亿法郎 / 336

Part 29 天各一方的失踪宝藏

沉睡在海底的珍宝公墓 / 339
克里姆林宫地下的宝藏 / 342
大隧道里的神秘宝藏 / 344
黑萨姆的宝藏 / 348

Part 30 没有谜底的离奇珍宝

满载希腊艺术珍品的玛迪亚沉船 / 353
法国王冠钻石失窃之谜 / 355
圆明园宝藏的灭顶之灾 / 357
失落的金山 / 361
北京猿人化石在谁手中 / 365

第10章
令人毛骨悚然的水怪野人

Part 31 罕见的水怪野人

尼斯湖水怪 / 371
神农架发现的"野人" / 375
美国野人 / 378
英国的野人 / 378

Part 32 异族人种生存计

矮人国 / 379
巨人岛 / 381

第11章
来自玄奇国度的动物之谜

Part 33 神秘巨兽之谜

游走在冰川期的怪兽之谜 / 385

巨蛇之谜 / 388

长毛象之谜 / 391

水底古兽之谜 / 393

神秘巨猫之谜 / 398

Part 34 动物杀生之谜

"雷兽"之谜 / 401

杀人蟹之谜 / 403

食肉蚁之谜 / 406

杀生蜂之谜 / 410

吸血蝙蝠之谜 / 414

Part 35 动物的怪异行为之谜

不死动物之谜 / 419

变性动物之谜 / 421

眼睛喷血之谜 / 424

毒蛇拜祭之谜 / 428

动物的"杀过"行为 / 430

青少年不可不知的

未解之谜 全集

Weijiezhimi Quanji

第 1 章

开启亿年恐龙的绝密档案

青少年不可不知的

未解之谜 全集

Weijiezhimi Quanji

第1章 开启亿年恐龙的绝密档案

PART 01 恐龙诞生和习性之谜

恐龙真的是小行星撞击地球产生的吗

不少科学家认为,大约6500万年前,一个巨大的天体在墨西哥尤卡坦半岛附近和地球猛烈相撞后,极大地改变了地球的气候环境,造成当时横行天下的恐龙因无法生存而逐渐灭绝。从此,哺乳动物逐渐发展壮大起来。那么之前,恐龙是怎样成为地球霸主的呢?最新科学研究发现,大约2亿多年前,外来

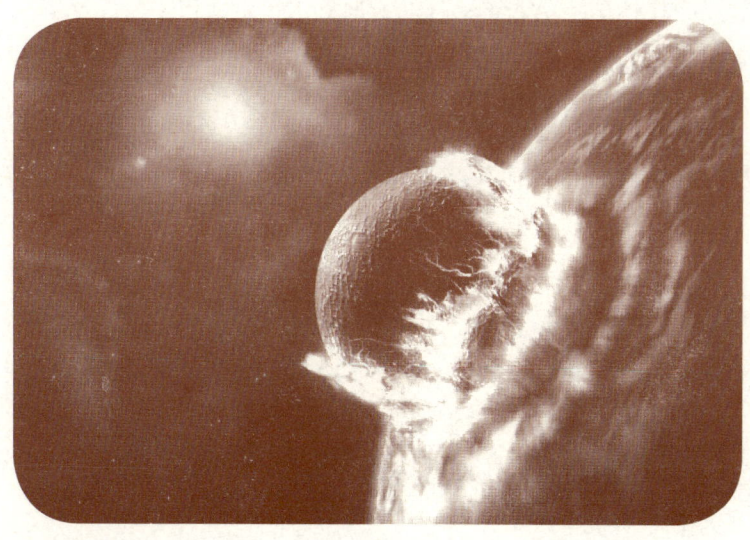

▲ 小行星撞击地球

天体撞击地球对气候产生的影响竟然也是恐龙"兴起"的主要原因。

这一结论是科学家在考察了北美洲70多个发现恐龙化石地点的岩石成分后做出的。研究显示，恐龙从侏罗纪早期开始在地球上大量繁殖，而在恐龙鼎盛期前，地球生物种类将近一半相继灭绝。科学家认为，地球生物的大量消失，为恐龙的幸存提供了机会，让它们能够在地球上扩展生存空间。

▲ 恐龙

这项研究成果显示，造成了恐龙繁盛期前地球生物大量灭绝的原因可能就是小行星和地球的一次猛烈相撞。科学家在北美一些岩石中发现了大量稀有金属铱。铱在地球岩石中含量很低，但是在小行星和彗星中却是一种很常见的物质。从这些岩石中发现的铱表明，地球可能被某个天外来客"热烈拥抱过"。

美国拉特格斯大学的肯特教授说，在矿石中发现铱，为研究天体和地球相撞提供了一个"时间记号"，把这一证据和古生代、中生代的地球生物状况联系起来，能帮助人们"回想"当时发生了什么事情。有证据表明，巨型恐龙在三叠

▲ 庞大的"恐龙家族"

纪末期（约2.1亿年前）开始以相对较快的速度繁殖。从发现的恐龙足迹化石来看，恐龙从三叠纪时期的形态过渡到侏罗纪时期的形态只用了短短5万年左右的时间。

肯特教授说，科学家们曾推测大约在2亿年前，某颗彗星或者小行星曾经对地球产生了重大影响，并形成了适宜恐龙迅速繁殖的环境，他们的研究正为这一猜想提供了有力证据。肯特表示，宇宙中某一天体对地球的撞击可能减少了恐龙生存对手的数量，甚至导致其中的一些完全从地球上"蒸发"了，这为恐龙进一步适应地球环境并大量繁衍创造了有利条件。

肯特教授的推测是准确的吗？有待进一步研究证实。

恐龙主宰世界之谜

35亿年前，地球上开始出现原始细菌。由此，生命从简单到复杂，从低级到高级。美丽的地球变得丰富多彩。然而在生物界不断的发展过程中，一些物种出现后又消失了，对此我们并不奇怪，因为物种灭绝实际上是生物演化的一个必然阶段。

一些种群发展到一定的时期就会结束它们的使命，由此产生的空间，将会有新的种群来占据，这就是生物界的新陈代谢。

▲ 恐龙的生存环境

有相当多的种类，我们甚至从来就不知道它们的名字，出现或者消失似乎都无足轻重，但有一些种类，对地球的影响非常大，于是地质学家就给它们打上了时代的烙印。

例如三叶虫，这类生物绝迹的时候，地质史上就以此作为古生代的结束。恐龙当然也不例外，中生代白垩纪就以恐龙灭绝为结束之界。但恐龙的影响绝不仅此而已，原因很简单，那就是恐龙是一类曾经繁盛无比的动物，它们傲视一切与它们同时代的生物，却在短时间内销声匿迹。究竟发生了什么事？人类既然无法亲眼目睹，那就只有让科学来回答了。

于是古生物学家挖地三尺，搜寻一切可以找到的化石，把琐碎的骨头连接起来。挖掘的结果使科学家们发现，从地理范围来看，恐龙几乎无所不在，欧洲、亚洲、非洲、美洲、南极大陆都有恐龙化石出土，一向被认为是资源匮乏的日本，居然也发现了大量的恐龙化石群。从形态特征来看，它们像爬行类，四肢健壮有力，并通过产蛋来孵化小生命；从个体大小来看，它们可以称得上是迄今为止发现的最大的陆生动物；根据化石可以推断出个体最重的恐龙能达到100吨，而现在地球上陆生动物中的老大——非洲象，只不过7吨重。在很长一段时间内，研究恐龙的科学家们的主要工作就是寻找恐龙化石。

▲ 恐龙妈妈与宝宝们

随着化石证据的不断增多,关于恐龙的研究也发展到了习性、生理、生态等各个领域。一个又一个的问题被解决了,但一个又一个的谜团又滋生出来。人们发现,不能简单地把恐龙列为爬行动物,因为有人提出了恐龙是恒温动物的说法。还有证据表明,有些恐龙甚至会照看自己的孩子,这一习性对于爬行动物如蛇、鳄、龟、蜥蜴来说是难以想象的。

最关键的是,恐龙这种盛极一时的动物到底是如何灭亡的?直到今天,科学家们对这个问题还在不断的推测之中。虽然有些学说听上去非常令人心动,但终究留有破绽,于是,谜面只好继续存在下去。但是,让人担忧的是,人类有时候也把自己比做恐龙,因为事实上我们已经统治了地球很长时间,如果我们不能明白恐龙灭绝的原因,天知道什么时候,人类也会步恐龙的后尘!

我们可以利用科学做武器不断地探索和发现。从遥远神秘的寒武纪开始,寻找任何有关恐龙的痕迹,去探求它们那扑朔迷离的神话,去了解它们的诸多未解之谜,为我们的生活添加些许色彩。

▲ "凶相毕露"的恐龙

▲ 行走在原始森林里的恐龙

恐龙习性之谜

在今天的动物王国中，有各式各样奇妙而有趣的动物。它们的外表形态是显而易见、易于观察的，但生活习性就不同了，没有长时间的观察和第一手观测资料，就很难了解到某种或者某类动物在自然环境条件下固有的生活特性。由此可见，对恐龙这类灭绝动物生活真相的了解，难度是很大的。好在有已发现的恐龙化石以及化石埋藏状况所蕴含的种种信息，为我们揭开恐龙的习性之谜提供了难得的线索。

群居

根据恐龙骨骼群体埋藏以及足迹群的发现，我们有理由认为许多大型植食性恐龙都是习惯于群居生活的，就像今天的羚羊和大象一样，成群结队地活动。群体移动时，大家都向着一个共同的方向前进。为满足群体取食量大的需要，它们经常转移"牧场"。在美国得克萨斯州的班德拉城的一个化石地点，曾发现有23条雷龙的行迹，步

▲ 群居

子都朝着一个方向，由较大脚印组成的行迹居外，小脚印行迹居中，这就证明了雷龙有群居生活的特性，且雷龙群在活动时还有相当的组织性哩！

小型的肉食性恐龙，如虚骨龙类，它们身体轻巧，腿长善跑，动作敏捷，其奔跑速度可能不亚于今天的驼鸟。它们过着群居的生活，几十只生活在一起。追捕猎物时，如同今天的狼群一样，依靠群体的力量围猎比自己大得多的动物，然后共同分割。鸟脚类恐龙，两足行走，行动迅速，也是群居生活，它们大都生活在苏铁、硬叶灌木密集的地区。在国外，曾多次发现鸭嘴龙、禽龙群体埋藏的情况。

角龙、甲龙也是群居的。1989年，在内蒙古乌拉特后旗巴音满都呼地区，发现了一个以自重纪甲龙、原角龙为主的恐龙化石堆积地，发掘采集到甲龙31具、原角龙93具以及少量兽脚类和恐龙蛋等。颇有趣的是，这31具甲龙全是幼年个体，大多数体长1米左右，几乎只是成年个体的1/4或1/6长。保存这些化石的环境还显示这些幼年甲龙是在沙丘间躲避风暴时被埋葬的。由此我们可以想象，当灭顶之灾到来时，体力强健的成年甲龙以较快的速度躲过了这场灾难，在那一刻，它们也来不及顾及自己的幼仔了。

独居

由于很少发现剑龙类恐龙骨架集中埋藏，因此，推测这类恐龙的数量相对较少，在庞大的恐龙家族中，剑龙类境况不佳，缺乏明显的竞争优势，所以成了最早灭绝的类

▲ 霸王龙模型

群。从已有的发现看,剑龙类恐龙尽管孤立地单个埋藏,但化石大都保存完好。如在中国四川省自贡市境内发现的一具剑龙,不仅骨架相当完整,而且还伴有皮肤化石!鉴于上述情况,有科学家认为,剑龙类恐龙很可能是单独生活的。剑龙类恐龙是恐龙家族中性格最为"孤僻"的素食者。

大型的肉食恐龙,如永川龙、霸王龙等,可能像今天的虎、狮一样,除了在繁殖的季节雌、雄个体生活在一起外,多数时候则是独来独往、单独生活的。总之,多数植食性恐龙及小型肉食性恐龙过群居生活,而大型的肉食性恐龙喜欢独居。在恐龙的群体内,很可能有其社会性:幼年个体受成年个体保护;雌性个性多于雄性个体,并接受雄性恐龙的支配。

▲ 霸王龙

恐龙家族"和睦"吗

弱肉强食是没有任何理念约束的动物们的天性和本能。强者,母体就赋予它强健的体魄和放纵的野性,它有能力去战胜和征服弱者;而弱者与生俱来的软弱性格,使其面对强者的欺凌时显得无奈,更没有反抗的力量,只能顺从。那么,在史前的恐龙世界中,它们又是如何相处的呢?

我们多是根据恐龙的不同食性初步划分出三大类:植食恐龙(以吃植物为生的恐龙)和肉食恐龙(主要是以吃肉为生的恐龙),还有杂食恐龙(既吃植物又吃肉的恐龙)。评判标准依据就是牙齿的不同形态。植食恐龙牙齿的典

▲ 恐龙集会

征，又有锋利的边缘锯齿。不过这类恐龙在整个演化过程中，出现的比较早，持续的时间也很短，到了侏罗纪的中、后期就很少见了，主要包括原蜥脚类恐龙。

型特点就是不显现出锋利，最常见的就是以勺形齿和棒状齿居多。

当然，不同类型的植食恐龙，在牙齿上的差别也不小，如剑龙的树叶状牙齿和鸟脚类中鸭嘴龙的锉刀状牙齿。这类植食性恐龙，在恐龙的类别中分别包括有蜥脚类恐龙和鸟臀目恐龙。对肉食性的恐龙而言，牙齿除了具有锋利的齿尖外，往往在形态上像匕首，同时牙齿也明显较大。

介于两种食性之间的杂食恐龙，在牙齿上继承了上述两种牙齿共同的特点，既表现出勺形的特

肉食恐龙是恐龙中的强者，而植食恐龙占弱势。作为杂食恐龙，可能作为中间势力，不为恐龙所欺，也不凌驾于别的恐龙之

▲ 罕见的恐龙世界

上；再者，很可能是肉食恐龙向植食恐龙进化的中间纽带。

因此，尽管一些庞大的植食恐龙看起来威风八面，但也常常成为那些寻衅滋事的肉食恐龙的美餐。尽管植食恐龙也经常采取集体防卫的战术来一致抵御进攻，但其中也不乏一些不能匹敌而丧生于它手的。

恐龙好战之谜

虽然恐龙过的是群居生活，但

▲ 即将开始的"恐龙大战"

免不了发生同种个体之间的勾心斗角、争夺配偶以及种间的地域争夺、食物占有等。同种恐龙尽管有着相似的生活习性，但因为偶尔的相互摩擦，常常会促成一场大战。为了得到配偶，到了发情的季节，那些追随者凭借体力的优势，置其他的恐龙于不顾，以此来取悦于异性恐龙。

随着恐龙个体的不断繁盛，有限的适应空间越来越显得狭小，谁去谁从，难以平分，争斗怎能不发生呢？这种斗争在不同种的恐龙群体中表现得尤为突出。

对于食肉的恐龙来说，它的生存，将意味着别的恐龙需为之付出血肉的代价，这种捕食者与被捕食者之间的生死搏斗，已经不是简单的皮毛之苦，而是经历生与死的抉择。恐龙之战的种种原因，在这里不可能一一评析，不过，恐龙之战同别的动物间的斗争有异曲同工之处。

所以，中生代的恐龙世界，并

▲ 恐龙世界的血雨腥风

不是风平浪静的桃源，在那里也经常充满喧嚣与厮杀的气氛。

恐龙食量之谜

你知道吗？一头4吨重的大象一天的食量在300千克以上。一

▲ 有些恐龙每天要消耗数吨乃至十几吨食物

般来说，哺乳类动物每天的食物摄入量大概为体重的10%。这些食物将转化成必要的能量，以维持体能和体温。但是变温动物就不同了，一条蛇一次吞下的食物可以相当于它的体重，当然，在余下的很长一段时间内，它也可以不吃不喝地平安度日。

那么，恐龙的食量如何呢？就我们现在知道的事实，有些恐龙的体重可达几十吨甚至上百吨，如果它每天的饭量也按体重的10%来计算的话，岂不是每天要消耗数吨乃至十几吨食物！计算下来，肉食性恐龙大概每天要击杀一条小型恐龙，而植食性恐龙似乎每天要横扫一大片草原或者森林，否则，连苟延残喘都很困难。

事实当然不会是这样。据计算，植食性恐龙每天的食量大概是其身体重量的1%。差别怎么会那么大呢？原来，秘密就在于它庞大的身躯。哺乳类或者鸟类频繁地进食，是因为它们本身的储能少，不这样做，身体的能量供应就会接不上；而恐龙身体中固有的能量多，进食只要维持基本需要就可以了。

对于霸王龙这样的肉食性恐龙来说，情况可能与现在的狮子、老虎或者龟、蛇差不多，只要成功地狩猎一次，几天没有食物也不至于饿得慌。

那么，科学家把恐龙分成植食性和肉食性，这种分类的根据又是什么呢？我们还得回头看看化石，不过，现在要看的是粪便化石。

古生物学家拿到粪便化石后，就把它们切开，放在显微镜下观察。如果其中含有茎或者叶，那么，就可以判定这是植食性恐龙的粪便化石。如果再与植物学家配合

研究，连恐龙吃的究竟是什么种类的植物也可以知道得清清楚楚。

至于这些粪便化石究竟来源于哪一种恐龙，这是一个综合性的问题，不过专家们也有办法，因为在粪便化石出土的同一

▲ 粪便化石

地层中，一定有恐龙化石出土，根据各种恐龙化石的多少和粪便化石的数量，大致可以推测出哪一类恐龙有什么样的粪便。这样，恐龙的饮食结构也就能大致了解了。

以上的解释只限于植食性恐龙，至于肉食性恐龙的食性，到现在为止大家还只是猜测。因为即使恐龙的胃中残存着一些骨头，也是一些碎片，根本就不能据此得出什么结论。所以，我们说霸王龙如何穷追猛打、生吞活剥它的猎食对象，充其量也只是大胆的想象。

在多数植食性恐龙的胃中存有几十颗石头，大小不一，小到鸡蛋样，大至拳头般，我们称之为胃石。在美国新墨西哥州侏罗纪地层中挖出的一条地震龙的肋骨间，科学家竟然找到230颗胃石，真是骇人听闻。

▲ 恐龙的栖息地

胃石在恐龙消化食物的过程中起什么作用呢？原来，恐龙不能分解食物的纤维素，它

必须依靠消化道中的微生物来分解这些纤维素。为了更有利于消化吸收，恐龙就要把食物弄得碎一点、再碎一点。于是，它对食物建立了两道加工工序，第一道是牙齿，每一次进食时恐龙都是细嚼慢咽；第二道就是胃石，可把磨得还不够碎的食物在胃里再次处理。经过这样两道工序，留给微生物的工作就轻松得多了，而恐龙也达到了将食物转化成能量的目的。所以，当你发现恐龙的胃中有大量石头时，一点也不要奇怪，这是它们赖以生存的一种工具。

恐龙具体的饭量是多少，仍然只是在猜测之中。

恐龙寿命之谜

各种生物的寿命不尽相同。现代爬行动物中的龟历来被认为是一类长寿动物。龟一般可以活数十年，个别可达数百年。俗语"千年王八，万年的龟"（王八即鳖，也属于爬行动物），即反映了这类动物的长命。其他较为大型的蜥蜴、鳞蛇等现代爬行动物的寿命，也可达百年以上。

相比之下，某些植物，特别是乔木和灌木的寿命比长寿动物还长。如，李树和柿树可以活100多年，松树和云杉能活400年以上。世界上千年以上的古树相当多，中国

▲ 乔木

▲ 灌木

南京的六朝古松已活了1400年，山东曲阜的圆柏有2400岁，台湾阿里山的"神木"，树龄高达3000～5000年。据传非洲如那利亚岛上的龙血树已达8000岁的高龄。作为一大类已经绝灭的古爬行动物，恐龙生前的寿命又有多长呢？

动物寿命的长短，往往是与其生长模式相关联的。非限定生长的动物比限定生长的动物的寿命长。倘若我们把现有动物的非限定生长模式用于对恐龙的研究，一些类群的恐龙从卵中孵化出来到成年所需时间分别是：原角龙26～38年，中等大小的蜥脚类恐龙82～118年，巨型蜥脚类，如腕龙，则需要百余年。那么，如果成年后的恐龙能再活上同样长的时间，腕龙也可活到300年左右。

另一个影响动物生长快慢的因素是它们的新陈代谢。平均说来，热血的脊椎动物的生长速度至少要比冷血的脊椎动物快10倍。生长越快，寿命越短；生长越慢，寿命越长。

▼ 恐龙究竟能活多少年

恐龙有着什么样的新陈代谢呢？它们是热血动物还是冷血动物？这是我们正确估算恐龙寿命的关键。很多证据显示出不少恐龙类群是热血动物。如果这是真的，便可用现代热血脊椎动物的生长模式来计算恐龙的寿命。结果是热血恐龙的个体可活几十年至一百多年。

总之，对于早已作古的恐龙，我们目前还不能准确地了解它们究竟能活多久。一些古生物学家在对某些恐龙骨骼的生长环进行研究后发现：这些恐龙死亡时的年龄为120岁左右。因此，有人认为恐龙的寿命可能更长，即可能活到100～200岁。

▲ 恐龙化石

PART 02 恐龙种族之谜

"龙"之谜

提到恐龙,中国小朋友都会立刻想到传说中的"龙"。恐龙是中国传说中的"龙"吗?

在原始社会,人类认为某些动物

▲ 传说中的"龙"

曾经是他们的祖先，所以崇拜这些动物。"龙"就是我们的祖先崇拜的动物之一。所以从人类的黎明开始，就流传着不少有关"龙"的神话传说，但在中国所说的"龙"，并不是动物世界中的恐龙。

"龙"的传说产生于科学不发达的时代，当时，人类对一些自然现象还不能做出科学的解释，于是就把大自然的力量形象化，把蛇、蜥蜴、鳄等现在的爬行动物综合抽象成神物——龙。

考古学家认为：当初蛇、蜥蜴、鳄等都是氏族部落的"图腾"，作为某些氏族的祖先而受到崇拜。但随着氏族的融合，就逐渐形成了现在人们看到的既有爬行动物特征又有哺乳动物特征的"龙"。

在中国商代甲骨文中，龙字就有许多写法，但基本上多是以蛇的形象为基础的。新石器时代的玉龙，仰韶文化、龙山文化中的龙，也丝毫没有脱离蛇的形象。

既然没有传说中的"龙"，那么，在全世界各国博物馆中陈列的恐龙又指的是什么呢？

▲ 艺术作品中的"龙"

▲ 精美的"龙"

恐龙是形态各异、种类繁多、早已灭绝的一类古代爬行动物。最早的恐龙出现在距今2.25亿年的三叠纪时期，于6500万年前的白垩纪晚期从地球上消失了，它们在地球上大约生活了1.6亿年。恐龙与现代生存的蛇、蜥蜴、鳄等同属一大类，在动物分类学上叫做爬行动物。

马门溪龙的研究之谜

恐龙研究专家运用先进的CT技术，对马门溪龙化石的头骨进行了分析，在对马门溪龙脑腔大小、形态、结构分区等详细数据进行研究的基础上，得出了结论：马门溪龙的颈部并不像学术界原来认为的能伸得像长颈鹿那样长。这些信息为学术界提供了宝贵的素材，尤其是对恐龙古神经学及牙齿替换规律的研究极具参考价值。

蜥脚类恐龙以其体躯庞大成为恐龙中引人注目的类群，马门溪龙是目前出土的蜥脚类恐龙化石中保存较好的标本。

从20世纪70年代开始，学术界普遍认为，蜥脚类在现实动物中最好的类比对象是长颈鹿——长长的颈子可以扬起来，伸向高处，去啃食高大乔木的

▲ 马门溪龙化石

细枝嫩叶。这一观点通过各种恐龙的复原图画广为流传。不少博物馆受其影响也纷纷改换姿态,把长颈恐龙的颈部竖得很长,马门溪龙、峨嵋龙等具有细长颈肋的恐龙标本在装架时往往被设计为"昂首阔步"。

在对马门溪龙的头骨进行CT分析后,其头骨反映出的骨骼特征清晰地表明,马门溪龙长长的颈肋像石膏夹板一样将几节颈椎"捆"在了一起。一旦把长颈扬起来,并呈"S"状弯曲,那么在弯曲幅度较大的地方,尤其是在颈的后部,颈部肋骨就会刺穿颈部皮肤等软组织,对身体造成重度伤害。因此,科学家们认为,马门溪龙的长颈不可能举得很高,比较可能是以低缓角度斜伸出去,头在空中的适宜高度不会超过其肩高两米。

在对恐龙齿腔做CT扫描时还发现,马门溪龙的牙齿替换具有连续性,新牙的生长与老牙的齿根吸收是同时进行的;齿根吸收越多的老齿,其齿冠的磨蚀痕迹也越明显。其牙齿的磨蚀

▲ 马门溪龙

痕迹还显示,这种植食性恐龙的食料可能较为粗糙。

CT技术即为计算机辅助断层扫描技术,最早用于医学对人体病变的检测分析,近20年来被运用到古生物化石的研究上,但将这一技术运用于蜥脚类恐龙化石的头骨分析在中国国内尚属首次。

保存最完整的蜥脚类恐龙化石——马门溪龙是恐龙中最引人注

从马门溪龙头骨的内部构造看，其脑腔非常小，经测量仅有78毫

▲ 奇异的马门溪龙

目的类群，以其体躯庞大、头小、颈长、尾长、四足行走为识别特征。马门溪龙是目前出土的蜥脚类恐龙化石中保存最为完整的标本，主要生活在中侏罗纪至晚侏罗纪，在晚侏罗纪尤其繁盛，化石丰富，进入白垩纪则走向衰亡。因长期缺乏可靠的头骨及全面的描述，学术界对马门溪龙的分类位置一直众说纷纭。

升，如此小的脑子与其庞大的体躯相比，差异极其悬殊，智力不可能发达。但马门溪龙的眼眶内具有巩膜环，可以调节光线，估计视力良好，可以了解大范围内的食物和敌害等情况，从而提高了对外界的感知能力，对其生存是有利的。在恐龙中，马门溪龙是颈椎数目最多的一类。以头骨轻巧、头骨孔发达、鼻孔侧位、牙齿勺状、下颌瘦长为

▲ 马门溪龙

主要特征。中国的马门溪龙化石相当丰富,广泛分布于四川、云南、甘肃和新疆等地,在四川盆地至少有30个市、县发现过这类化石。

鱼龙之谜

在中生代的三叠纪,地球的生命史上有两件大事——第一件是恐龙的诞生,第二件就是有些原本陆生的爬行动物又回到了海洋,成为海洋中的"龙"。这些爬行动物要重返广阔而深邃的大海,就必须解决如何用四肢在大海里游泳、怎样使肺在水中发挥正常作用以及如何在碧波万顷的大海中繁殖后代等问题。人们发现,凡是回到海洋中的几类水生爬行动物都很好地解决了上述三个问题。其中一类形态和生活习性都非常像鱼的鱼形爬行动物最为成功,那就是鱼龙。科学史上一再证明:当人类发现一些过去从未见过的动物时,往往会做出错误的判断,只有通过不断实践才能做出正确的结论。人们对鱼龙的了解也是这样。

鱼龙的发现

早在1708年,就有一位自然科学家在一本著作中描述过他在瑞士

苏黎世发现的两个黑色的脊椎骨。实际上这是鱼龙的，但却被误认为

▲ 鱼龙化石

是人的脊椎骨。与此同时，一位自然史研究者在同一地点附近找到了相同的脊椎骨，但他又误认为是鱼类的。1814年，英国有一位年仅12岁的小女孩儿叫做玛丽·安宁，她第一次发现了完整的鱼龙化石。安宁家境贫寒，从小就跟随父亲以拣拾海滨的贝壳或从岩石里冲刷出来的化石为生。这使她成为一位采集化石的能手。1828年英国发现的第一具翼龙标本，也是她找到的。她后来成为首次发现禽龙的曼特尔的妻子。也可以说，1822年曼特尔首次发现恐龙时，她起了很大作用。

鱼龙的特点

鱼龙最早出现于三叠纪，在以后的侏罗纪和白垩纪都有发现，但以侏罗纪最多。典型的鱼龙身体是流线型的，皮肤裸露，适合游泳。由于颌骨的伸长，它的头骨又长又大。在它的长嘴中，长有许多大而尖锐的牙齿，最多的可达200个。它的视力良好，眼睛很大，有用来保护眼睛的巩膜。在其他爬行动物中，管听觉的镫骨都很小，而鱼龙的镫骨却比较大，表明它有灵敏的听觉。所以有人夸张地说，鱼龙是"眼观六路、耳听八方"的海上霸王。它的鼻孔长在头顶后方，有利于在水面上呼吸。它的四肢已变成像船桨一样的鳍脚（又称桡足）。成年鱼龙的脊椎骨很多，可达200多个，但是有2/3的脊椎骨是尾椎，越向尾部越

▲ 或许若干年前鱼龙曾在这片海域生活

小。它有一个像鲨鱼那样的尾鳍，近尾部的尾椎急剧向下歪，形成倒歪形尾。不同地质年代鱼龙的尾鳍有不同的形状。比如三叠纪中期鱼龙的尾鳍长而低矮，侏罗纪早期鱼龙的尾鳍则是半月形的，下部比上部大。鱼龙有一个较大的三角形的背鳍，是它游泳时保持身体平直的稳定器。有人认为鱼龙的背鳍里面有支撑物，有人认为没有，但它至少和鲸一样，具有弹性组织。鱼龙靠鳍脚和尾巴在水中游动，游动速度可能在每小时40公里以上。平滑的皮肤，有助于它在水中游泳。

鱼龙吃什么

最近在英国的一个侏罗纪早期的地层里，找到一条完整的鱼龙化石，它的牙齿纤细尖利。科学家分析这种鱼龙应与现生大型鲸类和一类滤食性鲨鱼相似，以捕食小型鱼类或一些虾类为生。大多数鱼龙都有长而尖锐的牙齿。其中，有的可能把嘴插入岸边的淤泥，以便寻找食物，有的则在游泳时左右摆动头部，以便捕捉身边的鱼类。有人检查了鱼龙的胃部，发现它的食物有鱼、虾、贝类、鱿鱼等，偶尔也发现过翼龙。它的胃部有胃石，以帮助研磨硬的有壳食物。

鱼龙的种类

粗看起来，鱼龙的样子都差不多，但仔细观察它们外部形态和内部解剖结构，还是有较大的区别的。从大小来说，鱼龙一般有两米长，但有的却大得多。在美国内华达州发现的一种鱼龙有15米长，是目前已知的最大的鱼龙。而出现于三叠纪中期的混鱼龙是鱼龙家族中的"侏儒"，短的不到1米长，最大的也只有两米多。它头长脖子短，样子很像现代的海豚。它的四肢已变为善于游泳的鳍状肢，即鳍脚。它的尾鳍长而低矮，有一个小的背鳍，前肢比后肢长。它嘴里的牙齿与典型的鱼龙不同，典型鱼龙的牙齿成排地长在牙槽内，而混鱼龙的牙齿则单个地嵌在牙窝内。在三叠纪中期还生活在海洋里的短头鱼龙，有短而粗的头骨，与典型的鱼龙的长而细的头骨形成鲜明的对比。在它的下颌骨上有几排像钉子或纽扣一样的牙齿。它虽然头短，但四肢比同时代的任何鱼龙都要长。在北美经常发现的凹椎龙，身长可达10～14米。鱼龙大家族中最常见的就是侏罗纪晚期的鱼龙，前面提到的典型的鱼龙基本上是以它为代表的。它的外形很像现代的海豚，无明显的颈部，躯体相对较长，个体0.3～9米。它鳍脚的长度和宽度显著地增加，尾鳍强烈地下弯，与混鱼龙恰好相反。与它亲缘关系较近的眼龙，以大眼睛而得名，侏罗纪晚期海洋中的鱼类很少能逃脱它的视线，最后不得不成为它的美餐。有一类鱼龙叫细瘦狭鳍龙，身体又细又瘦，但个体

▲ 四处张望的鱼龙家族

▲ 向世人展示的鱼龙化石

很大，有的竟长达12米甚至更长。总之，形形色色的鱼龙给中生代的海洋增添了绚丽多彩的景观和无限的生命活力。

鱼龙化石主要发现于欧洲的英国、德国、瑞士、意大利以及北美等地，亚洲的印度也有发现。中国也发现了三叠纪的鱼龙，它们是龟山巢湖鱼龙、茅台混鱼龙、西藏喜马拉雅鱼龙。

龟山巢湖鱼龙是一种小型鱼龙，活着时也只有半米左右长。它的头是三角形的，有尖的嘴，有一对大而圆的眼睛。嘴内有许多异型牙齿，前面的牙齿小而尖，略微向后弯，后面的牙齿呈丘形，好像纽扣。脊椎骨的椎体较长，两端多少有些凹，已接近双平型。后肢小于前肢，前肢的指骨还保留着原始的四足类动物的指式，后肢趾都已变成鳍状的鳍脚。这种鱼龙发现于安徽巢县龟山，时代为三叠纪早期。这是迄今中国发现的最早的鱼龙类化石。此后，在巢县又发现过一个完整的鱼龙化石，被定名为巢县陈龙。

茅台混鱼龙生存于三叠纪中期，是比较原始的鱼龙，在形态上还保留着许多原始的特征。与典型的鱼龙相比，它的头骨比较短，颞颥孔很小，脊椎骨椎体两端深凹，肱骨短而宽。可惜这具标本只保存了部分脊椎骨和肩带。这种鱼龙发现于贵州茅台。

今日的喜马拉雅山白雪皑皑，异峰突起，山麓地带则森林茂密，郁郁葱葱。但在1.8亿年前，那里却是波涛汹涌、一望无际的海洋，与欧洲的古地中海相通，名为古喜马拉雅海。喜马拉雅山是后来才隆起的。在古喜马拉雅海中，生活着巨大的喜马拉雅鱼龙。这种鱼龙的外貌与今天的海豚和鲨鱼很相似。它体长10米多，嘴内有粗壮似扁锥的牙齿。整个头骨呈三角形，眼睛又大又圆。脊椎骨的椎体像一只碟子，两边微凹，整个脊椎骨就像拴在绳索上的一串碟子。它的四肢骨扁平，肩胛骨长，都有利于游泳。纺锤状的躯体，桨状的四肢和强壮的尾巴，使它成为古喜马拉雅海中无可匹敌的快速游泳家。这种鱼龙发现于西藏聂拉木县的土隆与定日两地，时代为三叠纪晚期。

鱼龙怎样解决生殖问题

绝大多数爬行动物是卵生的，把卵产在沙子里或窝内，但鱼龙不能到陆地上产卵，也不把卵产在水里，而是像鲸和海豚一样，卵在体内孵化，直接在水里产下小鱼龙。在德国的霍耳茨马登附近分布着黑色的沥青质页岩，在那里不仅发现了300多具鱼龙的骨骼，而且找到了可用于准确地再现鱼龙外貌的皮肤化石。更重要的是，从发现的雌鱼龙体腔内找到了小鱼龙的骨骼。这样的化石标本共有20具左右。有人认为这可能是鱼龙同类相残的结果，但更多的人认为它们是母子关系。经过长期的争论，现在普遍的看法是，所有在成年雌鱼体腔内找到的小鱼龙的骨骼，除去胃腔中的以外，都是尚未出世的小鱼龙。有一种叫做四裂狭鳍龙的鱼龙，被发现时体腔内就有四条小鱼龙，其中有三条小鱼龙仍在体内，第四条刚要出世，头部还留在母体内。大自然的石化作用就像照相机一样，惟妙惟肖地把鱼龙的生殖情况记录了下来。通过对这些标本的研究，人们相信：小鱼龙的尾巴首先渐渐地由母亲生殖腔内伸出，但整个身体并不马上出来，直到小鱼龙已经熟悉使用尾鳍和鳍脚为止。整个过程可能要持续好几个星期。快出生的小鱼龙个体是比较大的。一条3米长的雌鱼龙，它的子女在临近出世前长约0.5米。上述鱼龙"母子"化石和另外一些不同年龄的成年个体化石还告诉我们：鱼龙在生长过程中，头的大小变化要比身体的变化小。小鱼龙还在母体内时，头长平均为体长的1/2，初生时头长约为体长的1/3，成年个体头长为体长的1/4，老年个体的头长仅为体长的1/6。这个鱼龙"公墓"中的"母子"化石，为探讨鱼龙类的生殖情况提供了可靠的证据，证明鱼龙类是胎生的。

鱼龙类所有的成员也与恐龙一样，突然在白垩纪晚期从地球上消失了。

暴龙之谜

暴龙可能是有记录以来生活在地球上的最大的食肉类恐龙。它名字的意思是：残暴蜥之王。它身高大约5.6米，15米长，大约5.5吨重，它具有60个锯齿状边缘的利牙，有些达18厘米长。它具有硕大的上下颚；仅仅头颅就长达1.3米，它或许能够吃下一个人——假若那时候周围真有人类存在的话。

巨大的暴龙号称是有史以来陆地上最巨大的肉食动物，站起来身高超过两层楼，一口可以吞下一头牛，奇怪的是暴龙前脚非常矮小，和人手臂差不了多少，因此有些科学家认为暴龙无法捕食，只能吃死尸。暴龙出在7000万年前，是地球上存在过的体形最大的肉食性恐龙。为了站立时能够支撑这庞大的身躯，所以它们的前肢小而后肢粗壮有力。

暴龙捕猎食物时，除了用它那满嘴尖锐的牙齿外，带有利爪的足部和粗壮的尾巴都成了它最佳的武

▲ 暴龙

器。从它粗壮的颈骨、脊椎骨和后腿骨判断：暴龙捕捉猎物时可能是以后腿快步冲向猎物，再咬住猎物的要害——可能是颈部或是腹部吧？等猎物死亡后，再吞食尸体。但有些学者认为，由于暴龙的体形过大，会造成行动的缓慢，对于一些行动敏捷的小型恐龙，未必捕捉得到，所以，暴龙平常可能是靠自然死亡的恐龙尸体过活的。

暴龙小档案。时代：白垩纪后期；地区：美洲；食物：肉食；种类：龙盘目兽脚亚目。

▲ 暴龙的生存环境

 ## 凶狠的异特龙

以体形而言，异特龙虽然比前面提到的暴龙略小一号，但是和暴龙相比起来，异特龙具有比暴龙粗大，且更适合于猎杀植食恐龙的强壮手臂（前肢）。因此有部分科学家认为，异特龙才是地球有史以来最强大的猎食动物。

异特龙一般身长有11米，它们

▲ 凶狠的异特龙

的体重大约2吨，生活的时代在侏罗纪后期，食物主要是肉类，生活的地区在北美洲、澳洲，它们的种类属于龙盘目兽脚亚目。

异特龙下颚是咬合的，有些像蛇类；它可能吞食大块的肉类。在它三趾的前肢上有15厘米长的利勾爪。

弯龙是侏罗纪晚期的大型食肉恐龙，体长7.5米，臀高约2米，重约1.5吨。头部特大，头骨长1米，牙齿不仅锋利，而且还有倒钩。上下颚可以前后移动，便于撕裂猎物。前肢细小，有3只带爪的手指，后肢高大粗壮，也有3只带爪的趾。在那个时期的地层里，科学家们发现了一些弯龙的骨头化石，头骨上有异特龙牙齿留下的深深痕槽，折断的异特龙牙齿也散布在四周。这表明地层记录了一次异特龙血腥的捕杀。

中华龙鸟之谜

1996年末到1997年初,世界多家新闻媒体争相报道了中国辽宁省北票市四合屯出土的一只"最原始的鸟"——中华龙鸟。中华龙鸟的

陈丕基研究员在北美古脊椎动物学会第56届年会上公布了一只同样产于四合屯的"带羽毛的恐龙"的照片,引起了与会者的极大兴趣。

▲ "奔跑"中的龙鸟

研究者、中国地质博物馆馆长季强研究员指出,这只带"羽毛"的化石是鸟类的真正始祖,其时代为侏罗纪晚期,它的特征证明,鸟类是由恐龙进化而来的。

然而几乎就在同时,1996年10月17日,美国《纽约时报》刊载,中国科学院南京地质古生物研究所

上述的这些报道在国际古生物学界引起了轰动。许多科学家纷纷发表评论,就中华龙鸟的时代和分类地位展开了热烈的讨论。

经过考证核实,"中华龙鸟"和"带羽毛的恐龙"确实都来自辽宁北票四合屯。化石均产出于一层2~7米厚的含有火山灰的湖泊沉积

的页岩中,这层页岩在整个地层中位于一大层厚厚的被地质学家称为热河群义县组的地层的下部。而且,"带羽毛的恐龙"实际上是"中华龙鸟"化石标本的正模,二

研究证明,中华龙鸟的形态特征和身体大小与产于德国的一种小型的兽脚类恐龙——美颌龙相似,它们可以被归为一类。中华龙鸟是两足行走的动物,成年个体可以长达2米。在它的背部,有一列类似于"毛"的表皮衍生物。一些古生物学家认为这是原始的"羽毛",因此,中华龙鸟应该是一种原始的鸟;另一些古生物学家则认为,这种皮肤的衍生物不具备羽毛的特征,而类似于现生的某些爬行动物(例如蜥蜴)背部具有的表皮衍生物结构——角质刚毛,也可能是纤维组织。

从化石骨骼来看,中华龙鸟拥有很多典型的恐龙特征:它的头骨又低又长,脑壳(解剖学上称为脑颅)很小;它的眼眶后面有明显的眶后骨,"下巴"(解剖学上称为下颌)后部的方骨直;它的牙齿侧扁,样子像小刀,而且边缘还有锯齿形的构造;它的腰臀部骨骼(解剖学上称为腰带)中耻骨粗壮,向

▲ 龙鸟化石

者是某种动物的同一个个体。它原来是被四合屯的一位农民挖掘出来的,从化石的中间沿着岩层的层理分成了两块(正模和负模)。随后,正模被陈丕基研究员得到,负模则被季强研究员得到。

前伸；它的尾巴相当长，有60多个尾椎骨，尾椎骨上还有发达的神经棘和脉弧构造；它的前肢特别短，只有后肢长度的1/3，前肢的特征显示它的生活时代要比德国的美颌龙晚。陈丕基等研究人员认为中华龙鸟是一只小型的兽脚类恐龙。当然，根据生物命名法则，季强最初给它定的名字"中华龙鸟"则依然使用。

古生物学家们对中华龙鸟身上的似毛表皮衍生物的功能进行了讨论，一些人认为它可能是一种表明性别的"装饰"物；另一些人则认为它是一种保温装置。后一种解释似乎更为合理，因为小型的恐龙和小的始祖鸟为了高效力的活动应该需要具备高的新陈代谢率，因此也就需要保持体温。由此推论，中华龙鸟身上的似毛表皮衍生物表明，小型的恐龙有可能是温血动物（也就是恒温动物）。也有一些古生物学家推测，这种"毛"是羽毛进化过程的前驱，因此称其为"前羽"。目前，古生物学家还在使用新的方法对它进行进一步的研究。

有趣的是，在中华龙鸟的化石骨架中，发现它的腹腔里有一个小的蜥蜴化石。显然，这只蜥蜴是中华龙鸟捕获后吞下的猎物。

至于中华龙鸟的时代，近来根据对其产出地层的深入研究，科学家基本上把它确定为白垩纪早期，即距今大约1.3亿年前。

▲ 时刻保持警觉的中华龙鸟

第①章 开启亿年恐龙的绝密档案

PART 03 恐龙蛋之谜

 恐龙孕育方式之谜

恐龙属于爬行动物，现代爬行动物的生殖方式是卵生。所谓卵生，就是母体产生受精卵，卵在外界条件下孵化，胚胎在发育过程中，全靠卵内的卵黄作为营养物。恐龙是否也是卵生呢？人们以前只能推测是这样，因为谁也没有见过恐龙蛋。后来，在1925年人们第一次在蒙古戈壁滩上发现了原角龙的蛋化石，从此才使人信服恐龙确是卵生动物。这批恐龙蛋与原角龙的骨骼化石埋在一起，同时还

▲ 恐龙

在蛋中发现了原角龙的胚胎呢。

我们这里所说的恐龙蛋实际上已是它们的化石。蛋里面原有的成分在石化过程中已被分解、置换，填充了矿物质；我们从外面所看到的仅仅是它们的钙质蛋壳。有的蛋壳完整地保存了下来，有的已破裂成碎片。

恐龙蛋的形状、大小、蛋壳表面的细微结构都是分类的依据。形状从圆形到几乎为圆柱体，各种形状的都有，大小从几厘米到50多厘米不等。恐龙蛋的表面，有的光滑，有的粗糙。有的恐龙蛋内还有保存很好的胚胎。有的蛋单个散放，有的蛋是成窝的。一窝恐龙蛋少则几枚，多则几十枚。这种窝叫做"蛋巢"。有的蛋巢内有完整的蛋，有的只有破碎的蛋，有的除破碎的蛋壳外，还有孵出的幼龙的骨骼化石，并且在巢外，还发现了该种成年恐龙的骨骼和脚印化石。形形色色的恐龙产出了多种多样的蛋。现在已经发现了兽脚类、原蜥脚类、蜥脚类、角龙类和鸟脚类等多种类别的恐龙所产的蛋。

不同类型的恐龙蛋巢，反映出恐龙繁育后代的复杂的行为习性。1970年和1980年，美国科学家先后在蒙大拿州一处叫做"蛋山"的地层中发现了许多的恐龙蛋巢。这些蛋巢是由鸟脚类恐龙中的鸭嘴龙类和棱

▲ "破壳而出"的小恐龙和妈妈在一起

▲ 小恐龙与恐龙妈妈比起来是不是很弱小

齿龙类留下的。科学家们对这些蛋巢进行了研究，了解了这些恐龙的繁殖习性，使我们能够描绘出蛋山上的情景。

在恐龙繁殖的季节，成群的成年鸭嘴龙和棱齿龙便来到这里，"选夫择妻"，"谈情说爱"，经过交配后，"夫妻"双方便忙着筑巢产卵。它们在地势较高而且向阳的地方，寻找松软的土地，用带爪的前肢在地上掘出一个圆形的坑来，扒出的泥土垒在坑的周围，使坑的边缘隆起，高出地面，其形状就像一个火山口，可以防止雨水流进窝里。坑的大小跟将要产在其中的蛋的数量相称，以鸭嘴龙为例，每窝要容纳20多个蛋。挖好坑后，再回填上一些松土，巢就算筑成了。接下来，恐龙"妈妈"蹲在巢上向巢内产卵，产下的蛋钝端在上，尖端向下，呈放射状斜插在松软的泥土里，每产一个蛋就要稍微转动一下位置。产完后，再用一层薄土或植物叶片把蛋盖起。然后，这些将要做父母的恐龙便轮流守候在窝旁，提防敌害的掠食，直到孵出幼龙来。

棱齿龙的幼龙出壳时，四肢关节已经发育得比较好了，可以在父母的带领下，去窝外活动。可鸭嘴龙的幼仔孵化出来时，肢体关节发育还不充分，不能支撑其身体自由活动，必须继续留在窝内，由父母养育照料。这时的父母可辛苦了，每天都要轮换着去找回大量的食物。它们先将食物嚼碎吞下肚里，然后再把半消化的食物吐出来，喂养它们的小宝宝。同时，还要随时提防肉食性恐龙对幼龙和自身的伤害。直到幼龙能够跟随父母自由活动，它们才举家离开蛋山，四处觅食。由于这类鸭嘴龙具有出众的养育幼龙的本领，所以，人们给它们取名叫做"慈母龙"。

恐龙在筑巢产卵后，是否有像鸟类一样的孵卵行为？这个问题现在已经得到了肯定的回答。美国纽约自然历史博物馆的研究人员与蒙古科学家组成的联合考察队，自1990年以来，一直在戈壁沙漠从事野外发掘，它们在一处名叫乌哈—托尔戈特的地方发现了一处保存异常完好的恐龙化石。这是生活在7000万年前的一种食肉恐龙的化石。化石清楚地显示出恐龙死前正在孵卵：它的后肢叉开蹲在窝上，窝内有15枚恐龙蛋，它的前肢微微弯曲，前爪分开并伸向后方，好像在护着自己的卵。这个情景，与今天的鸵鸟和鸽子、母鸡孵蛋的方式并无两样。从化石上看，这条恐龙很像鸵鸟，只是它的尾巴较长而脖子更短。看来，恐龙孵卵、育子的行为与鸟类相似，还是很复杂的呢。

至于恐龙究竟是怎样产卵，又是怎样将小恐龙孵化出来，都还只是人们的猜测。

恐龙蛋之谜

恐龙产的卵，都具有坚实的外壳，所以可保存为化石。恐龙蛋大小不一，小的3厘米左右，大者长径达56厘米，形状通常为卵圆形，少数为长卵形或椭圆形，可成窝保存。

恐龙蛋的发现

恐龙蛋化石最早是在法国南部发现的。1869年Matheron第一次描述了在Rognac的三叠径层中找到的两块碎蛋片，1877年Gervais对此做进一步地研究，发现它们的结构和龟鳖类的卵最为接近，因而认为是属于一个未知种属的爬行动物的蛋。随后Rognac发现了另一个蛋化石，其显微结构也和龟鳖类的蛋很相似。壳的细微结构与上述所发现的标本一样，和爬行类的龟蛋很相似，基本上是由很多细小的圆锥形的乳突组成，乳突的末端向外突出，在表面上形成了密集的瘤状小突起纹饰。由于这些蛋化石比较大，有的直径大于20厘米，因此被认为是恐龙的蛋。

各地的恐龙蛋

中生代恐龙蛋化石是一类很稀有而又很特殊的化石，恐龙蛋在亚洲、非洲、欧洲和北美等地都有发现，而以中国发现的最为丰富。中国是产恐龙蛋的大国，无论在蛋的品种上，还是在数量上，都是令世人

▲ 恐龙

瞩目的。河南南阳，广东南雄、始兴、惠州、河源，江西信丰、赣州，山东莱阳，四川，内蒙，江苏宜兴，湖北安陆等都是重要的恐龙蛋产地。

河南南阳西峡盆地是中国目前发现的年代最早的恐龙蛋化石之地。西峡盆地的恐龙蛋化石最早由河南省地质局12队和中科院古脊椎动物与古人类研究所于1974年发现，目前已确认7个蛋化石埋藏点，西峡盆地的蛋化石主要分布在西峡县的丹水镇、阳城乡和内乡县的赤眉乡等地，面积大于

▲ 恐龙蛋化石

▲ 略有凹陷的恐龙蛋

多枚不等，偶见50枚至70枚者，到1993年6月，已发现恐龙蛋达数千枚，估计整个分布可达数万枚，其数量之多为世界所罕见。尤其是恐龙蛋化石原始状态保存完好，基本上未遭后期构造运动的破坏。除少量蛋壳受岩层挤压底面略有凹陷外，大部分完整无损，这在世界上也是前所未见的。

40平方公里。恐龙蛋化石常呈窝状分布，排列有序，每窝10多枚至30

▼ 河南西峡发现的最大的恐龙蛋，长70厘米，宽30厘米

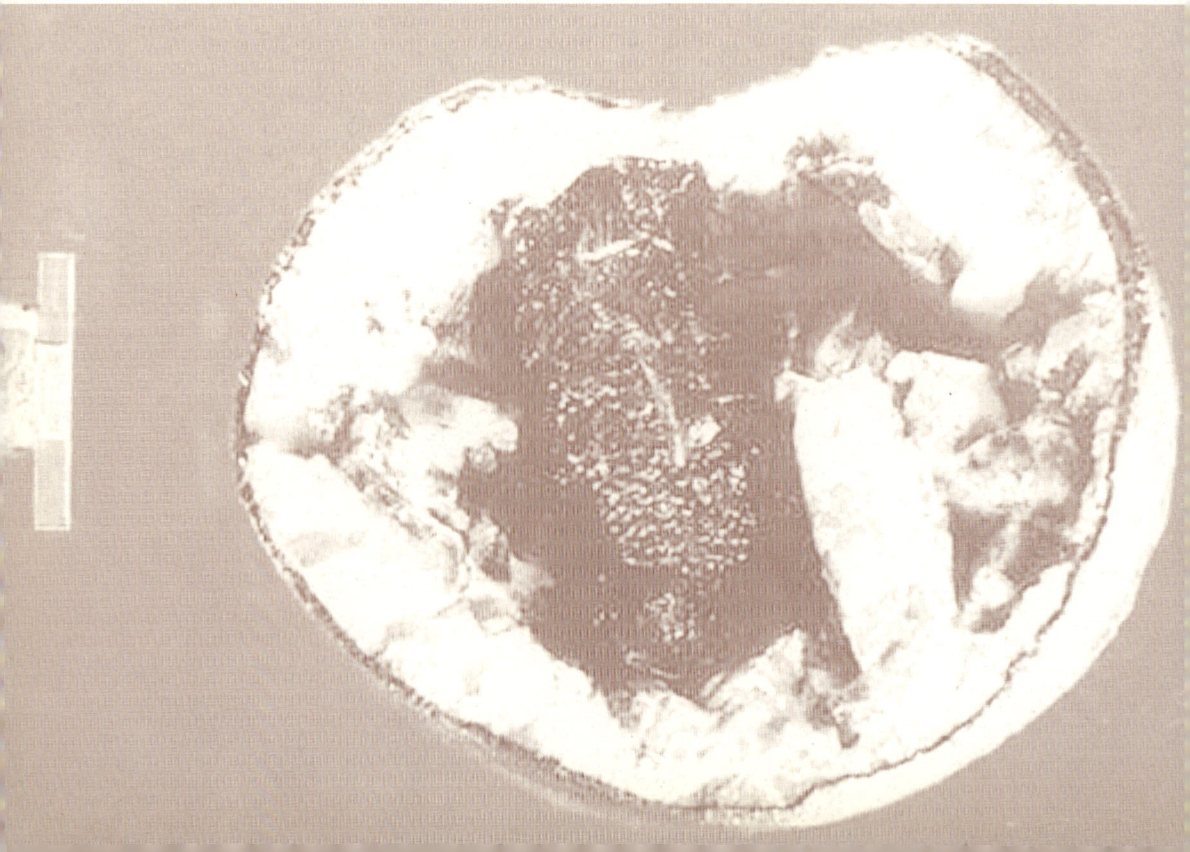

西峡盆地所发现的恐龙蛋，有的如鸡蛋大小，直径4~6厘米，有的长径达40~50厘米，以扁圆状占千米，宽约4千米的连绵起伏的小山上。到目前为止，已列入登记的化石点有113处，其中恐龙化石点32

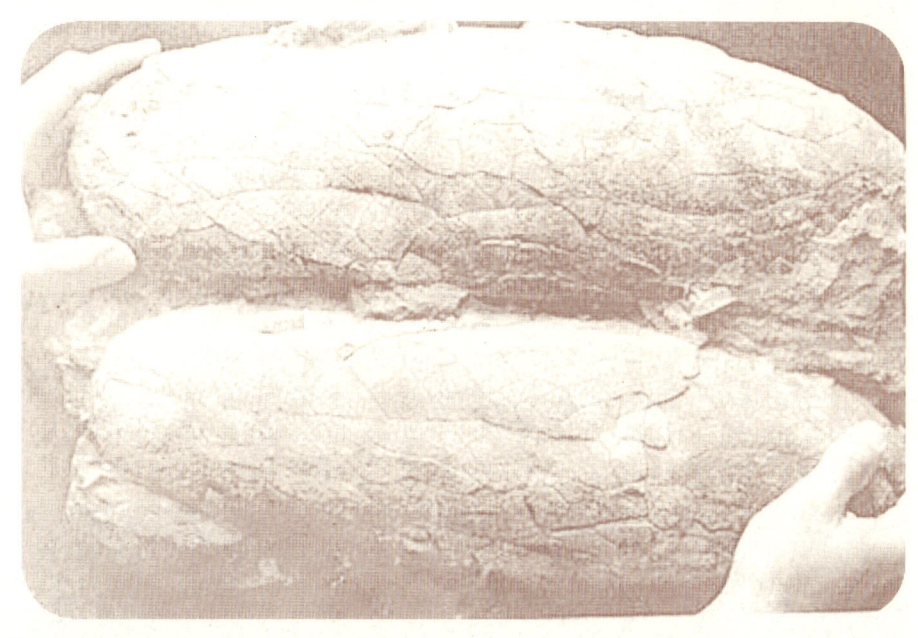

▲ 河南西峡发现的恐龙蛋

多数，有的形如橄榄，长达50厘米以上。西峡盆地恐龙蛋类型全、种类多，已发现有杨氏蛋、蜂窝蛋、圆形蛋、副圆形蛋、似滔河扁圆蛋、安氏长形蛋、瑶屯巨形蛋、长形蛋、似金钢口椭圆形蛋等9种类型。

广东南雄盆地是中国恐龙化石和恐龙蛋化石最丰富的地区之一。位于南雄盆地西端的始兴县所发现的化石，分布于沿浈江两岸长约20

处，恐龙蛋化石点73处。

始兴县发现的恐龙蛋化石，保存完好，有2~3枚至10多枚、20多枚，甚至30多枚一窝的。历年已挖掘出的恐龙蛋在200枚以上。恐龙蛋有圆形和长椭圆形两种，个体大小各异。据统计，圆形蛋占蛋总数的70%左右，长椭圆形蛋占30%左右。

圆形蛋：形状如"铅球"，有的因埋藏过程中受到挤压略呈扁圆形，表面光滑，呈褐红色。蛋的直径7～13厘米，大多为7～9厘米。蛋壳厚薄不匀，从1～3毫米不等。其中，发现保存较好、排列规则、数量较多的有两窝，一窝有33枚，另一窝35枚。

长椭圆形蛋：外表有凸出的长条纹或蓖点纹，蛋的直径范围，长径8～19厘米（大多8～13厘米），短径5～7厘米，蛋壳普遍比较薄，厚1～1.5毫米。其中，15枚一窝的保存得最完整，呈内外分层放射状排列。

江西赣州信丰盆地的恐龙蛋在上白垩纪红砂岩层中保存有较多的散碎蛋壳化石，亦有单个完整的和20多枚成窝的。以壳饰为粗糙丘点状（粗皮蛋）和点线状（长形蛋）为主。1976年在赣州郊区采获两枚带胚胎的长形蛋化石，长径18厘米，短径7.5厘米，壳厚1.8毫米。粗皮蛋是肉食类恐龙的蛋，观赏价值较高。

内蒙古二连查干诺尔和阿拉善

▲ 人类发现的恐龙蛋

吉兰泰盐池一带，素有"恐龙公墓"之称，不仅出土了门类众多的恐龙骨骼化石，还有恐龙蛋出土。20世纪70年代，在吉兰泰盐池北部毛尔图鄂博、查汗敖包等地找到三窝27枚恐龙蛋化石及大量蛋壳碎片，均埋藏于白垩纪紫红色砂岩中，每窝相距100~200米。蛋的排列没有一定规律，与现代的龟鳖类相似。蛋呈短椭圆形，长径14.2厘米，短径13.8厘米，蛋壳厚1.12~1.68毫米，大小相差不多。

1989年，在乌拉特后期白垩纪砂岩地层中，发现一窝共13枚完好的恐龙蛋化石，呈放射状排列。排列方向是大头朝里，小头朝外（与江西赣州发现的一窝13枚的恐龙蛋化石排列方式相似）。蛋形与吉尔泰所发现的不同，为长形蛋，长径17~18厘米，短径7~8厘米，壳厚1~2毫米，蛋的两端大小接近，一端稍圆，略大些；一端稍尖，略小些。

山东莱阳的恐龙蛋可以分为两种，一为短圆蛋，蛋形成短圆形，长径为8~9.5厘米，短径为6~7.4厘米，壳厚2~3毫米，壳面具小丘状的凹凸；另一为长形蛋，蛋形长而扁，一端钝，一端略尖，长径可达17厘米，短径约为6厘米，壳厚1~2毫米，壳面粗糙，具虫条状刻纹。

完整恐龙蛋（特别是含胚胎恐龙蛋）的发现，对研究恐龙的生态、生殖习性和灭绝原因，提供了实物依据，具有重要的科学研究价值。

PART 04 探秘惊人的恐龙奇观

恐龙干尸重现人间之谜

美国蒙大拿州出土了一具7700万年前的恐龙干尸,令人惊讶的是,其肌肤纹理、胃中残留物、喉部器官、脚趾甲及其他一些内脏保存完好。科学家指出,可以由此对恐龙形态及生活方式有更多了解。

在古生物学年会上,菲利浦国家博物馆馆长来特·墨菲及两位同伴对该恐龙进行了技术性描述,这只名为莱昂纳多(Leonardo)的恐龙震惊了学术界。有科学家甚至将其重要性与罗塞塔之石相提并论。

▲ 长相酷似鳄鱼的恐龙

第①章 开启亿年恐龙的绝密档案

45

▲ 恐龙的"尸骨"

于1799年发现的罗塞塔之石帮助人类学家破译了古埃及的象形文字，而莱昂纳多有助于古生物学家了解灭绝已久的物种的生理结构。研究人员说，目前仅发现三具恐龙干尸。

这具恐龙干尸目前存放在蒙大拿菲利浦国家博物馆。古生物学家认为这是一只鸭嘴龙，出土处的地质分析表明，它来自7700万年前的白垩纪晚期，死时三四岁。

 恐龙癌症之谜

恐龙也会像人类那样患癌症吗？它们也像人类患病一样痛苦吗？下面就一起来了解一下。

研究人员用X光机对恐龙骨骼进行扫描得到了最新发现：这种早已灭绝的动物体内存在恶性肿瘤，不过目前被证实患癌的只有鸭嘴龙。

美国俄亥俄州东北州立大学的科学家罗斯希德和他的工作组带着X光机，奔波于北美地区的博物馆之间。他们对700多副恐龙骨骼中的

▲ 鸭嘴龙

10000多块椎骨进行了扫描，这当中包括广为人知的剑龙、暴龙和三角恐龙的骨骼化石。恐龙患癌的问题一直很有争议，这是第一次大规模的考察。工作组首先排除了一些疑为患癌的骨骼化石，因为经研究，那都是骨折造成的。不过，他们在鸭嘴龙的骨骼内发现了癌的存在。鸭嘴龙生活在约7000万年前的白垩纪，是一种食草恐龙。工作组在97个鸭嘴龙的骨骼里发现了29个肿瘤。体长3.5米的艾德蒙顿龙是鸭嘴龙的一种，也是体内癌症组织最多的一种，并且只有在这种恐龙化石里发现了恶性肿块。癌症已在几乎所有生物（从珊瑚虫到虎皮鹦鹉）体内发现，但在大多数物种内发生的几率却无从知晓。它们的肿块和人类癌症患者相似，这表明癌症已存在了相当长的时间，并且本质上几乎没有什么变化。看来，恐龙得这种病也像我们人类为癌症受苦一样。

病因在于食物？

此次发现的最常见的肿瘤是血管瘤，这是一种良性、生于血管内的肿瘤，也存在于约10%的人体内。"如果我把这些恐龙骨骼拿给病理学家看，会得到相同的诊断结果。"罗斯希德说。

"目前还不清楚是什么导致鸭嘴龙患了癌症。这真是一个让人着魔（也可能是永远无法回答）的问题。"不过他说，可能这种恐龙寿命很长，使肿瘤组织有时间成长。

不过，罗斯希德介绍了他的看法：鸭嘴龙吃的针叶树木中含有很多致癌的化学物质。它们的骨骼结构显示，鸭嘴龙属热血动物，这增加了患癌的可能性。罗斯希德认为，对野生和已灭绝动物的研究能帮助我们治疗和预防疾病，还为我们了解在漫长历史时期中疾病的演化提供了方便。

世界最大的恐龙脚印之谜

中国甘肃省地质工作者在甘肃永靖县内发掘出了一群保存十分完整清晰的恐龙足印化石。专家指出，在被发掘的化石当中，有一组是迄今为止世界上发现的最大的恐龙足印。

在永靖县境内的黄河河畔，地质工作者经过近半年的挖掘，发现了100多个清晰可见的恐龙足印化石。这些化石都出自一个山坡的砂岩层面上，可分辨的一共有10组。足印保存得十分完整，可以清晰地分辨出每组脚印的走向。其中最大的一组足印长1.5米、宽1.2米，而且前足印大，后足印小，并成对出现。中国科学院古脊椎动物研究专家赵喜进目前已对挖掘出的足印进行了鉴定。据他介绍，该遗迹目前裸露面积约400余平方米，含两类蜥脚类巨型足印（四足行走），一类瘦脚类足印（虚骨龙类，两足行走）、一类鸟类足印，并且共生有

▲ 恐龙

▲ 恐龙留下的足迹

究。据介绍，这些足印是在当时的湖滨留下的，脚踩下后带出的泥沙也保存完好，经过上亿年的演变后，变成了现在所见的化石。在砂岩层面上还可以清楚地分辨出水的波纹以及泥沙脱水固结时形成的龟裂。

据专家介绍，在400余平方米的地区内，10组足印中有六组是非常清晰连续的，足印的布局表明，当时恐龙主要是沿湖岸或由水边向陆地方向行走。据推测，很可能是一大群植食类恐龙在觅食或饮水

恐龙尾部支撑痕迹、卧迹及粪迹等，是一处世界罕见的、具有重大科学意义的恐龙遗迹化石产地。其足印之大，类别和属种之多，保存之清晰完好，均堪称世界之最。

经专家初步测定，这些足印形成的地质年代大概有两种可能，一是距今约1.6亿年前的晚侏罗纪，二是距今约1亿年前的早白垩纪。关于这一问题，专家正在开展进一步研

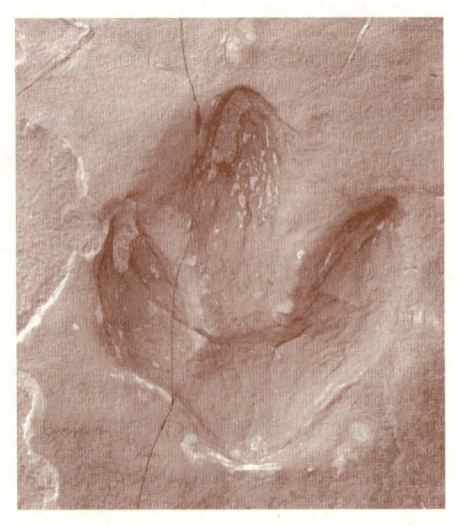

▲ 恐龙足印化石

过程中留下的，同时周围还环绕或尾随有食肉类恐龙。

一般恐龙足印化石的发现都是经过风化作用后自然裸露出来的，都有一定程度上的破损，细微处的棱角都不太清楚。而这次发掘的化石，是地质工作者们一层层人工剥露出来的，因而保存得相当完整清晰。

中国恐龙奇观

在许许多多的人看来，恐龙既看不见又摸不着，都是人们凭几块石头瞎猜的。这是多么严重的错

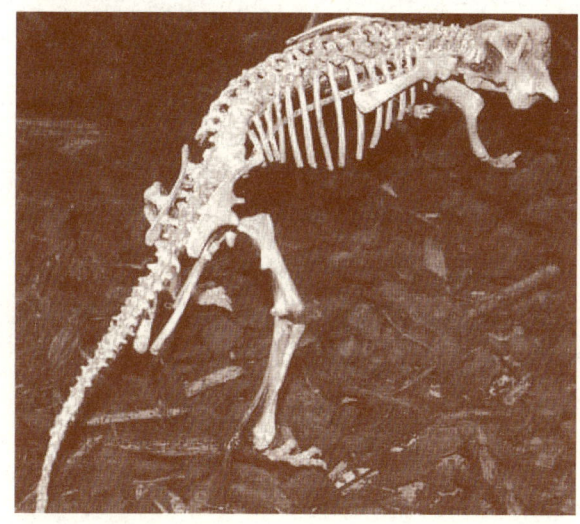
▲ 恐龙化石

误！千姿百态的恐龙是远古的生命奇观，人类对它们越了解，就越热爱大自然，越会保护地球。这就是恐龙文化的现实意义。人类作为地球家园的一员，研究和了解恐龙，是我们永恒的使命。既然恐龙灭绝已无可挽回，那么就更应该竭力保护目前濒临灭绝的物种。可见，普及恐龙知识对环境保护也有着重要的意义。

下面就来介绍中国发现的一些具代表性的恐龙，并据骨架化石恢复其外形，为读者提供一些关于恐龙的具体而形象的知识。

许氏禄丰龙

许氏禄丰龙是目前中国所发掘出的最古老的恐龙种类之一。禄丰龙的第一件标本是杨钟健教授在1941年根据一具完整的恐龙骨架化石描述命名的。这个属，体

形中等，体长4.5~6米，具有小巧的头颅及相当长的脖子。前肢的长度为后肢的2/3，从强而有力的前肢推测它能够直立二足行走；同时前肢虽然较后肢稍为纤细，但是推测有可能它可以用四足做近距离的短程移动。禄丰龙壮硕的尾巴在平衡头部和躯体上有着重要的功能。它的牙齿短而密集排列，是典型的食植物性齿列。它的长颈使它得以觅食树梢嫩叶，同时也可能捕捉一些小型的昆虫及其他动物作为餐点副食。

山东龙

在山东诸城县有一处名叫龙骨涧的地方，人们在此发掘到了一具非常大型的鸭嘴龙——山东龙骨架化石以及一些暴龙类的牙齿。在龙骨涧总计已采集到30多吨的恐龙化石残骸。在北京地质博物馆展出的

▲ 许氏禄丰龙

一具完整的巨型山东龙复原装架的骨骼，总长约14.72米，具有一个颈长、低窄的头颅，总计有60~63个齿槽，其牙齿构造与爱德蒙脱龙极为近似。

合川马门溪龙

产于四川自贡市的合川马门溪龙是目前亚洲发现的最完整的大型蜥脚类恐龙，体长22米，肩高3.5

米，头小，颈长达9米，颈几乎占了体长的一半。合川马门溪龙是中国恐龙群中最闪亮耀眼的明星，这条巨龙出土时除了脑袋和前肢外，完整保存有17~19节的颈椎，它利用长颈采食树梢顶端的枝叶，就像长颈鹿一般。

▲ 合川马门溪龙

沱江龙

中国的沱江龙与同时代生活在北美洲的剑龙有着极其密切的亲缘关系。沱江龙从脖子、背脊到尾部，生长着15对三角形的背板，比剑龙的背板还要尖利，其功能是用于防御来犯之敌。在短而强健的尾巴末端，还有两对向上扬起的利刺。沱江龙可以用尾巴猛击所有敢于靠近的肉食性敌人。沱江龙的背板也是用于采集阳光的。它们就像太阳能板那样，能够吸取热量。当这些背板中血液的温度升上来时，热量就通过血管流遍全身，就像热水在暖气管道中流动一样。沱江龙的牙齿是纤弱的，不能充分地咀嚼那些粗糙的食物，因此它们会在吃植物时一起吞咽下一些

▲ 沱江龙

石块，这些石块可在胃中帮助它们将食物捣碎。1974年，在四川自贡市五家坝发掘到了亚洲有史以来第一具完整的沱江龙骨骼化石。

永川龙

永川龙是一种大型食肉恐龙。

▲ 永川龙

全长约10米，站立时高达4米，有一个又大又高的头，略呈三角形。嘴里长满了一排排锋利的牙齿，就像一把把匕首。脖子较短，身体也不长，但尾巴很长，站立时，可以用来支撑身体奔跑时，则要将尾巴翘起作为平衡器用。常出没于丛林、湖滨，其行为可能类似于今天的豹子和老虎。

青岛龙

青岛龙全长8米，站立时高约4米，生存在白垩纪晚期。外貌与"标准"鸭嘴龙无多大区别，只是头顶上多了一支细长的角，样子就像独角兽一样。有人说这支角应向前倾斜，也有人说应向后倾斜，还有人说根本就不存在这支角。至于这支角的作用，更是众说纷纭，它既不像武器，也不像其他冠顶鸭嘴龙那样能扩大它自己的叫声。那么，就是一种装饰品啦！而据1998年的最新研究结果表明：青岛龙头上所谓的一支

▲ 青岛龙

"角",其实是发现时头上一块因破碎而掉落的碎片!

卢沟龙

在禄丰蜥龙类动物群中发现的肉食性的卢沟龙,大小与一只鸵鸟差不多,站起来有1.5米高。它有一个小而尖的头骨,头的两侧长着一对大而尖的眼睛,眼眶较高,视力不错。这种恐龙可能生活在丛林中,它有一个细长而灵活的脖子,使它能把头抬起来寻找捕食对象。它的嘴巴较尖,口内有小锥子似的牙齿,说明它是食肉恐龙。它的前肢较短,起"手"的作用,用来捕捉动物。卢沟龙虽然发现于云南,但由于发现时间是1938年,为了纪念揭开抗日战争序幕的卢沟桥事变,杨钟健教授特意将它命名为卢沟龙。

中国鹦鹉嘴龙

鹦鹉嘴龙是一种头部呈方形,并生有一张鹦鹉嘴的食素恐龙。方形的头是由于头盖骨背后四周有骨脊,固定着强有力的颚肌,使它的喙嘴能用力地咬噬。有科学家认为,这种长1.8米、高约1米的食素恐龙是后来出现的种角龙的祖先。它的口中没有牙齿,而那角质的巨喙,能帮助它咬断和切碎植物的叶梗甚至坚果。鹦鹉嘴龙格外具有其特殊性,这群两足行走的植食物性恐龙是角龙类中最早期的一个代表成员。鹦鹉嘴龙最早是在蒙古国南部戈壁沙漠中被发掘到的。中国鹦鹉嘴龙是在1950~1953年间,于山东半岛白垩纪早期地层中被发掘到的。

▲ 鹦鹉嘴龙化石

活恐龙追踪

恐龙是地球上生活过的最庞大的陆上动物。凡是见过恐龙骨架化

▲ 头上长角的恐龙

石或复原标本的人,对它那巨大的身体,奇异的形状和凶猛的形象都会留下极其深刻的印象。而恐龙的突然灭绝,也使人感到不可理解。因此,人们自然而然地会想:在这个地球上,恐龙有没有留下后代。而每当世界各地发现神秘的未知动物时,也就有人认为,他们看到的怪兽就是活着的恐龙。

在非洲中部的刚果,乌班吉河和桑加河流域之间,有一个湖,名叫泰莱湖。泰莱湖周围是大片的热带雨林和沼泽,人迹罕至,许多地方根本无法通行。这里生活着土著居民俾格米人,据他们说,在泰莱湖中,有一种名叫"莫凯莱·姆奔贝"(意为"虹")的怪兽。这种怪兽半像蟒蛇,半像大象,身长十二三米,有10多吨重,长着长长的脖子和尾巴,脚印像河马,但比河马大得多。怪兽生活在水中,只在夜里出来活动。它以植物为食,一般不伤人。

从土著居民的描述来看,这种怪兽很像中生代生存过的蜥脚类恐龙。这引起了许多动物学家们的极大兴趣,它是活着的恐龙吗?

一时间,刚果成了科学家和探险者们瞩目的地方。1978年,一支法国探险队进入密林,去追踪怪兽的踪迹,可是他们从此一去不返。

1980年和1981年,美国芝加哥大学生物学教授罗伊·麦克尔和专门研究鲤鱼的生物学家鲍威尔两次带领探险队前往刚果,他们深入泰

▲ 生活在远古时代的恐龙

和颈就有3米长,还说它头顶上有一些鸡冠似的东西。

考察队员们拿出几种动物的画片,让当地居民辨认,居民们指着雷龙画片毫不犹豫地说,他们看到的就是那东西。在泰莱湖畔的沼泽地带,考察队员们发现了"巨大的脚印,还有一处草木曲折侧伏的地带,脚印在一条河边消失"。他们认为怪兽是从此处潜入河中去了。据麦克尔莱湖畔的蛮荒之地,从目击过怪兽的土著人那里了解了许多情况。一个名叫芒东左的刚果人说,他曾在莫肯古侬与班得各之间的利科瓦拉赫比勘探河中看到怪兽。因为那时河水很浅,怪兽的身躯差不多全露了出来。芒东左估计怪兽至少有10米长,仅头

▲ 恐龙雕塑

博士说："脚印大小和象的脚印差不多"，"那片被折倒的草地显然是一只巨形爬行动物走过留下的痕迹"。但是由于天气恶劣和运气不好，他们始终没能亲眼看到怪兽。麦克尔相信，刚果盆地的沼泽中确有一种奇异的巨大爬行动物。

1983年，刚果政府组织了一支考察队，再次深入泰莱湖畔。据说他们拍下了怪兽的照片，但这些照片一直没有公布。

20世纪90年代，刚果地区政局动荡，战乱频繁，多次发生武装政变和军事冲突，这使科学考察很难再继续进行，追踪泰莱湖畔怪兽的工作，只好暂时终止。因此，怪兽究竟是不是残存的活恐龙，仍然是一个不解之谜。

 "恐龙公墓"的形成之谜

位于中国四川省自贡市的大山铺恐龙化石地点，以其埋藏丰富、保存完整而令世人瞩目，因此有些科学家把大山铺形象地称为"恐龙公墓"。那么，这个"恐龙公墓"是怎样形成的呢？这个谜一样的问题吸引了许多科学家的兴趣。他们从不同的角度研究这个问题，得出了一些结论，虽然还不能完全解开这个谜，但是多多少少为我们最终认识这个问题提供了可供参考的依据。下面就介绍3种理论。

原地埋藏论

这个理论由成都地质学院岩石学教授夏之杰提出，其根据是岩石学以及恐龙化石的埋藏特征。

大山铺恐龙的埋藏地层在地质学上属于沙溪庙组陆源碎屑沉积，以紫红色泥岩为主，夹有多层浅灰绿色中细粒砂岩和粉砂岩，属河流与湖泊相交替沉积。也就是说，在1亿6000万年前的侏罗纪中期，大山铺地区河流纵横、湖泊广布。这样的自然环境，再加上当时温和的气候条件，使得这里完全成为了一个恐龙生存繁衍的"天堂"，成群结队的各类恐龙生活在这片植被茂密的湖滨平原上。但是，很可能是

由于食用了含砷量很高的植物，大批的恐龙中毒而死，并被迅速地埋藏在较为平静的砂质浅滩环境里，还没有来得及被搬运就被原地埋藏起来，因此形成了本地区恐龙化石数量丰富、保存完整的埋藏学特征。

这个理论因符合埋藏学原理而显得很独特，但是它还是使人感到证据不足，因为当时大山铺地区植物的砷含量的平均背景值是多少？能够致使恐龙猝死的砷含量又是多少？分析砷含量时的取样是否有代表性？这些问题依然需要进一步地深入研究。

异地埋藏论

这个理论认为大山铺的恐龙是在异地死亡后被搬运到本地区埋藏下来的。其证据包括：（1）如果是原地埋藏，大多数应该是完整或较完整的个体，而事实恰好相反，本地区恐龙化石虽然已经发掘采集了100多个个体，但其中完整或较完整的仅有30多个个体，大约只占总数的1/5。（2）综观化石现场，除埋藏丰富、保存完整等容易被人发现的特征外，有一种不易被人注意的普遍现象是，靠近上部或地表的化石较破碎零散，大都是恐龙的肢骨，而且很像经过搬运后被磨蚀得支离破碎的样子；同时越是接近上部岩层，小化石越多，如鱼鳞、各种牙齿遍及整个化石现场，翼龙、剑龙与蛇颈龙的椎体也十分零星，并具有从南到北依次从多到少的分布规律。下部岩层则几乎都是体躯庞大的蜥脚类恐龙，保存都不完整，很明显是经过搬运后的结果。（3）砾石层的发现是研究沉积环境的重要根据。大山铺发现的砾石均位于化石层的底部，从其特征判断是经过搬运的产物，可能与恐龙化石群的形成有密切关系。

综合论

多数的科学家认为，大山铺恐龙公墓中大部分化石是搬运后被埋藏下来的，也有少部分为原地埋藏，因此这是一个综合两种成因而形成的恐龙墓地。本区恐龙与其他脊椎动物为何如此丰富？如果只有恐龙一个家族在此埋藏，两种理论可能都比较容易理解，但是除恐龙外，这里还有能飞行的翼龙以及水中生活的蛇颈龙、槽齿两栖类等等，它们的生活环境各不相同。地质研究证明，侏罗纪中期的大山铺是一个洪泛平原，这些古老的爬行动物也可能和现生动物一样，对生活环境具有明显的选择性。恐龙中性情温和的蜥脚类恐龙常常成群结队生活于地形较低的湖滨平原上；剑龙喜居于距湖滨稍高而常年蕨类丛生的山林中；鸟脚类恐龙以其形态结构轻巧灵活又善于奔跑的特点，活跃于较高的台地上。其他脊椎动物，如翼龙，仅能在湖岸林间作低空飞行。恐龙与这些脊椎动物的生活环境和习性有着极大的区别，但它们为何会集中埋藏到一起呢？大概只能是经搬运从不同地点转移过来的。但是为什么又有许多完整的化石骨架呢？这显然又是原地埋藏的产物。最后，这种种现象看来只能有一种解释，即大山铺"恐龙公墓"的成因是原地埋藏和异地埋藏两种方式综合而成。

▲ 剑龙化石

最后灭亡的恐龙

作为一个大的动物家族，恐龙统治了世界长达1亿多年。但是，就恐龙家族内部而言，各种不同的种类并不全都是同生同息，有些种类只出现在三叠纪，有些种类只生存在侏罗纪，而有些种类则仅仅出现在白垩纪。对于某些"长命"的类群来说，也只能是跨过时代的界限，没有一种恐龙能够从1亿4千万年前的三叠纪晚期一直生活到6500万年前的白垩纪末。

▲ 三角龙（右）

也就是说，在恐龙家族的历史上，它们本身也经历了不断演化发展的过程。有些恐龙先出现，有些恐龙后出现；同样，有些恐龙先灭绝，也有些恐龙后灭绝。

那么，最后灭绝的恐龙是哪些呢？显然，那些一直生活到了6500万年前的大灭绝前"最后一刻"的恐龙就是最后灭绝的恐龙。它们包括了许多种。其中，素食的恐龙有三角龙、肿头龙、爱德蒙脱龙等；而肉食恐龙则有霸王龙和锯齿龙等。

PART 05 恐龙无限遐想之谜

 ## 恐龙真的灭绝了吗

长期以来,在大多数人印象中,恐龙是在6500万年前左右被一颗大陨星撞死的似乎已成定论。但实际上,迄今为止,科学家们提出的对于恐龙灭绝原因的假想已不下十几种,比较富于刺激性和戏剧性的陨星说不

▲ 梁龙

过是其中之一而已。

有关学者提出下列原因：

1. 6500万年前地球气候陡然变化，气温大幅下降，造成大气含氧量下降，令恐龙无法生存。

2. 恐龙是冷血动物，身上没有毛或保暖器官，无法适应地球气温的下降，都被冻死了。

3. 白垩纪末期可能下过强烈的酸雨，使土壤中包括锶在内的微量元素被溶解，恐龙通过饮水和食物直接或间接地摄入锶，出现急性或慢性中毒，最后一批批死掉了。

4. 地球上曾经有一段被子植物时期，这些植物含有毒素，恐龙吃它们吃得太多了，体内毒素聚积过多，都被毒死了。

5. 恐龙年代末期出现了最初的哺乳类动物，这些动物属啮齿类，可能以恐龙蛋为食。这种小动物缺乏天敌，越来越多，最终吃光了恐龙蛋。

而小行星撞击论出现后，很快获得了许多科学家的支持。1991年在墨西哥的尤卡坦发现一个发生在久远年代的陨星撞击坑，这又进一步证实了这种观点。

但也有许多人对这种小行星撞击论持怀疑态度，因为事实是：蛙类、鳄鱼以及其他许多对气温很敏感的动物都顶住了白垩纪而生存下来了。这种理论无法解释为什么只有恐龙死光了，而别的生物或多或少有幸免于难的。

反对者中有人认为，疾病是导致恐龙死亡的真正原因，但恐龙并未因此灭绝。

恐龙仍在天上飞吗

前不久，美国古生物学家罗伯特·巴克在一所大学里举行讲座时，说出了一句惊人之语：恐龙，并不是像我们所想象的那样全部灭绝了，现在它们还在天空飞翔！此语一出，举座震惊。

其实，这是20世纪70年代古生物学界爆发的那场论战的延续。当

▲ 鹦鹉嘴龙

然也是罗伯特·巴克毕生研究的最终成果。

国际古生物学界在20世纪后半叶，围绕着恐龙是不是热血动物，恐龙是否已灭绝展开了一场论战，认为恐龙不是变温的冷血动物而是恒温的热血动物。这一学说的提出，改变了古脊椎动物学上的许多陈旧提法。有研究者认为恐龙并未灭绝，鸟类就是恐龙的后裔，由此提出鸟与恐龙在分类学上应列为同一个纲。此外，对恐龙的生态及生活习性也提出了新的看法。难怪有人说，热血恐龙理论的出现，是古生物学上的一场革命。

其实，对恐龙化石的研究已经有160年左右的历史。"恐龙"这一名称最早是由英国的古生物学家欧文在1842年创建的。

人们把恐龙描绘成像蜥蜴那样的动物，这种观念为恐龙的灭亡提供了口实：在物种演变的竞争中，恐龙因其懒惰、迟钝，总之因为它是低级动物而输给了哺乳动物，于6500万年前灭绝了。

这种观点直到20世纪60年代，一直在人们的看法和科学家的见解中占支配地位。美国耶鲁大学教授奥斯特罗姆在研究了一块1964年出土的恐龙化石后向传统学说发出了挑战，他认为，恐龙非常善于捕杀猎物，因此，它必定是一种动作非常敏捷、非常活跃的食肉动物。

1969年他大胆地提出了看法，反对把恐龙看成是冷血和呆头呆脑的爬行动物。作为学生的巴克，认为老师奥斯特罗姆言之有理，于是才决定亲自对恐龙的生活方式进行调研。

你幻想过克隆恐龙吗

第 1 章 开启亿年恐龙的绝密档案

想必大家都还记得科幻影片《侏罗纪公园》为我们描绘的这样一幅场景：灭绝于6500万年前中生代的恐龙复活了，这些庞然大物在世界上横冲直撞，藐视着一切自命不凡的生物。我们在感叹高科技带来刺激的同时，是否也曾想到过，恐龙真的能复活？

现代科学技术的发展，不仅在地球上诞生了人类闻所未闻的现代化工具，而且还"克隆"出了现代生命，诸如"克隆牛""克隆羊"等克隆品。于是，科学家们又把眼光瞄准了"克隆恐龙"这一伟大工程，那么，克隆恐龙真能成为现实么？就目前的技术而言，回答是否

▼ "戏水"的恐龙

定的。因为恐龙从灭绝至今已经有近6500万年的历史,作为克隆技术必须借助的基因片段已在恐龙的骨骼化石上难觅踪迹了,从而也就无法提取DNA的信息,复制恐龙谈何容易。当然,科学家们也从不放过任何一点希望,他们想到了琥珀。我们知道,有些生物,它们在生活的过程中落入了松树一类植物所分泌的树脂中,这些树脂经历了几百万年,甚至几千万年的变化后就形成了琥珀。琥珀中可以有苍蝇、蚊子等一类昆虫,也可以有树叶、苔藓等一类植物,甚至还会有小型的青蛙、蜥蜴等等。由于生物被封闭后产生了脱水,而树脂又具有很强的抗生素作用,因此,琥珀中的化石可以在相对稳定的状态中保存生物的一部分结构组织,这就是灭绝动物复活的希望所在。想象一下,有一只中生代的蚊子,吸取了恐龙身上的血液,而它又恰巧被树脂包住,连同树脂一起,成为琥珀,那么,机会就来了。如果我们能够从蚊子身上获取恐龙血液的一丁点DNA片段,就可以得到相应的遗传基因,再通过基因工程技术,就能够获得恐龙血液的全部遗传基因。倘若蚊子、苍蝇体内的血液保存尚好的话,那么必须肯定它生前吸食过恐龙的血液,否则将会克隆出不是恐龙的怪物,而有关恐龙遗传信息的密码今天又有谁能知道呢?所以,在这方面还缺乏严格的、科学的对比鉴定标准,"克隆恐龙"这项世界级的尖端工程的启动还尚待时日,我们就不必为地球上再度重现恐龙称霸时代那种令人惊慌失措的一幕而心悸。

但是不管怎么样,现代生物工程技术为我们描绘了一幅美丽的蓝图。从目前情况来看,复活恐龙还只是一种奢望,但是,几十年后,几百年后,飞速发展的科学技术或许就能够使这一梦想变成现实。

再造古蜥视觉蛋白

我们都知道,恐龙的祖先是古蜥。科学家们重新拼凑出了它的一个感光蛋白质,它显示恐龙的视力具备很强的光线适应性。生物学家为重组蛋白技术的前景而兴奋无比——现在科学家可以根据远古动物的现代近亲的蛋白质预测它们已经灭绝的古代亲戚的蛋白质结构,然后将其复制出来。

古生物学家主要以两种方式研究已经灭绝的动物:研究化石和根据现有生物做科学推测。然而,两种方法都不能提供动物分子的内部工作原理,推测变得日益复杂。有人建议通过比较基因序列重组分子。但许多科学家怀疑这一方案的实际可行性。

现在,纽约洛克菲勒大学的分子生物学家柏林达·张和她的同事们彻底打消了人们的疑虑。用鳄鱼、鸡、鳃鳗等30多种生物的视觉蛋白(视网膜紫质)的基因序列密码,研究者重新拼凑出了古蜥的视网膜紫质。古蜥是恐龙、鳄鱼和鸟类共同的祖先。张领导的小组运用了一种叫最大可能性的统计方法,识别最可能导致演变出这些生物的视觉蛋白的一系列变化,推断出最可能的共同祖先——古蜥蛋白。

接着是检测该推论正确与否的关键步骤:人工合成哺乳动物细胞用以再造视网膜紫质。结果产生的是一个功能完全正常的蛋白,对光线的反应与天然视网膜紫质完全一样。奇特的是,该蛋白对波长为508纳米的光线吸收最佳,这一波段的光线对于现代脊椎动物而言稍感暗淡。据此推断,恐龙可能非常适应昏暗的光线,恰好支持古蜥和爬行动物的其他祖先是夜间出动的猜测。

这一研究最重大的意义在于,它证实了根据现存动物的基因重组远古动物分子的可行性。这一技术具有广泛的运用前景。得克萨斯大学的生物学家大卫·希利斯说:"这是我多年来所见过的最令人激动的一份研究报告。第一次有人重组出完整的蛋白,一个功能完全正常的蛋白。"

恐人的传说

古生物学家在加拿大的艾伯塔省立恐龙公园附近,发现了一种大小似袋鼠的恐龙化石。这便是生活于1.3亿年前的用后肢行走的兽脚类恐龙,起名窄爪龙(Stenonychosaurus,又译作细爪龙或狭爪龙)。

窄爪龙有一个与众不同的发达的头骨。这说明它的脑子很大,从脑量与体重比率讲,比鳄的脑量大6倍,与早期的哺乳动物相等。(脑量与体重的比率是科学家用来测定动物智力高低的标准)。我们知道,哺乳类和恐龙类的智力水准相差悬殊,前者要比后者聪明得多。

但窄爪龙却不同。从脑量与体重的比率来看,其智力水平介于狐猻和袋鼠之间。这似乎没有什么值得大惊小怪的;可若以恐龙的标准来衡量,人们就应当对此"君"刮目相看了,因为它是一种聪明绝顶的恐龙。要知道,恐龙家族的绝大部分成员的智力连愚蠢的家兔都不如。它们大都是一些头脑简单、躯体庞大的傻乎乎的动物。窄爪龙的智力居然大大超过了自己的同类,这不能不说是一个奇迹。

正当世界上许多科学家为恐龙的绝灭原因而争论不休的时候,北美的一位学者却在探究另一个饶有趣味的问题:假若恐龙未绝灭,那又会怎么样?这位学者就是加拿大古生物学家拉塞尔,那智力超群的恐龙化石就是他同他的同事在20世纪70年代发现的。

拉塞尔对窄爪龙进行了深入的研究。他认为,假若恐龙没有在6500万年前绝灭的话,窄爪龙很有可能会进化成具有高度智力的动物。拉塞尔把这种纯属假设的动物称作"恐人",即由恐龙变成的类人动物。

拉塞尔依据窄爪龙而假设的恐人,身高1.37米,体重32千克,外形跟人基本一样,只是那长相极不受看,因为它的口鼻像海龟(这当然是按人类的审美角度啦)。恐人无乳房、乳头和外部性器官。口中没有牙齿,而代替牙齿的是两排像刀刃一样的角质物质。这些特征都与鸟类相似。恐人跟某些鸟一样,以反刍半消化的食物来喂养婴儿。

拉塞尔的这一推测，是基于这样一种假设而做出的：凡是因脑子大而头重并且用两条腿行走的陆地动物，不论最初是由什么进化而来，其体形都具有人的特点。因而像头脑发达聪明过"人"又是两条腿走路的窄爪龙，如若沿进化的道路一直走到现在，其结果必然会变成人一样的动物。

科学家们认为，如果恐龙没有绝灭，地球上生命的进化会走上另一条道路。恐龙家族将牢牢地占据着一切主要的生态领域，在整个中生代的漫长岁月里一直受到压制的哺乳动物，其"社会地位"恐怕不会有多大的改善。尤其是当恐龙中进化出了智慧成员的时候，哺乳动物的日子就更加难过了，它们永远也别想当家作主人了。一个星球上，一旦某种动物进化成高度智慧的人一样的生灵，其他动物就再也没有希望向这个最高的目标发展了。

说不准，今天的地球正由窄爪龙的后代统治着。它们有智慧，能进行抽象思维；它们有语言和文字，出版报刊、杂志和书籍；它们发明了机器，还有各种武器，后者当然是为了进行战争而发明的。不用说，窄爪龙的后裔肯定会拥有一大批优秀的科学家，其中恐怕也不乏有专门研究古生物学的专家学者，它们也许正在为一个问题而争论不休呢，这个问题就是："窄爪龙是怎样变成恐人的？"

但是，6500万年前的一场灾难使一切都变了样。恐龙被神秘地赶下了历史舞台，头脑发达的窄爪龙也踪影全无，不知去向；哺乳动物迅速占据了恐龙空出的生态位置，获得空前的大辐射、大发展，主宰了现存的世界。

青少年不可不知的

未解之谜 全集

Weijiezhimi Quanji

第 2 章

破解飞碟外星人传奇之谜

青少年不可不知的

未解之谜 全集

Weijiezhimi Quanji

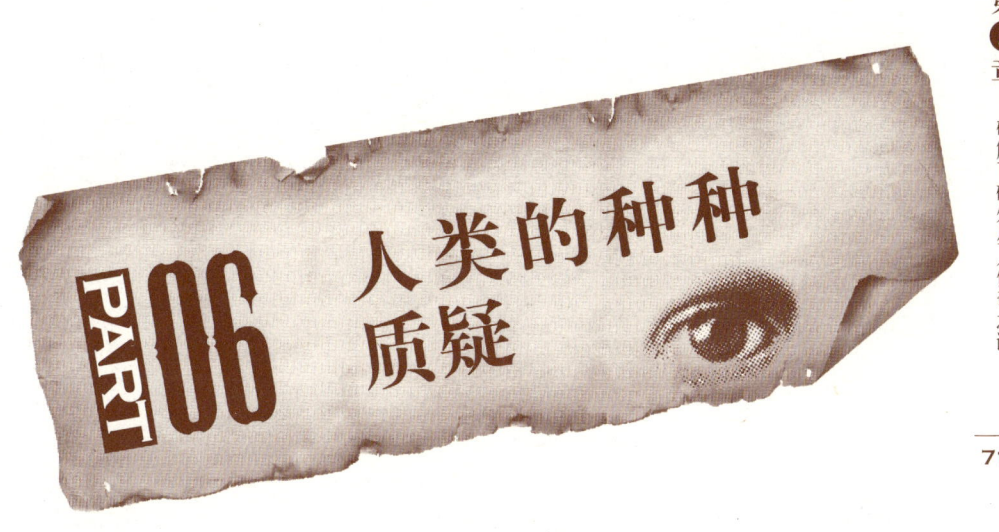

第 2 章 破解飞碟外星人传奇之谜

PART 06 人类的种种质疑

 **UFO真的降临过地球吗**

1973年，在美国洛杉矶附近，有两位17岁的中学生发现了着陆的飞碟。当时，他们正在穿过一片小树林到一片空地上去玩。那时正是黄昏，太阳已经下山了，树林里光线比较暗，很快就能看到月亮了。

突然，他们看到空地上有个东西停在那里，他们用手电照了照，那个灰色的东西立刻发出了一种金属撞击的声音，而且开始发出红色的光。同时，这个怪物垂直上升了1米多，四周闪烁着绿色的光彩，并且越来越快地像陀螺一样旋转了起来。旋转的速度

▲ UFO

很快,红色的光芒一明一暗地闪动着,然后就很快地飞走了。

此后,世界各地相继有类似不明飞行物留下神秘痕迹的报告。这些不明飞行物留下的痕迹往往是圆形的,周围的草地有烧焦的迹象。降落的地点都选的比较隐蔽,而且周围环境对降落很不利,需要有精湛的技术。这是不是真的飞碟的痕迹呢?从已知的情况分析,科学家们认为那极有可能是外星人的飞行器的痕迹,但这种说法目前还无法证实。

飞碟与外星人来自何处

来自外星球:这个说法较为大家所接受,宇宙千千万万亿个星体中,实难说明有生物的地方只有地球。

来自地底文明:1906年,美国作家首先提出地球中空的说法。1957年,巴西人休基宁正式提出飞碟来自地心的理论,认为地球内部住有文明程度比我们高的人类。

来自未来:飞碟不是飞越空间而来的,而是超越时间而来的,它是未来地球人的交通工具。

来自高次元时空:近代有些学者提出宇宙的时间架构是9次元空间和一次元时间,合称10次元时空。

在宇宙中观测得到的星球质量不到10%,其余有90%以上的质量是无法用各种电磁波观测的黑暗物质;容纳这些黑暗物质的空间,可能就是超越3次元的高次元空间。而外星人可能住在距太阳系很接近的高次元星球上,经常驾驶飞碟穿入我们的空间到达地球,偶而被人类发现。

▲ 飞碟外星人

外星生命把地球生命当做活标本吗

外星人极其巧妙地出现在人类面前，显示他们的存在。近年来，世界各地发生多起"家畜屠杀"的事件，尤其以美国最多，从1973～1976年，每年都有超过1000头的家畜被杀。"屠杀家畜"的事件早在19世纪便有，但直到发生"史尼匹事件"后，人们才开始怀疑飞碟涉有重嫌。

1967年9月9日，美国科罗拉多州阿拉蒙镇的金格牧场附近有一头惨遭屠杀的马尸被人发现，尸体从肩部起肌肉连皮被削掉，惨兮兮的头骸骨与颈骨暴露在外，颈部几乎不留一片肉，令人觉得除非使用外科手术，否则实难削得如此干净。

据说家畜屠杀没有目击者，但根据研究这个问题多年的桑迪亚化学研究所主任里查·蒙迪斯博士的说法，至少有一件目击报告。以下是博士的叙述：

"一天早上，赫尔曼先生的牧场被人发现一头牛遭屠杀，于是我前往现场调查，同时访问附近的居民前一天晚上是否看见任何不寻常的现象。结果一位佃农山姆·亚伦表示他看见了令人难以置信的情景。"

"事情大约发生于半夜两点，山姆内急想户外小

▲ 电影作品中的外星人

便。夜空繁星点点，是个美好的夜晚。但当他转入屋后时，山姆吓得愣在原地。大约100米的空中浮着一架直径大约30米的飞碟，下方有一头牛像被无形的绳索吊着一般被吊离地面。山姆畏畏缩缩地观看着，有3名状似外星人的人走出来，身高大约1米，穿银色服装。围着牛，其中一个人手持金属筒，按住牛的屁股。"

"牛像被催眠一般，一动也不动。外星人用力将金属筒深深刺入牛体内，再抽出来，慢步走回飞碟里面。这时，牛已倒在地上。"

"山姆非常害怕，回自己的房间，钻进被窝，一直发抖到天亮。他的话可信度极高，他对有关家畜屠杀的种种不可解现象几乎未具备任何具体的知识，所以不可能凭空捏造。总而言之，这个目击者几乎给今天我们认为不可解的现象提供了解答。"

月球是外星人的中转基地吗

月球一直被人类关注。尤其是登月计划的成功，月球更是渐渐露出庐山真面目。

阿波罗计划中第一次载人登月成功的是"阿波罗—11号"，其载员有阿姆斯特朗、奥尔林及考林斯。

当"阿波罗—11号"到达月球轨道时，机舱内只留下考林斯。当他们刚一接触月球表面，阿姆斯特朗在

▲ 月球

话筒里就叫喊到,他处在一个大的震荡之中,惟一来得及完成的是打开通讯备用通道,并喊道:"见鬼,我真想知道这究竟是什么!就在我们面前,在旁边有一个火山口,有几只宇宙飞船停放在那里。飞船非常之大,而且在监视着我们。"接着他嘶哑地喊叫起来,"请发令给考林斯,作起飞准备。"再说那位较为平静、不易激动的奥尔林,他开动了主通道,着陆后抓起无色的月球土壤。他拍下16毫米的彩色影片,记下了所有的情节。奥尔林用主通道转播了一切,并开动了备用联系通道。在备用通道里他说到:"我看见了某些自内发光的石块。"

"阿波罗—12号"的宇航员们也发现不明飞行物在飞船旁边擦过,热浪、光亮冲击了飞船,但飞船仍继续飞行。

之后,美国人拟定"阿波罗—13号"在月球制造"月震"的"原子地雷"装置,也以失败告终。UFO当时就在飞船旁边。专题学术专家评论说,看样子外星人预测到月球被我们的核装置毁坏对他们是不利的。根据曾经在月球背面低空飞过的宇航员塞尔南说:"他们像是'蜜蜂在蜂房里'一样。"可见外星人是不欢迎这种爆炸的,因为月球看来是他们的中转基地。

外星人有何面貌

目前,各国的不明飞行物专家都掌握了一些可靠的有关外星人的目击报告。从这些目击报告来看,人们所见到的外星人大致可分成以下4类,即:矮人型类人生命体,蒙古人型类人生命体,巨爪型类人生命体,飞翼型类人生命体。当然,除此以外还有很多其他类型的类人

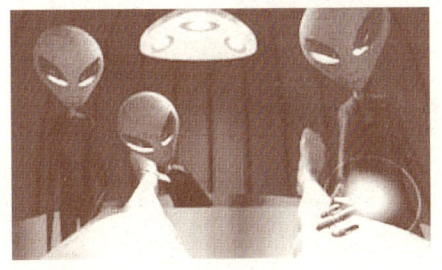

▲ ET外星人

生命体。

矮人型类人生命体

矮人型类人生命体也被我们叫宇宙中的侏儒，他们的身高从0.9～1.35米不等。同自己矮小的身躯相比，他们的脑袋显得很大，前额又高又凸，好像没有耳朵，或者说他们的耳朵太小，目击者很难看清。据目击者说，这些矮人型类人生命体都身穿金属制上衣连裤服或是潜水服。

蒙古人型类人生命体

这类类人生命体的身长在1.20～1.80米之间。从总体上看，他们各个部位之间都很协调，没有任何丑陋的地方。他们的形态在各个部位都与地球人相近。如果要把他们与地球上的某个民族相比，他们很像是亚洲人。他们的肤色黝黑黝黑的。至于服装，他们穿的是很贴身的上衣连裤服，就像宇航员的太空服一样。

巨爪型类人生命体

这种类人生命体在20世纪50年代发生的世界性第一次不明飞行物风潮之后就再也没人看到过。专家们说，人们主要在南美

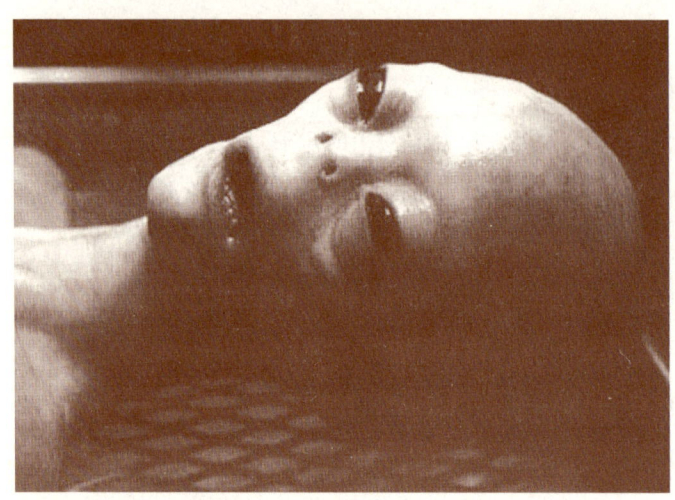

▲ 外星人

▲ 外星人头像

飞翼型类人生命体

1877年5月15日，在英国汉普郡的奥尔德肖特，两名正在站岗的哨兵发现，在军营附近出现了一个穿紧身上衣连裤服、头戴发磷光头盔的人，他蓦地腾空飞了起来。两个哨兵惊恐万状，举枪朝那个空中飞行体射击，可是没有打着。那2个哨兵放下了枪，瘫软在地上。

1968年9月2日约14点15分，在阿根廷的科菲科，一个名叫T·索拉的10岁的孩子，看到一个身高2.1米的怪人在空中飞翔。他的身子放射出奇异的光芒。他飞到了一个停在地面的飞行器旁边。

其他类型的类人生命体

此外，目击者们还看到过其他类

▲ 形形色色的外星人

洲的委内瑞拉发现过巨爪型类人生命体。

据目击者们讲，这些类人生命体都赤身裸体，不穿任何衣服。他们的身高在0.60～2.10米之间不等。他们的手臂特别长，同其身躯相比极不相称。手是巨型的大爪子。

▲ 外星人大集合

型的类人生命体。有人曾发现过一些不具地球人类外形的智能生物。

1954年9月27日，在法国汝拉的普雷马农，人们看到一个长方形的生物从一个飞行器中走出来。

1954年10月2日，人们在法国刺十字地区看到过两个发暗的"块状身影"从一个刚刚着陆的飞行器上走下来。据专家们认为，上述两起事件的怪物大概是受某个智能生物遥控的机器人。

1965年和1966年，美国人曾发现过一种新类型的类人生命体。他们或是矮人（0.8米高），或是巨人（3米高），这些类人生命体都具有以下特点：没有眼睛；没有嘴；没有耳朵。

这些频繁光顾地球的外星人，有何目的？考察？没有人敢下定论。

外星生命不屑与人类沟通吗

一位澳大利亚科学家曾声称：对于外星生物来说，人类还太原始，犯不着去想办法沟通。

新南威尔士大学的天文学家莱恩威弗经过计算，得出这样的结果：近似地球的行星平均寿命为64亿年，而地球的寿命只有46亿年。围绕恒星运行的与地球类似的其他行星，平均比地球年长18亿年。莱恩威弗在一份科学杂志上撰写研究论文说，从银河系的

▲ 外星人会和人类友好相处吗

演化进程这个宏观角度来看,人类比细菌强不了多少。莱恩威弗说:"宇宙中大多数的生命形式都比我们多进化了20亿年。如果从这个时间跨度透视过去,20亿年前,我们的祖先还只是显微镜下的单细胞生物阿米巴虫。"

在发展这一理论时,莱恩威弗对行星的形成和毁灭及其他一些事实进行了考察,最后得出结论说,高级智能的外星生命还不大会很费事地考虑到与人类沟通的问题。他还说:"对于外星生命来说,不和我们人类进行沟通,就像我们不会对用细菌、树木和海豚的语言和它们沟通感兴趣一样。"

 神秘麦田圈是外星人所为吗

1987年,在英国WhiteparRish大麦

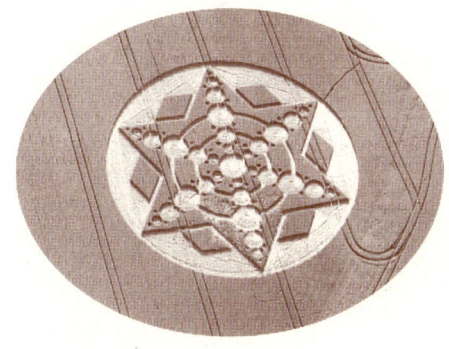

▲ 精美的麦田圈

旱田,出现了一个圆状痕。此同心圆的神秘痕直径为15.38米,两圆距离为2.68米,圆周伤痕宽为1.18米。内圆圈倒伏的大麦为顺时针方向,外圆圈为逆时针,这是个典型的圆状痕,也因这些圆状痕连续在英国出现,而成立了专门研究的组织,使得英国的神秘圆状痕闻名于世。

在过去的几十年中,已有好几百个此类型的圆状、环状、螺旋状及其他形状的作物圆状圈图形,都是在英国3个地方所连成的三角区域内,称之为"威尔特(郡)三

▲ 农田里的麦田圈

▲ 这真的是外星人所为吗

角"。此区域也靠近英国巨石文明遗迹，因此有人曾将这联想到"百慕大三角"。

据英国圆状痕研究团体与阿林·安德鲁的研究，这些圆状痕事实上有一定几何规则，有单圆、同心圆、椭圆、大小二圆组、三圆组、同型二圆组、五圆组、多重同心圆组等，更有趣的还有男女性别符号组。

这些环状痕迹都有一些共同的特征，如农作物依一定方向倾倒成规则的螺旋或直线状；事件都发生在晚上，没有人亲眼目睹圆状痕的生成；附近都曾出现不明亮点或是爆炸的声音；正中央部位都有异状物质，有些具微量放射线，有些不太清楚真正成分；等等。

经过科学界的分析，原因有四种可能：人为的恶作剧、大自然力、病毒引起、UFO降落痕迹或来自宇宙的信息。真正原因还有待证明。

▲ 奇特的麦田圈

PART 07 真实的天外来客

中国正史中的飞碟绑架事件

在中国的正史中，最为典型的飞碟绑架案是公元1880年发生在湖北省松滋县的一起。

120多年前发生在湖北省松滋县境内的覃姓农人随飞碟飞天的离奇遭遇最具代表性。依据湖北省"松滋县志"上的记载，整个事件经过翻译为白话如下：

公元1880年6月15日：湖北省松滋县境内的西岩嘴地方，有个姓覃的农人，早晨到屋后的山林中去散步，突然见到树林里有一个奇怪的物体，正发射出亮丽的五彩光芒。他立即上前想抓住它，却突然感到自己的身体飘离了地面，并飞上空中进入云里，且旁边不停地响起飒飒的风声。这时他感觉到神智有些模糊，身体也不太能自由动弹。一

▲ 有人认为UFO频繁造访地球远非和平性质

会儿,忽然从高空中坠下,落在一座高山上(身体没有受什么伤)。这姓覃的农人好像大梦初醒一般,十分害怕。后来遇到了一位樵夫,见到姓覃的农人既陌生又有些好奇,主动问他从何处来。姓覃的农人据实答说是湖北省松滋县的人。樵夫很诧异地说:"你怎么会来到这里呢?这里已是贵州省境了,离你的家乡有六百公里远呢?"后来经过这位樵夫的指引,他才能顺利下山,并一路当乞丐沿途乞讨回去,经过18天才终于回到家里。

这是中国正史上最具代表性的"不明飞行物"事件,具有一定的参考及探讨价值。

到"飞碟"做客

尽管我们无法推测UFO访问地球的真正目的是什么,但UFO的确给曾接触过它们的地球人带来许多的烦恼和痛苦。不少与UFO接触过的人都把这段接触时间称作被绑架。

1975年1月5日午夜3时,南美洲阿根廷拜亚布兰加市的卡罗斯·阿尔贝特·狄亚斯,从餐厅出来回家。根据当时他的回忆,提着手提包,腋下夹着刚买的报纸,像往常一样搭乘巴士回家,大约午夜3时30分在住家附近的站牌下车。周围一片漆黑,突然面

▲ 外星人与人类接触

前出现一束圆筒状的光束。他很害怕,想逃走,但是失去控制。

在狄亚斯朦胧的记忆里,他被带到一间奇怪的房间,呈半球形的,墙壁是半透明的……之后3个有点儿像人的奇怪生物(形状像人,但不仅没有头发,而且长着连眼睛、鼻子、嘴巴都没有的"蛋脸",头与脸是绿色的,身高大约180厘米,但脸孔只有人类的一半,身穿乳白色像是橡胶制的罩衫,身材高瘦,手臂也有两条,但没有手指,末端圆圆的,像木棒一样,看来令人作呕),取走了他几根头发、部分胸毛。最后,没有伤害他,把他放回了地球。

狄亚斯的异常经历,医生对他进行了全面诊查,结果发现他有多根发毛与胸毛脱落,另外查出目眩、胃肠不顺、食欲不振等症状。同时,也进行了彻底的脑部检查,但却找不到任何异常。

 "魔鬼"降临莫斯科

1981年11月16日晚上8点多钟,前苏联莫斯科市区东部的依兹玛伊公园的无线电工程师蔡伊特斯基和许多路人看见一架发光的圆形UFO从公园的树丛后面突然升起,飞行于夜空之中。一位妇女看得真切。她指着雪地上一个完整的雪融圆形,显然是热力溶化的痕迹。她说:"有一架飞碟降落在这里,飞碟门一开,走下

▲ "从天而降"的UFO

来一个怪物。它的头像是倒置的漏斗，两眼又大又圆，毫无表情。它的手只有4个指头。身体有四肢，像男子的身材，好像没穿衣服或者只穿紧身衣服。"

UFO登陆莫斯科并非第一次。1981年4月初的一天夜里，天还没有亮，4点多钟，住在一幢政府公寓的几个高级工程师、前苏联国防部的官员和一位医生，早起准备上班，在他们各自的房间和浴室里都看见天空列队飞行的4架发光的飞碟。他们述说4架飞碟都有透明的塔形驾驶舱可以看见里面驾驶员的肩部以上，4个驾驶员都是人类形状，头戴透明的太空盔，面部严肃。飞碟低飞掠过窗外，毫无声音。每架飞碟都向地面射出一道绿色的光。

1981年8月23日晚上，莫斯科的退休医生博加特列夫，因失眠起来到厨房喝牛奶，突然看见窗外出现一个奇怪形状的、像面团一般的发光飞碟悬浮在距他寓所仅约30米的空中。医生吓了一跳，仔细一看，更吃惊了，那飞碟好像有眼睛一样地注视着他。突然，UFO向他射出一道闪电般的光芒，将窗户烧了一个直径约8厘米的洞。玻璃圆片掉在地上，洞口十分光滑。

那天夜里，莫斯科有60多家的窗户被神奇的力量射熔了3个约8厘米的圆洞。博加特列夫是惟一目击飞碟如何袭击窗户玻璃的证人。

中国：不明飞行物造访湖南、四川

1979年9月9日晚9时40分，湖南省常德县棒木桥的湖南输机厂内，正在放映露天电影。突然，观众哗然，纷纷回头仰望天空。只见西方约1500米的空中，有一呈椭圆形的物体，发出比满月更亮的强烈红黄光芒，拖着一条光尾，像是喷射出来的气体，无声地平行于地面，由北向西南飞去，约3分钟后消失。同一天晚上，位于常德西北的湖北省监利县，有一个农场技术员也见到了类似的不明飞行物。监利距常德140余公里，发现空中一片漆黑，他不得不脱衣就寝。就在这时，他忽然发现室外有强光透过已闭的窗户射入，持续2~3秒。几分钟后，窗户又再次被照亮，持续不到1秒。与此同时，《四川音乐》月刊编辑朱晓麒在家里，也同样经历了电灯熄灭、天上出现奇光的现象，而且还注意到空中有一种像是巨大的变压器发出的"嗡嗡"声。朱以为是地震的前兆——地震光和地声，赶忙出门去打电话，想向有关单位询问。但电话打不通，连拨号音也没有。除了他们之外，住在成都市东城区的许多人也都看到了天上的强光，遗憾的是却没有人看到发光体是什么。

▲ 天空惊现不明飞行物

的时间比常德早10分钟。如果这是同一个不明飞行，那么，推测它的飞行速度每秒230~240米。

1980年6月29日凌晨1点多，诗人流沙河正在四川省成都市文联的宿舍中伏案工作。突然电灯熄灭，

巴基斯坦：不明飞行物现身偏远山村

2000年8月16日，在巴基斯坦偏远山村，数以千计的村民声称周二晚上看见数个神秘物体掠过夜空，武装部队正着手调查此事。

目击者和官员说，事件发生于俾路支省西部6个地区，包括省会奎达，数个不明物体掠过夜空，尾部还拖着火舌。

来自阿富汗的报道也声称，有人在南部坎大哈城市上空也发现这些不明物体。

但周二的飞行体来自阿富汗方向，向俾路支省东北部山区方向飞去，有些居民说听见爆炸声。

军方已经着手调查此事,在那个时段,没有军机或商业性飞行在该地区上空活动,空军雷达系统也没有报告异常情况。

▲ 整齐划一的不明飞行物

 美国:不明飞行物横于路当中

1973年11月2日早晨,天色尚未亮。美国新罕布夏州的曼彻斯特市外的114公路上,玲蒂阿·莫莱尔夫人夜班归来,开车到了一个十字路

▼ 不明飞行物绽放的"迷人"光芒

口时突然感觉不对,发现在前面500米远的路当中,停着一个巨大的球形物体,它浮在半空中。

那个物体是橘色和金色的,整个形状如同蜜蜂的巢,每个平面呈六角形,从中央地带那儿不时地闪烁着红色、绿色和蓝色的星点似的光亮。夫人不自控的开向不明物,看见隐隐约约的人影——头是圆的,身体完全是灰色的,鼻子和耳朵看不见,嘴巴呈书法中的"捺"形——他们睁大了两只眼睛死死地盯着夫人。夫人凭着本能,逃离现场。

等到救援人员到场,只见天空远处有一个移动的物体一亮一暗地渐渐远去。

秘鲁:不明飞行物留下"倩影"

1972年全世界掀起了UFO热,其中连军事渠道也提供了不少消息。有一条消息来自阿根廷军方 1973年11月2日11时50分某海军航空基地控制塔,值班人员埃克道尔·贝尼特斯先生(36岁)和他的6位同事,一起发现万里无云的天空中有奇怪的飞行物。

他们用高倍望远镜观察,是一个银白色的圆体,

▲ 天空中的神奇飞碟

上面的部分是一并排的黑点点,给人的感觉好像是旅客的窗户。在那足足停留了15分钟,然后以奇快的速度朝东南方向离去。

令人感到遗憾的是,那时候雷达正好没有开着,重新打开时,需要15分钟的启动时间,所以没探察的记录。可7个目击者异口同声地说:"绝对没错,一定是飞碟!"

1973年10月19日南美秘鲁的利马,距离市区东面34公里的地方,在利马克河流附近的山谷中,有人拍摄到正在那里飞行的飞碟。拍摄者住在利马市,是个建筑设计师,名叫萧高·路约·贝格。贝格先生当时被人请去拍照,正在寻找客户的住所。突然发现了飞碟,于是他立即用一次性成像的照相机拍摄了下来。

关于飞碟的相片迄今为止已经发表了不知多少,可都是模模糊糊的,只看到一点点的光亮在闪烁而已。当然,在轮廓方面,能够把圆顶和窗户拍摄清楚的都很罕见。贝格的相片比较清晰,可是仍然有不少人在怀疑,它是不是真的飞碟。

澳大利亚:不明飞行物光临南部海面

1999年11月,7名澳洲专业渔民曾说,他们有录影带,显示在新南威尔士北岸海面看到可能是不明飞行物(UFO)的东西。

33岁的贝尔和他的6名同行宣称,他们看到的圆盖形的陌生物体,在空中离地面100~150英里。且该物体有明亮的橙色外表,似乎不断在接近他们的船只。贝尔请其中一

▲ 天空中是我们常说的飞碟吗

位渔民把情景拍摄下来。

他已把录影带送交总部设在墨尔本的民间机构国家太空中心。该中心业务主任道尔说，他正在等待验证影片的结果。

他们说："这肯定值得一看。观看星图，绝对没有任何星体或星体活动折射的情况。"

非洲：不明飞行物像支雪茄

1954年8月的一天，下午5点45分，一位名叫埃德蒙·康帕尼亚克的综合理工学院毕业生走出办公室，在法国航空公司办事处等待着当天末班班机送来的信件。忽然，一个行人指着天空，让大家看一个巨大的发绿光的火球：它正在垂直向下坠落，像一颗庞大的陨石。几分钟后，埃德蒙·康帕尼亚克等人又发现高空出现了一道光，同样呈电火花似的绿颜色。这道光不再是向地面陨落，而是与地面平行地移动着。它越过塔那那利佛市郊的山峦，进入了市区上空。当它飞近王宫时，康帕尼亚克发现那个物体已降低了速度。

起初，法国航空公司办事处的人看到的是一个巨大的发光球体，它慢慢地降到屋顶上方，然后沿解放大道飞行。当

▲ 飞碟在空中"盘旋"

它飞到康帕尼亚克的头顶时，马路上的人才看清，原来它是一个透镜状飞行物，始终发着电火花般的绿颜色。令人吃惊的是，在透镜后面30米远的地方，紧跟着一支巨大的金属雪茄，后者在夕阳之下反射着耀眼的光芒。康帕尼亚克事后证实说："在场的人都看到，那雪茄表面像是金属的，它反射着西落的阳光。"

成千上万目击者都看到，金属雪茄的尾部喷射着一种橙红色的火花。据人们估计，那雪茄有四五十米长，其移动速度约为每小时三四百公里。

当时全市一片寂静，所有人都对眼前的现象困惑不解。汽车、自行车、摩托车都在一片死一般的宁静中飞跑着。解放大道上的行人都看到，当来历不明的雪茄型飞行物飞过商店、旅馆、住宅上空时，那里的电灯就会自动熄灭。当它飞过后，室内的电灯又会自动地重放光明。

金属雪茄静静地飞过了城市上空，向郊外的机场飞去，然后拐了个弯，径直向西远去。当它飞经一个奶牛饲养场时，平时习惯于飞机轰鸣的100多头奶牛惊恐万状，纷纷挣脱缰绳，向田野夺命而逃。

 保加利亚：不明飞行物绽放绿色光芒

2000年12月11日晚，保加利亚中部城市大特尔诺沃上空出现了2个不明飞行物（UFO）。这一现象使当地居民惊讶不已。数百名居民证实，他们当晚看见城市上空有2个"飞碟"式的圆形飞行物，向四周发出绿色光芒。目击者们还说，不明飞行物出现时，街区的许多狗开始狂吠。一当地电视台播出的录像显示，不明飞行物在城市上空足足逗留了8分钟后才离去。

▲ UFO的"万丈光芒"

 ## 新西兰：不明飞行物与火山爆发同时出现

南半球的新西兰，从1973年年底到1974年左右，人们目击UFO的事件频频发生。这些事情几乎都是与火山爆发同时发生的。"飞碟与喷火是不是有连带关系呢？"人们不禁提出这样的问题。

1973年10月，努卡沃尔霍埃山火山爆发，并连续不断地喷发，10月17日，附近的居民家开始看到"飞碟母舰"。到11月，火还在喷发，飞碟每天出现。到了12月，情况也是一样，火与飞碟齐飞。到1974年的1月，火势开始减弱，飞碟也减少出现；到月底，火势强旺，飞碟也出现很多。在2月份的时候，有车子从下坡路行驶下来，后面有橘色的看不见圆顶的东西追赶着，汽车被引力所吸引，不管怎样加快速度，时速总超不过7公里，直到飞碟飞走后，汽车才恢复正常。

进入3月份，事件仍在发展。在11日那天，阿巴哈特市的巡逻部长G.W.斯派伊萨和R.B.弗莱明警官巡路时发现了奇怪物体。他们用望远镜确认了以后，向本部汇报："像降落伞那样的圆形，上半部分是银色，下半部分是红色的，侧面看过去发射蓝光。"

PART 08 巧遇的"不速之客"

第 ② 章 破解飞碟外星人传奇之谜

七旬老妇巧遇6指外星人

▲ 传说中的"外星人"

1953年8月中旬，一个奇异的光球风驰电掣般地从俄罗斯波尔塔夫州基坎区斯塔尼夫卡村上空掠过，转眼消失在附近的深山里。

1953年8月17日，一个叫安德列耶芙娜的75岁老妇正在该村的一口井打水，她突然发现，在菜园角落的一棵苹果树下站着3个人，他们正在折一根带苹果的树枝，然后他们又朝另一棵李子树走去，手里还拿着某种试管和长颈玻璃瓶。

这3个人都身着像航天服一样的连体服，手上戴着手套，试管里还装着青蛙和蜥蜴。他们还和老人说他们是来寻找他们的同伴的。还说地球人太好战，他们那里没有战争。他们给老人做演示的时候，把手套摘下来，老人发现有6个手指，而且又白又大。他们把一件类似管子一样的东西对准一块大石头，这块石头倾刻间熔化了，周围的土地也开始燃烧。一个外星人解释说："我们失踪的朋友就是随身佩带这种管形武器进行自卫，因为你们地球人很丑恶，总是富有好战性。"

其实，我们地球上也有6指人，地球上的6指人不仅长着6个手指，还长着6个脚趾。科学家们认为，这是罕见的多指（趾）显性变更基因作用的结果。然而，今天地球上的6指（趾）人是否是6指外星人的后裔，眼下尚不清楚。

魔力无边：外星人施展"定身法"

瓦朗索尔事件发生在1965年7月1日的清晨。那时，太阳已经升起，晴空万里，风和日丽。

事情从5时45分开始，一位世世代代住在瓦朗索尔名叫英里斯·M的农场主听到，从他的薰衣草地传来一阵尖利的好像是钢锯在锯金属时发出的"嗞嗞"声。M被声音吸引，循声过去，看到一个形状古怪的椭圆物，它像一只巨大的蜘蛛趴在地里，圆球底下有2个人蹲着。好奇心战胜了恐惧，来到跟前。他看到那2个人很矮小，正面对面地蹲在那里，看上去他们似乎是在草地上

▲ 外星人玩具

观察一棵薰衣草。当M先生离飞行器只有五六米远的时候，被那两个矮人发现。矮人商量后，一个矮人右手从右侧一个盒子里取出一根管子对准M。之后他就不能动了，但是意识很清醒。

两个矮人办完事情，飞进圆球，像图片一闪一样快的从眼前消失了。矮人走了将近半小时，他才慢慢能动弹。

之后，有关人员对现场进行了现场勘查，发现那的薰衣草长势更好。M先生除了嗜睡外，身体状况良好。

怪事一件：路遇UFO

1973年5月22日早上3点，巴比罗开着车子回家。那天下着雨。他以每小时90公里的速度驾车行驶。为了减少路上的寂寞，他打开了收音机。当汽车接近一个小山坡的时候，收音机突然没有声音了，就在同时，车子发动机的响声降了下来。

这时，他突然看见车子里有一束明亮的圆形蓝光，直径大约有20厘米。这个奇怪的"光"慢慢地移动着，掠过他的工具箱、座位、一个锁着的手提箱，车顶和他的双腿。当这"光"掠过工具箱上面时，巴比罗居然可以透过蓝光看到驾驶室隔开的发动机。巴比罗十分疑惑，也十分害怕。后来他看清楚那是不同与地球的物体。他想离开，但是感觉像被什么东西抓住了一般逃不掉,他就眼睁睁的看着"蓝管子似的光柱"在他车子里照射。然后,由于过度紧张,昏了过去。

当路人发现的时候,发现他手

当天下午,巴比罗在医院时,感到背后面、臀部轻微发痒。第二天,发痒地方的皮肤开始出现不规则、无痛楚的蓝紫色斑点,在臀部地方的斑点更大而且更明显。不久,这些斑点变成黄色,很像淤伤。

医学博士在进行了认真地检查之后,在斑点上面没有发现异物,脑电图也很正

▲ 空中的"UFO"清晰可见

提箱被打开,里面的支票、相片、公文等散落在整个车内,巴比罗身上没有任何伤痕。而他清醒的确认支票、公文等全在手提箱里。

常。后来,两个催眠组织对巴比罗进行了催眠实验,让他在催眠状态下叙述发生的事情。实验的结果肯定了这个奇怪事件的真实性。

勇者的行为:枪击外星人

事件发生在美国肯塔基州克利城郊的一个农庄里。当时L·萨顿家共有8个成人和3个孩子。1955年8月21日晚,天空晴朗,大约7点钟光景,他们看见一个闪着彩虹般的多色光的飞碟降落在离房屋十几米远

的水沟旁。

当初他们以为是流星，但是随后他们发现一个奇怪的发光体向房屋靠近。为了保护家人，他们和3个外星人周旋交火，幸运的是外星人没有还击，他们也没有受伤。最后3个发着光的类人类消失在夜空中。

另一起枪击外星人事件发生在

▲ 电影中的外星人

巴西，但是事主的命运比萨顿一家要凄惨得多。

事件发生于1967年8月13日大约午后4时。当天下午，伊纳西欧开车载着妻子玛莉亚与5个孩子到附近的森林野餐。傍晚回到住处时，发现一架巨大的物体停在农场私人飞机场的跑道上，该物体的直径超过30米，形状就像倒过来的洗面台；更令人吃惊的是，大约在伊纳西欧的家与怪物体的中间一带有3个形状像人的生物在走动。

他们以为有人要袭击农场，为了保护家人和农场，伊纳西欧向其中的一个怪生物开枪。但是还没开，就从停在跑道上的那架怪物体发出一道绿光，射中伊纳西欧的胸部，他当场昏倒。随后，三个怪生物钻进怪物体。同时，怪物体垂直上升，发出类似蜜蜂群飞的怪声，旋即离去。

不幸的是，后来伊纳西欧先生检查出有白血病，是受射线辐射引起的。58天后，也就是1967年10月11日，在家人的看护下离开人世。

幸与不幸：被外星人救过的人

1952年7月16日，星期二。

这一天，一位名叫弗雷德·里根的20来岁的美国飞行员准备驾机飞行。他驱车来到位于佐治亚州亚特兰大市郊外的一座机场。当时，天气晴朗，天上只有一处飘浮着洁白的云彩。

他在2400米的高空飞行，突然与迎面来的不明飞行物相撞。飞机的尾翼撞碎，他也被抛出舱外。当初没带降落伞，他的一个念头就是肯定死定了。但是他却奇迹般的活了下来，根据他和亲人的讲述：他被玻璃瓶样的外星人救起，还帮他把脑部的肿瘤切除，并跟他说是没有恶意的。但是没有人相信他，包括他的亲人。不久，他就得了严重的精神忧郁症，进了亚特兰大精神病院。在他与那个不明飞行物"遭遇"将近10个月之后，他病死在医院里。具体时间是1953年5月16日。

后来，医学专家们对他的尸体进行解剖，异常惊讶地发现，里根大脑的细胞已经发生了严重的病变，即他的大脑看来是被极其强烈的射线辐射过。他们还发现，几个月之前，他大脑中的一个肿瘤被人摘除，所用的器械并不是人们通常使用的手术刀，而是一种目前医学上从未见过的新型器械。

美国当局对这起案件根本无法加以解释。

▲ 与外星人近距离接触

追逐与戏弄：人类与UFO角逐

1953年11月23日，美国飞行员菲力克斯少校和雷达员威尔杰少校接到空军防卫指挥部的命令，从罗斯空军基地起飞去追踪苏必利尔湖上空被雷达发现的一个不明飞行物。他们驾驶一架F—89C喷气式战

1956年，英国剑桥郡和萨福郡的几个镇上空，经常出现UFO，英国皇家空军飞机多次紧急升空，但UFO每次都像在做空中游戏一样，把皇家空军的战斗机戏弄一番。

1978年10月18日，劳伦斯·科

▲ 电脑制作的外星人模型

斗机，由地面导航直扑那个物体。地面指挥员在显示屏幕上看到飞机接近了那个UFO。在屏幕上，飞机和UFO的信号都很清晰，可是后来突然都从屏幕上消失了。从此，再也没见到那架飞机和机上的驾驶员，搜索也毫无结果。

因中尉和三名机组人员，驾驶一架美国空军直升飞机从俄亥俄州的哥伦布飞往克里夫兰。40分钟后，他们飞抵曼斯菲尔德上空，高度为750米。这时，一名机组人员发现一个闪着红光的物体正高速从东部靠近飞机。科因中尉立即将飞机降到510

米,以避免相撞。

在离飞机大约150米时,这个不明飞行物突然停了下来。科因中尉注意到,这是一个巨大的灰色金属飞船,大约有18米长,形状像流线型的扁雪茄。它前部边缘闪烁着红光,后部闪着绿灯,中间有圆盖。一盏绿灯突然旋转起来,绿色灯光照亮了直升飞机的座舱。科因赶紧用无线电发出SOS信号,但无线电装置莫名其妙地突然失灵,既不能发送信号,也不能接通信号。后来他检查了一下仪器盘和气表盘,发现这架直升飞机正在升入高空。

"我简直不敢相信,"他说,"高度已达到1000米,我并没有拉升高操纵杆。所有的控制系统似乎已被某种力量设定为上升20度,我们在几秒钟内从510米爬到了1000米,没感到压抑或呼吸困难,没有噪音,没有骚动。"

最后,机组人员感到了一下轻微的弹跳。那个UFO向西北呈"之"字形飞去。7分钟后,直升机上的无线电装置又自动恢复正常状态。

来无影去无踪:UFO"坐山观虎斗"

1939年到1945年,是血雨腥风的6年,整个地球都被历史上最可怕的屠杀震撼着(死亡人数达5000多万)。在此期间,空军第一次成为决定因素,不仅决定着陆战和海战的胜负,而且决定着战争的进程。由于经常面对死亡,飞行员们练就了一身超常的反应能力。所以参加第二次世界大战的飞机驾驶员不可能看错他们面前的敌机型号,因为,他们的生与死取决于能否快速和准确地发现敌机。

1942年3月25日,英国皇家空军战略轰炸机大队的波兰籍突击队员罗曼·索宾斯基奉命对德国城市埃森进行夜袭。任务完成后,返回英国境内。这时他们发现一个发着橘黄色光的不明物体。他们以为那是德国的飞机,就向它开火。奇怪的是它虽然中弹但不还击,他们只

▲ 正在"探讨"的外星人

好停止射击。那个奇怪的物体就这样静静地伴着轰炸机飞行了一刻钟（此间机上人员的神经紧张到了极点），然后突然升高，以难以置信的速度从波兰飞行员的眼前消失了。

1943年12月18日，从11时45分起，德国设在赫尔戈兰岛以及汉堡、维滕贝格和诺伊施特雷利茨市的雷达站相继发现一大群圆筒形物体，它们以每小时3000公里的速度静静地从空中飞过。德国空军拥有当时世界上飞行速度最快的飞机（Me—262：时速925公里），但是，德军指挥官们一想到这些魔鬼般的空中圆筒可能是盟军投入战斗

的新武器时，心中就不寒而栗……

1944年11月23日22时，美国空军第9军415大队的两架野马P—51型歼击机在他们设在英国南部的基地上空巡逻。驾驶员E.舒勒特和F.林格瓦尔德中尉突然发现一个由10个明亮的大圆盘组成的飞行大队快速地掠过他们上空。两架野马式歼击机立即上仰，组成战斗队形想截住那些奇怪的圆盘。但尽管开到了最大马力，时速达730公里，两个驾驶员仍觉得他们简直是在圆盘后面爬行。就这样，经过13分钟毫无结果的跟踪之后，两个驾驶员返回了基地，他们汗如雨下，大声地痛骂那些"该死的怪物"。

当然，在历史上这场最可怕的战争中，交战各国的空军参谋部都不太情愿考虑这些飞行物体有可能是一些外星文明的信使。普遍同意的理论是认为这些飞行物属于敌方，而它们同我方飞机相比所具有的明显优越性造成了内心的恐惧。

第 ② 章　破解飞碟外星人传奇之谜

近距离接触：UFO对决中国空军

1982年6月18日夜晚，一个不明飞行物飞临我国华北北部上空。正在进行夜航训练的中国人民解放军空军航空兵某部7名飞行员和参加飞行的全体干部、战士200多人，分别在空中和地面目击不明飞行物，其中一名飞行员在空中单机与之相遇。据目击者观察，这个不明飞行物，于北京时间22点零6分左右，以光束和橘黄色的球状体出现在地平线下，几经发展变化后，于22点30分以巨大的乳白色半圆体消失在河北省张北县以北上空。

这天晚上，空军航空兵某部组织跨昼夜飞行训练。最早发现这个不明飞行物并与其相遇的，是飞行员刘某。他看到不明飞行物发展变化的全过程。

▲ "外星人来袭"

据机场地面目击者陈述，22点10分，一个形似"闹钟罩"和"天文堡"的乳白色物体，在张北以北上空出现，接着就像气球充气一样，有节奏地、波浪式地向周围递增扩展。扩展的速度比氢弹爆炸时升起的蘑菇云还要迅速猛烈，一会儿的功夫就像一座大雪山似的矗立在空中，仰视才能看到顶端。整个物体呈乳白色，且有光泽，边缘清晰明亮。肉眼观察，空中面积西起张北，东至崇礼，距离在15公里以外。后来整个物体由浓变淡，透光，22点30分基本消失。

围拢靠近：UFO骚扰民航班机

1959年2月的一天，美国宾夕发尼亚州和俄亥俄州的6架民航飞机的机组人员，在飞行途中目击了3个不明飞行物，其中一个UFO两度离开编队，降低高度，向飞机靠拢。他们没有袭击客机，只是保持你远我近的距离，和客机对峙着。

秘鲁也有相似的经历。1967年

▲ 外星人会伪装成人降临地球吗

2月2日，一架秘鲁航空公司的DC-4式客机曾被不明飞行物紧紧跟踪了300公里。这架飞机的机长叫奥斯瓦尔多·桑比蒂。在记者采访他时，他详细地讲述了这次不寻常的空中事件："2月2日18点整，我们从皮乌拉起飞，飞往首都利马。飞行半小时后，我们忽然发现在飞机的右侧有一个发光的物体。当时天色开始渐渐地暗了下来。我看到那个物体放射出及其强烈的光芒，它的外形是个倒置过来的锥体。当时灯光变暗，想与指挥中心联系，信号也失灵。大家都很害怕，还有几个女的吓得哭起来。当我们终于和塔台联系上时，不明飞行物转瞬之间飞逝而去，再也没有出现。"

不善的行动：UFO攻击军事设施

UFO开始攻击军事设施！巴西军方发出紧急信号。接连在巴西各方发生类似事件，巨大的圆形飞行物袭击碉堡，看不见的热浪把人灼伤，灯火失明，使碉堡处于一片恐怖中。

伯鲁多阿雷克机场也在碉堡受到攻击之前看到过奇怪的飞行物体。当时一架民航机起飞前往圣保罗，高度2100公尺，机长发现左前方有个红色点正逐渐向他们接近过来。机长因为好奇心的驱使改变航线，朝那光点飞去。

飞机一直向UFO飞去。忽然整个飞机内部充满烧焦的味道，机长吓了一跳，马上检查各项仪器，发现自动方向测知机和无线电都已经烧坏，右翼的引擎也在冒烟。

就在他们忙于灭火之时，UFO已不见了踪影。机长不能到圣保罗去了，只好失望地返航。

外星人的遗留物

 **外星人的遗留物**

1995年8月19日，美国加利福尼亚的卡玛里罗医院进行了一次史无前例的外科手术，医生们首次实施了对据说是外星人植入人体内的物体的切除手术。

第一例手术有两个病人，一男一女，他们自述有被外星人劫持的经历。X光检查发现，他们的身体内多了一些物体，手术一共取出3件，女性的脚趾中取出2件，男性的手上取出1件。这3件物体呈T型状，用金属材料制成，被一层黑灰色的光亮薄膜包裹着，但薄膜无论如何都切不开。而且这些物体一旦被触摸，病人就会有强烈的

▲ 检查坠毁的不明物

反应,尤其是在局部麻醉后,病人的反应更为激烈。手术后一个星期,病人甚至比手术时更痛苦。

到目前为止,这样的手术已经进行了7例。前3例取出的T型物体,水平部分的一端有一个像钓鱼钩的倒钩,另一端是圆的,中间呈锯齿状,使垂直部分完全嵌入。最有趣的是垂直部分被一些晶体缠绕着。后3例发现病人患部的皮肤曾完全暴露在紫外线的照射下导致皮肤受损,但病人一致承认没有那样的经历。那为什么会有4~5平方厘米的皮肤受损呢?而且这些受损皮肤的形状与以前在被外星人劫持者身上发现的铲形标记十分相似。另外,上述6例的切除物有一个共同点,在紫外线下会发出荧光。

根据有关专家的研究,外星人可能在研究人类的遗传基因。

▲ 外星人究竟给人类留下了什么

外星人在新疆留下岩画

新疆维吾尔族自治区博物馆的考古工作者，曾在新疆北部青和县西北的一山沟中，发现散落面积达数平方公里的铁陨石群，令人称奇的是，在这里还发现了多处以陨石为载体、疑与外星人有关的文物。

发现者张晖说："根据陨石成分的密度及体积，初步推测其中有的陨石足有100吨以上。"

目前世界上最大的铁陨石是1920年坠落在非洲纳米比亚的重60吨的"戈巴陨铁"。"历史上青和县曾发生过陨石雨大坠落。"张晖推测，无论是陨石的散落面积、规模和数量，都堪称世界之最。

陨石分为石陨石、铁陨石、石铁陨石3种，其中铁陨石、石铁陨石较为罕见，而青和县发现的陨石恰是这极为少见的品种。

令人称奇的是，在这里还发现了多处以陨石为载体的文物。这包括用陨石雕凿而成的圆球状石人，以及刻在陨石上的牛、羊、马、骆驼等岩画，其中有一幅"独目人"图案陨石岩画与分布在世界许多地方的独目人岩画惊人地相似。

刻在陨石上的"独目人"头部呈圆圈状，中间绘有一眼，两手相连环置胸前，胸以下左右被两道圆弧包裹，只露出双脚。

张晖说："内蒙古阴山岩画、宁夏贺兰山岩画、加拿大安大略湖皮托波洛岩刻、北撒哈拉岩画、埃及'德耶德支柱'上均有'独目人'图案，在青和县发现的这幅'独目人'造型与贺兰山岩画中的'独目人'形象如出一辙。"

最早到中国探险的欧洲人——古希腊人亚里斯底阿斯在公元前7世纪东行至中国的阿勒泰山一带，并将旅行见闻写成了《独目人》一书。张晖认为，刻在陨石上的"独目人"很可能反映了"当时有真实存在的超文明使者"，"这一岩画是阿尔泰语系诸民族萨满教的最主要的天神崇拜图"。

外星婴儿

1983年7月14日晚8点左右，一个火红的发光体在吉尔吉斯坦某村上空爆炸，一片紫红，异常耀眼。村民们惊恐万状。过了片刻，又是一阵爆炸声后，天空渐渐暗下来，群山和村庄恢复了平静。

经过调查，人们确信是来自太空的飞船爆炸了。但是更大的奇迹还在后面……

根据牧羊人的指引，他们找到了一个椭圆形金属物体，它的长、宽、高均为1.5米左右，下部有短而粗的"脚"，还有一个反推力制动装置，物体上部有一扇紧闭的门。门打开后，发现一个男婴，乍一看，很像地球人。他呼吸缓慢，像是熟睡。后来，人们往金属体内输送了氧气，直升机将球体运到伏龙芝研究中心。

外星婴儿在伏龙芝研究中心生活了11周零4天，医生们夜以继日的照顾了3个月，终因严重的感染而于10月3日死去。

在婴儿成活的这3个月里，人们都观察到了什么呢？

据内情人透露：那个孩子很像地球人的婴儿。不同的是，他的手指和脚趾间有蹼，这说

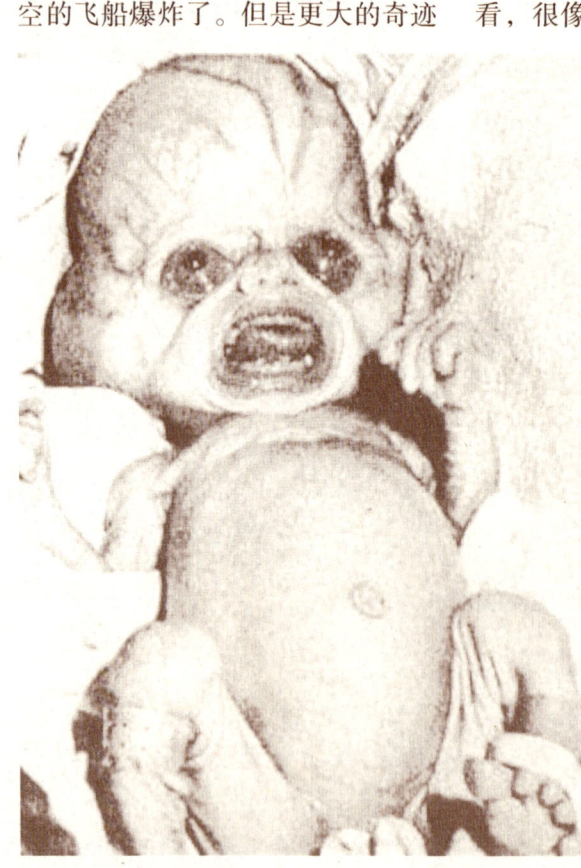

▲ 想象中的"外星婴儿"

明他曾在水里生活过。另外，他的眼睛呈奇怪的紫色。X光透视的结果表明，他的肌体结构与地球人一样，只是心脏特别大，脉搏较慢，每分钟60次。他的大脑活动比地球上成年人的还频繁。他没有牙齿，我们给他吃婴儿食用的粥。有一次，给他吃菠菜，他尝了一口，立即吐掉了。

宇宙婴儿使地球人开了眼界。人们也许不会怀疑外星人的真实性了吧？

外星人遗留在地球上的尸体

数以万计的外星人操纵着飞碟在太空飞行、考察，有时降临地球作实际考察。在这些频繁的飞行中，他们的星际交通工具飞碟即使非常先进，也不可能绝对完美无缺，因此，在某些时候总有飞碟失事的可能，这就难免有飞碟残骸和外星人的尸体甚至活外星人降临地球。

地球人最早记载的回收外星人尸体的事件至少可以追溯到1950年。1950年12月7日，美国空军上校威廉·克哈姆和上尉巴金斯，在与美国临界的墨西哥境内亲自目睹了美国军方回收一个坠毁飞碟的情况。在这个飞碟的残骸中，就有一个外星人的尸体，这个

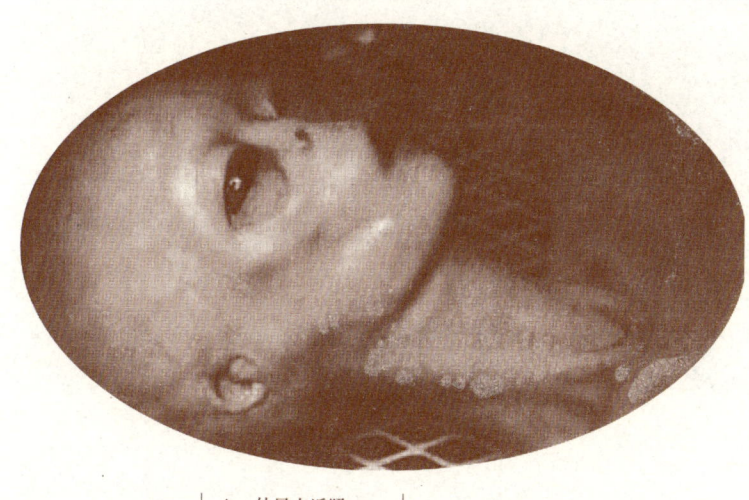

▲ 外星人近照

坠毁的飞碟和外星人的尸体都被运到了美国。

1950年,在阿根廷荒芜人烟的潘帕斯草原,曾经坠毁过一个飞碟。这个飞碟的圆盘直径约为10米,高约4米,有舷窗,座舱高约2米,表面光亮严整。在机舱内发现3个死去的小矮人。

类似的情况在意大利也曾发生过。据意大利飞碟专家阿·别列格收集的材料介绍,一位名叫艾·波萨的建筑师有一天驱车外出旅行,在一个荒芜人烟的地区,他发现离公路不远的地方倾斜着一个圆盘状物体,出于好奇,他走近那个物体,发现上面有一个打开的舱口。波萨从舱口走进物体内,发现在直径6米的圆舱里,有3个黑色物体,而黑色物体中有一个外星人的尸体,他马上通知了美国军方。

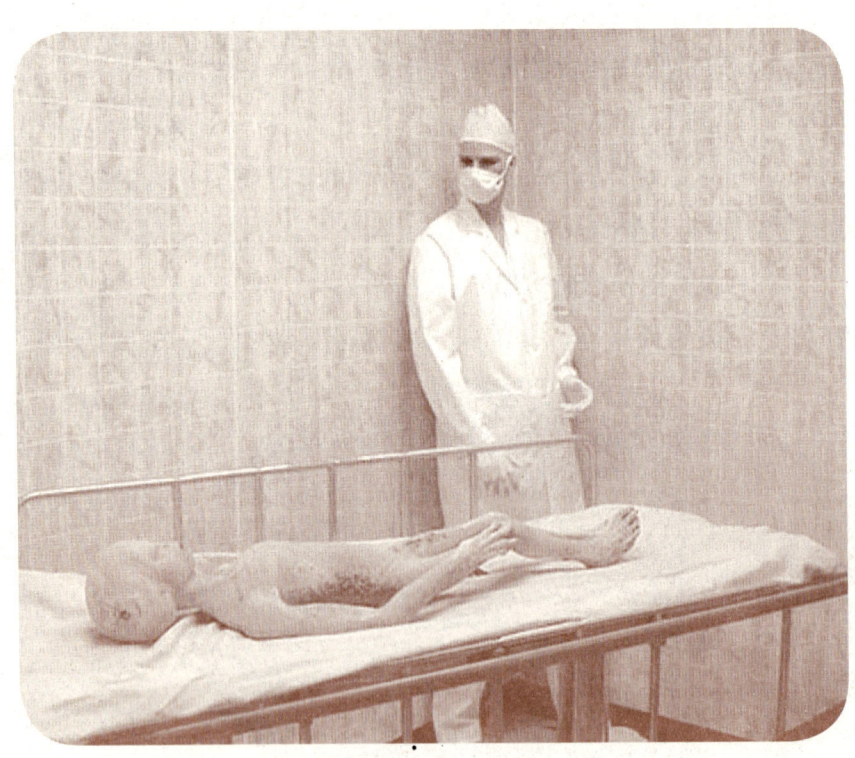

▲ 外星人尸体

PART 10 科学家的惊人发现

 科学家宣称：外星人一直关注着人类和地球

据英国《泰晤士报》报道，一名意大利考古学家曾宣称，他通过对一系列意大利文艺复兴时期绘画的研究，惊奇地发现，在一些艺术大师作品内的天空中，存在着一些圆盘状不明物体。他认为这是古代大师给后人留下的一个记录，也就是早在15世纪，外星飞碟就曾光临过地球。这证明，外星人一直在关注着人类生存的地球。

现年56岁的西格那·沃尔特里是罗马的一名专业考古学家，他擅

▲ "长耳"外星人

▲《ET外星人》剧照

长于古代金属物体的分析与鉴定，也是一名飞碟现象的热衷者和研究者。"在我还是个孩子时，我就对一切无法说明的东西感兴趣。现代科学家们常常将一些无法解释的现象归结于人类幻想，譬如外星人。但我认为科学工作正是要解答一切神秘问题，而不是将它排斥在外。"沃尔特里称，通过对一些文艺复兴时期绘画的研究，他认为外星人现象其实早在几百年前就已存在，人类的老祖宗早就怀疑在地球之外是否还存在着其他生命。

与外星人聊天：科学家正在探讨星际语言

来自世界各地的科学家、天文学家、画家、音乐家挤在温暖的客厅里交换如何与E.T（外星生命）聊天的点子。如果这些天外来客到访，我们应该跟它们聊什么？

这是一个有着精英分子沙龙

▲ 外星人与人类接触

格调的科幻讨论会，沙龙的主人Douglas Vakoch的正式身份是美国SETI（搜寻卫星智慧）协会星际信息小组负责人。他说："我们在这里的目的不是要试图寻找最佳的信息或者最聪明的信息。"

"我认为我们应该发出成千上万，尽可能多形式的信息，希望其中一种能被E．T们所理解……我相信总有一种可能，克服人类和外星世界交流的障碍。"

"也许，即使我们收到发自他们的信息，但他们的思维方式是如此外星化，我们根本意识不到这就是我们一直寻找的信息。"

Vakoch说："我们只能用现有的工具搜寻外星生命信号。但我们充满了希望。"

美国海军少将发现：地心存在飞碟基地

地心有飞碟基地，这听起来简直是天方夜谭。然而曾是美国海军少将的拜尔德却在不久前公开了他驾机探访地心飞碟基地的神奇经历，使外星人和飞碟再次成为美国人谈论的热门话题。

拜尔德的日记说，他曾于1947年2月率领一支探险队，从北极进入地球内部，并发现了一个庞大的飞碟基地和地面上已绝种的动植物，在这个基地里还居住着拥有高科技的"超人"。但这一信息却一直被美国政府长期封锁着。

1947年2月，拜尔德出席美国国防部的参谋会议，所有的陈述均有详细的记录，并且向杜鲁门总统做了汇报。会议历时6小时40分钟，他还接受了最高安全部门及医疗小组的调查，后被有关方面告知严守机密。拜尔德身为军人，只能服从命令。但他仍在1965年12月24日的日记中写道："那块土地在北极，那个基地是一个巨大的谜。"

外星人告诉我们：揭示飞碟的原理和结构

不论是来自何处的外星人，他们总是以不同的形式向我们揭示飞碟的原理和结构。不管外星人已掌握多么高超的技术，他们都不可能违背能量守恒的法则和必须遵循质能转化关系式及连锁反应的规律。因此，他们必须利用宇宙天体抛射的电磁粒子为飞碟充磁，然后将充足磁的飞碟释放出来潜入海洋提取海水中的原子核，并将其束缚在底部的强磁场中，通过控制向其发射的电磁粒子数量来控制其核聚变，以此增加飞离地球和太阳系的功能。

世界著名天文学家称：25年内一定找到外星人

"我们发现了很多新的星球，25年内我们一定可以在它们之中找到外星人。"这是世界著名天文学家肖斯泰克在加利福尼亚接受英国路透社记者采访时说的。

1984年成立的SETI研究所已经监测到了一些声波信号。他们开展了著名的"凤凰计划"。到1999年中期，凤凰计划已观测了它名单上一半的星体，大约有500颗，仍然没有地外文明信息被检测到。

"我们确实经常监测到信号，可经查实都是人类发出的，而不是外星人，大部分是美国电话电报公司的。"肖斯泰克说，2005年将会有一组2600万美元的射电望远镜投入使用，这组望远镜的名字叫做"艾伦望远镜"，是以微软公司创始人之一——鲍罗·艾伦的名字命名的。艾伦望远镜将覆盖1000～10000MHz的频率，是凤凰计划的3倍。

肖斯泰克坚信有外星人存在，但可能不会是那种眼睛大大、样子可爱的电影角色。他估计如果外星生物

▲ 外星人走下飞碟

▲ 人类与想象中的外星人

和人类一样是由碳水化合物构成，那么他们很可能也有中央神经控制系统、两只眼睛、一张或两张嘴巴、腿和一些再生器官。但他认为任何外星生物的智力都要比人类发达很多，"他们很可能不是一种生物体，更有可能是生命的一种人工形式"。

 UFO使植物被烧焦

90%的UFO事件中，都有植物被烧焦的现象，这种后果并非自身燃烧所致，而是受到异常强烈的热辐射结果，其中35%的事例还伴随着放射性后果。一般说来，被如此毁坏过的地区的植物很难恢复；而且25%的例子中，土壤从此寸草不生。

1966年10月7日18时30分，14名目击者发现一个明亮的空中物体降落在密执安半岛印第安湖畔（美国密执安州）。发动机和仪表停止了将近1小时，而当那个物体重新起飞后，在地面留下一个圆形辙印，里面的草木完全被烤焦。

1967年6月18日夜间，发生在加拿大安大略省法尔扎湖上空的事件也颇为奇特。6人目睹并出具了报告。他们发现一不明物体停留在离树梢15~20米的空中。当那个物体离去后，发现树梢被烤焦。白桦、榛树、樱桃树同时枯萎。

 ## UFO使水源受污染

1970年9月14日,一个不明物降落在新西兰蒂奎蒂附近布莱克莫尔的农场边的一个小湖里。第二天早晨,农场主发现湖水水位涨了很多,而岸上的痕迹表明,夜里湖水不可思议地溢出了坝外。湖水变成了暗红色,并带有刺鼻的气味。也许为了避免使人们受到伤害,陌生的飞船把有毒(放射性或化学)物质倾入密封的集装箱内沉入水底,说明"外星客人"非常注意地球生物圈的安全。

 ## UFO伤害人体

1968年8月,阿根廷门多萨医院的残疾人阿德拉·卡斯拉维莉从窗口看见一艘圆盘形的飞船降落在医院旁边。几秒钟后,飞船重

▼ 世界各地的不明飞行物

新起飞,放出一种辐射状的"火花"。残疾人脸部被灼伤,昏迷了20秒钟。这时,飞船已迅速飞走。阿根廷空军情报处和原子能委员会秘密地调查了此事,发现飞船停留过的地方有一个直径50厘米的圆形印迹,土壤呈灰色,放射性程度很高。专家们确认,残疾人被灼伤是强烈而短暂的辐射所致。无论是外伤,还是附带的恶心、剧烈头疼等,都在一个月后才消失。

1970年发生在芬半南部吉米亚维村附近的森林,是另一件给人类造成不快的事件,两名目击者其中一名腹部剧痛,小便变成黑色,身体极度虚弱,持续了将近1年之久。另一名则浑身皮肤发红,很快得了头晕病,身体不能保持平衡。医生们诊断不出两个目击者患病的原因,但均认为他们受过强烈的辐射。

 UFO使电路短路

1970年8月13日夜间,另一件出名的事件发生在丹麦哈德斯莱夫市附近。22时50分正在城市外围巡逻的警官埃瓦德·马鲁普的汽车马达

▲ 发光的不明飞行物

突然停止，车灯熄灭。紧接着，车子被来自上方的一道强光罩住了，车内酷热难熬。警官探头观看，只见一个直径15米的圆盘形物体停在空中，从它里面射出一束锥形白光。马鲁普想同总部联系，但无线电对话机已不能工作。光束渐渐地缩回飞船舱内，使警官惊讶不已的是光束始终保持固定的形体，仿佛是用空气剪裁成的。飞船迅速而又一声不响地升高，消失到星空中去了。此间，马鲁普成功地拍摄了6张相当清晰的飞船照片（这些照片经过丹麦和法国专家鉴别其真伪后，被发表在报上）。飞船消失20秒钟后，马鲁普警官的汽车发动机、车灯和无线电通信装置重新恢复正常。最惊人的、至今仍然无法解释的现象是陌生的飞船竟能分段逐渐收回光束。此种现象在法国（1967年5月6日）、加拿大（1968年8月2日和1970年1月1日）、芬兰（1970年1月7日）和中国（1983年2月21日）都有发现。

青少年不可不知的

Weijiezhimi Quanji

第 3 章

追问至今未解的古代文明

青少年不可不知的

未解之谜 全集

Weijiezhimi Quanji

第3章 追问至今未解的古代文明

PART 11 惊人的超前文明

 人类之前的文明之谜

在人类之前，地上是否存在过类似我们今天的文明，或者超文明？这是我们每个人都感兴趣，然而又无法回答的一个问题，即使在学术界，对于这个问题也是众说纷纭，莫衷一是。

踩在三叶虫上的足印

在美国犹他州羚羊泉的发现甚为奇异。业余化石爱好者米斯特于1968年6月发现了几块三叶虫化石。他叙述说，当他用地质锤轻轻敲开一块石片时，石片"像书本一样打开，我吃惊地发现，其中一片上面有一个人的脚印，中央处踩着三叶虫，另一片上也显出几乎完整无缺的脚印形状。更令人奇怪的是，那几个人穿着便鞋。"

之后，1968年7月，著名地质学家伯狄克博士亲往羚羊泉考察，又发现了一个小孩的脚印。1968年8月，盐湖城公立学校的一位教育工作者华特，又在含有三叶虫化石的同一块岩石中发现了两个穿鞋子的人类足迹。

所有这些发现，经有关学者鉴定，均认为令人难以怀疑，是对传统地质学的严重挑战。犹他州大学地球科学博物馆馆长马迪生在记者招待会上说:"那时候地球上没有人类,也没有可以造成近似人类脚印的猴子、熊或大懒兽,那么,在连脊椎动物也未演化出来之前,有什么似人的动物会在这个星球上行走呢?"

三叶虫是细小的海洋无脊椎动物,与虾蟹同类。三叶虫生存于6亿年前至2.8亿年前期间,而人类出现的历史与之相比,可谓是白驹过隙。至于穿上像样的鞋子也不过3千多年,那么这一切,又该作何解释?

20亿年前的核反应堆

众所周知,人类在近几十年内才开始掌握了原子技术这一高科技技术,然而在非洲,却发现了一个20亿年前的核反应堆。

事情的经过是这样的:法国有一家工厂使用从非洲加蓬共和国进口的奥克洛铀矿石,他们惊讶地发现,这批进口铀矿石已被人利用过。铀矿石的一般含铀量为0.72%,而奥克洛铀矿石的含铀量却不足0.3%。这一奇怪的现象引起了科学家们的注意。他们纷纷来到加蓬奥克洛铀矿考察,发现了一个不可思议的史前遗迹——古老的核反应堆。它由6个区域约500吨铀矿石构成,输出功率估计为100千瓦。这个反应堆保存完整,结构合理,运转时间长达50万年之久。

据考证,奥克洛铀矿成矿年代大约在20亿年之前,成矿后不久就有了这一核反应堆。而人类只是在几十万年之前才开始使用火。那么,是谁留下了这个古老的核反应堆?是外星人的作品,还是前一代地球文明的遗迹?

矿石中的人造物

人类学会制造工具的历史不过几十万年,然而,人们却从几千万年甚至几亿年前形成的矿石中发现了人工制造的东西。

1844年,苏格兰特卫德河附近的矿工,在地下8英尺的岩石中发现了一条金线。

1845年,英国布鲁斯特爵士报告,苏格兰京古迪采石场在石块中发现一枚铁钉,铁钉的一端嵌在石块中。

1851年,美国马萨诸塞州多契斯特镇进行爆破,从坚实的岩床中炸出了两块金属碎片。这两块碎片合拢后,竟是一个钟形器皿,高12

厘米，宽17厘米，是用某种金属制成，有点像锌或锌与银的合金，表面铸刻着6朵花形图案，花蕊中镶有纯银，底部镌刻着藤蔓花环图纹，当地报刊称赞它为"精美绝伦"。

1885年，澳大利亚一处作坊的工人，在砸碎煤块时发现煤中有一个闪闪发光的金属物，是一个平行六面体，两面隆起，其余四面均有深槽，形状规则，使人无法否认这是一个人造物体。

1891年，伊利诺州摩里逊维尔镇的柯尔普太太在敲碎煤块时，发现煤里有一条铁链，两端还分别嵌在两块煤中。这两块煤原来是一个整体，只是在敲碎时才分开。

1961年，美国加利福尼亚州奥兰恰市洛亨斯宝石礼品店的3位合伙人兰尼、米克谢尔和麦西，在一个海拔4300英尺的山峰上，找到一块化石。当他们锯开化石时，锯刃被坚硬的东西弄坏了，打开后才发现，化石中包着一个"晶洞"，里面有一个像汽车火花塞一类的东西。中间是一条金属圆芯，外包一个陶瓷轴环、轴环外又有一个已变成化石的木刻六边形套筒，套筒外面便是硬泥、碎石和贝壳化石碎片。据地质学家估计，这块化石在50万年前就已形成。而50万年前又何来汽车火花塞？

不可思议的史前文明遗迹

距离澳大利亚东海岸约750英里的新喀里多尼亚岛以南40英里处，有一个叫派恩的小岛。岛上有四百多个像蚁丘似的古怪古冢，用沙石筑成，高8~9英尺，直径300英尺。古冢上寸草不生，古冢内也找不到任何遗骸，只在3个古冢中各发现一根直立水泥圆柱。

在美国佛罗里达州、佐治亚州及南卡群岛一带海底，人们发现一条路面宽阔的平坦大道。潜水艇安上轮子后可以像公共汽车一样在大道上行驶。

1969年，一个阿根廷人莫里兹在南美洲发现一条数千里长的隧道系统，在秘鲁、厄瓜多尔境内就有几百里长，离地面250米深。隧道内壁光洁平滑，顶部平坦。其中有几处宽阔的厅洞，竟有喷气客机停机库那么巨大。在一处宽153米、长164米的大厅中，放着一张桌子，七把椅子。这些桌椅不知用何种材料制成，像石头又不冰冷，像塑料却坚硬如钢。大厅里还有许多金属叶片，大多在3.2英尺长、1.7英尺宽之间，几厘米厚，一页一页地排列着，就像装订在一起的书。目前已经发现有3千片左右，每片上都书写着符号，好像是用机器有规律地压印上去的，但这些符号至今没有一个人能读懂它。

隧道里还有许多大块的金块和银质器物。莫里兹发现的隧道可以说是人类历史上的黄金大宝库，这条隧道是什么时代的产物？所刻的符号里隐藏着什么秘密？现在还是个千古之谜。不过，后人伪造是不可能的，因为没有人会用黄金去进行伪造。

超时代的技术

土耳其伊斯坦布尔的托普卡比宫珍藏着一张奇特的古代地图。这张古地图是18世纪初发现的，看样子是一份复制品。地图上，只有地中海地区画得十分精确，其余地区，如美洲、非洲都严重变形。然而，当科学家们进一步深入研究时，惊讶地发现，这张古地图其实是一张空中鸟瞰图。同阿波罗八号飞船所拍摄的地球照片相比，土耳其的这张古地图就像是它的翻版一样。地图上美洲、非洲的变形轮廓线，同阿波罗飞船拍摄的照片完全重合。尤其令人惊讶的是，古地图上还绘出了南极洲冰层覆盖下的复杂地貌，同南极探险队在1952年用回声探测仪对南极冰下地形的探测图毫无二致。是什么人在远古时代就已掌握了太空航摄的高技术？

在南美的的喀喀湖高原，古城第阿瓦拉克神秘的废墟中，有一座用整块红色砂岩雕刻成的巨大神像。神像上刻有一幅完整无缺的星空图，以及上百个符号。考古学家多年研究，终于破译了星图及符号。他们认为，这幅星图所描绘的是2.7万年前的古代星空，那些符号记述的是极为深奥的天文知识。这些知识是现代人类所未掌握的。数万年前居住在南美的的喀喀湖畔的古人类，又怎样掌握了超过现代人类的天文知识？

是否存在着史前超文明

以上种种超文明的不解之谜，一些科学家认为有两种解释，一是外星人访问地球所留下的痕迹，一

▲ 伟大的文明

是现代人类文明之前，曾经出现过前一届高级人类的史前超文明。越来越多的人更为相信后一种解释，有科学家提出了地球文明周期进化论。生物考古学家认为，地球诞生至今的45亿年历史中，地球生物经历了5次大灭绝，生生死死，周而复始，最后一次大灭绝发生在6500万年之前。有人据此推断，20亿年前地球上存在过高级文明生物，但不幸毁灭于一场核大战或巨大的自然灾害。亿万年的沧海桑田几乎抹去了一切文明痕迹，仅留下极少遗物，成了现代人类的不解之谜。也

有人认为，前一届高级文明的毁灭，是因为地球气候的周期性变化。或者因为地球磁场的周期性消失。太阳系运转到宇宙空间某个特定位置时，地球上将会周期性地出现不适应人类生存的气候。6500万年前恐龙的灭绝便是一个例证。地球的这种周期性气候变化会导致高级智慧生物的周期起源和进化。

当然，这些仅是一家之言，或者说仅是一些猜测。然而，超文明的不解之谜，倒确实值得人们认真思考。

神秘的石柱群之谜

古老的英国有一个可以与埃及的金字塔相媲美的神秘的史前遗物——巨大的石柱群。

巨大的石柱群位于英国著名的风景胜地索尔兹伯里平原上,它们

▲ 英国石柱群

一根一根地立在地面上,柱群是由巨大的条石制成的,其中有些柱顶之间,还横架着大石板,犹如一座座空中天桥。

单从石柱群本身来看,它们像一个个巨人屹立在那里,显得非常壮观。再看石柱群影子的自然景色更加为人赞叹。在每年夏至前后数天,这里的白昼最长,每天凌晨4时59分,火红灿烂的太阳已从东方的地平线上冉冉升起。由于太阳的斜射,一条又一条石柱的影子躺在大地上,纵横交错,构成十分奇妙的图案,使人顿觉石柱群之巨大。

考古学家经过考察研究推测,认为这些石柱是古人用来观测日蚀与月蚀的。那么,难道史前古人就已有如此高深的天文学知识吗?也有人提出"外星人"这个角度来进一步研究。但是具体是怎么回事,只有靠今后的科学来解释了。

撒哈拉沙漠壁画之谜

1850年,德国探险家巴尔斯来到撒哈拉沙漠进行考察,无意中发现岩壁中刻有驼鸟、水牛及各式各样的人物像。1933年,法国骑兵队来到撒哈拉沙漠,偶然在沙漠中部塔西利台、恩阿哲尔高原上发现了

▲ 撒哈拉沙漠

长达数公里的壁画群，这些壁画全绘在受水侵蚀而形成的岩阴上，五颜六色、色彩雅致、调和，刻画出了远古人们生活的情景。此后，世人的注意力转到撒哈拉，欧美一些国家的考古学家纷至沓来。1956年，亨利·罗特率领法国探险队在撒哈拉沙漠发现了1万件壁画。翌年，他们将总面积约11600英尺的壁画复制品及照片带回巴黎，一时成为轰动世界的奇闻。

在发现的壁画中，有很多是雄壮的武士，表现出一种凛然不可侵犯的威武神态。他们有的手持长矛、圆盾，乘坐在战车上迅猛飞驰，表现出征场面；有的手持弓箭，表现狩猎场面。还有重叠的女像，嘻笑欢闹的场面。在壁画人像中，有些身缠腰布，头戴小帽；有些人不带武器，像是敲击乐器的样子；有些似作献物状，像是欢迎

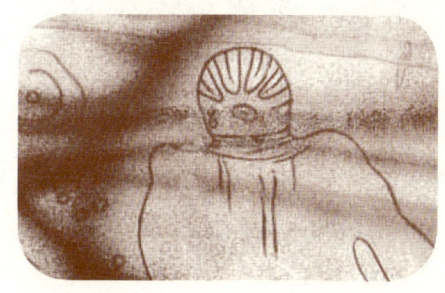

▲ 让人匪夷所思的沙漠壁画

▲ 精美的壁画

"天神"降临的样子,是祭神的象征性写照;有些人像均作翩翩起舞的姿势。从画面上看,舞蹈、狩猎、祭祀和宗教信仰是当时人们生活和风俗习惯的重要内容。很可能当时人们喜欢在战斗、狩猎、舞蹈和祭礼前后作画于岩壁上,借以表达他们对生活的热爱或鼓舞情绪。

在壁画中还发现类似现代宇航员服饰的壁画,这令考古学家很迷惑。虽说有"天子降临"类的神话可以和这些壁画有些吻合,但那也

▲ 带有神秘色彩的壁画

只是神话,具体情况还有待未来科学去解答。

敦煌石窟之谜

敦煌在历史上一直占据着重要的地位。然而在1900年发现的大量石窟和佛经、佛像,更是证明了其历史价值。

石窟位于鸣沙上附近,窟内有如蜂窝,每个小石窟内部都有一尊雕刻的美轮美奂的佛像,而且在石壁上精绘着壁画,依据历史学家、考古学家研究的结果,判断这是在秦(公元前366年)时,开始大兴土

▲ 敦煌石窟壁画

个，佛像计48万尊，真是一项令人咋舌的工程。

据史实记载，曾经有许多凶悍的游牧民族入侵，诸如吐蕃、西纥、西夏、吐鲁番……在经过如此剧烈的战乱侵扰后，这些珍贵的文化财宝丝毫未曾受到损害，难道真是"佛法无边"？还是这些民族也震摄于佛像的神威，不敢擅自毁坏呢？

人们只能如此猜测：一群群皈依佛法的僧尼们，为了表示发自内心的虔诚，乃发愿雕琢一尊

木，到元朝初期，约有1000年间没有间歇地做下来！石窟约有1000

▼ 敦煌石窟外景

乃至数尊的神像，作为他们修业的诚心表征。如此，前人走了，后人又紧接着跟上来，做着相同的工作，发着相同的心愿。这种前仆后继的的伟大精神，终于造就了这番空前绝后的伟业，也把中国人的耐心、毅力、智慧发挥得淋漓尽致。

究竟事实如何，我们尚未求得正确的答案，只能够依据着若干残留下来的蛛丝马迹，以最科学的方法，做一项大胆的假设罢了。

美索不达米亚的遥远文明之谜

约公元前4000年在希腊语称之为"美索不达米亚"者，即底格里斯河和幼发拉底河之间的地区，已经产生了文明。大约公元前3000年，两河之南的苏美尔人已经建立了数以十计的城邦，这是迄今知道的人类最早的文明。

19世纪德国哥丁根大学希腊文教授格劳特芬德，花费许多年读懂了波斯石刻上的40个楔形文字中的8个字，并运用这8个字读出了石刻上3个国王的姓名。1835年英国人亨利·罗林生以同样的方法，释读了那8个字，此后，又释读了贝希斯敦石崖上的碑文。1848～1879年，欧洲人在原亚述首都尼尼微进行了一次重大的发掘，挖掘出了2万多片刻有楔形文字的泥版和各种文物5万多件。

根据考古资料推断，古代两河流域的文字体系源于苏美尔。约公元前4000年代后期，苏美尔人创造了图画式文字。公元前3000年代，这种文字发展成为楔形文字。文字的出现，为文明的发展奠定了基础。在苏美尔时期，已经出现了很多优秀的文学作品。自然科学也有了一定的发展，出现了太阴历，将一周定为7天，出现了数字，兼用10进位和60进位。这一时期的建筑，也有了可观的发展，出现了多级寺塔式的建筑。另外，苏美尔人发明的拱门、拱顶和穹窿结构经常用于陵墓和房舍建筑。

惊人的"预测力"

在南美洲秘鲁的的喀喀湖畔的高原上，有一片神秘的古城废墟——第阿瓦拉克。里面有座用整块红色砂岩凿成的巨大神像，神像上刻着一幅完整的星空图和上百个符号文字。经考古天文学家译读，发现那幅星空图竟然准确地绘下了27000年前的古代星空，其精确程度，几乎无可挑剔。神像上奇怪的符号，记述着深奥的天文学知识，这些天文学知识足够现代人类使用上6400万年！27000年前居住在的的喀喀湖畔的古代人类，有可能达到如此发达的数学和天文学水平吗？

20世纪60年代初，中国考古人员在新疆的一座古老山洞里，发现了一批古代岩画。经科学测定，这是数万年前的作品。其中，有一组世界上最早的月相图，由新月、上弦月、满月、下弦月、残月等连续画面构成。最令人震惊的是，满月图上，在球体的月南极处的左下方，画有七条呈辐射状的细纹线，这表明月图作者极鲜明、准确地表现了月球上大环形山中心辐射出的巨大辐射纹。今天在满月时，人们用天文望远镜观察月亮，会发现一些中型环形山都有向四方散开成辐射状的光亮条纹。条纹的宽度达几千米，长度可延伸到离辐射中心几千米的远处。这些条纹叫辐射纹，也叫做光脉，但是要知道，人类发明第一架望远镜至今只不过300年左右的时间。而在几万年前，尚处于"钻木取火""结绳记事"的原始社会，人类如何知道月球环形山脉的呢？

神奇的"死人之脸"之谜

在巴基斯坦的大沙漠深处，有一堆巨石组成的巨大的人脸的图案。但那"人脸"虽然有高高隆起的鼻子，眼睛却是半闭的，活像一张死人的脸。所以人们叫它"死人之脸"。

这"死人之脸"是一座迷宫,一些考古学家走进去,就消失得无影无踪。每当上弦月升起的时候,整座迷宫就在一阵隆隆的声响中开始旋转起来,一面旋转一面升腾。这里面似乎装着一个巨大的机关,利用月球的引力在启动!

面对这样怪异的情景,来自世界各地的著名科学家们目瞪口呆。因为这种启动方式,我们现代人还根本做不到。后来考古学家又发现,"死人之脸"是一座高度现代化的城市的遗址。这里有纵横有序的街道,有雄伟的巨型建筑和许多多漂亮的二层楼复式建筑,还有复杂的地下管道。甚至在住宅的浴室里,至今还能借助机械喷出水来,随时供人洗澡。

可是考古队员对整个"死人之脸"进行同位素、磁场和天文对照考察之后却发现,该遗址始建于公元前6000年以前。也就是说,距现在已经8000多年了。那时人类还处于原始社会,是谁创造了如此高度的文明?

以现代科学唯一能解释的就是:"死人之脸"是外星人所建的空间站,废弃后被地球人所用。"死人之脸"之谜人们仍未解开,需要科学家们的进一步努力。

▲ 一张神秘莫测的"脸"

PART 12 不凡的玛雅文明

第 ❸ 章　追问至今未解的古代文明

神秘的玛雅神殿

玛雅人为何在密林中建圣都呢？玛雅文化所展开的地区极为宽广，面积约为30万平方公里。在此区域全是热带雨林，由于闷热潮湿，几乎成了流行病最盛行的地方，而且到处充满了可怕的野兽。一般文化的发展皆选择河岸边的肥沃土壤，而玛雅文化则是在如地狱般的环境中建造出光明都市。

最令人不解的谜是为何玛雅族

▼ 古城遗迹

要隐藏起自己,并在黑暗之地建造壮丽的石造都市群呢?旧约圣经中所言的"失落的十部族"后裔之说,在此似乎颇具说服力,因为这个部落就是要隐藏自己,但这种说法并不为科学派的学者所认同。

建造巨大都市的技术何来呢?在玛雅中最古老的都市是迪卡鲁,其面积为16平方公里,那里有许多宫殿、神殿与僧院等石造建筑群。在迪卡鲁遗迹中所挖出的"时间石碑"上,刻有最古老的日期292年和最新的日期879年。可想而知,这期间的600年应是迪卡鲁文明的鼎盛期。

当玛雅文明发展到巅峰期时,玛雅区的艺术已经发展出一致的格式来。这时的人口也增加很多,以提卡尔来说,就多了两倍以上。随着人口的增加,神殿和宫殿等大型建筑也如雨后春笋般四处冒起。提卡尔出土的神殿基坛,一半以上的下方都是墓室,因而学者认为神殿基坛是为纪念死者而建造的。死者多半是皇族或贵族,平民没有权力,也没有能力为自己营造如此宏伟的墓室。

这些玛雅大都市,到底因什么目的而建呢?

玛雅文字之谜

玛雅文字最早出现于公元前后,但出土的第一块记载着日期的石碑却是公元292年的产物,发现于提卡尔。从此以后,玛雅文字只流

▼ 玛雅金字塔

传于以贝登和提卡尔为中心的小范围地区。5世纪中叶,玛雅文字才普及到整个玛雅地区,当时的商业交易路线已经确立,玛雅文字就是循着这条路线传播到各地。

玛雅人所使用的800个象形文字,已有1/4左右为语言学家解译出来。这些文字主要代表一周各天和月份的名称、数目字、方位、颜色以及神祇的名称。大多记载在石碑、木板、陶器和书籍上。书籍的纸张以植物纤维制造,先以石灰水浸泡,再置于阳光下晒干,因而纸上留下一层石灰。

1963年,苏俄语言学者瑞·克洛鲁夫,成功地将碑文分门别类,以统计学的方式来处理和分析,从这些不同的类别中,归纳出相同的象形文字。玛雅文字不像英文那样用26个罗马字组成,而是文字,每个字都有4个音节。克洛鲁夫终于成功地看懂了几个文字。接着,苏俄数学研究所的斯尔·索伯夫和巴基·由斯基洛夫使用电脑及庞大的资料文字(约10万字)成功地解读了一篇文章。德勒斯基的古文书有月蚀、星星的运行、结婚等记载;马德里的古文书中有农耕、狩猎和雕刻等记录;巴黎的古文书则记载历史的真相。总之,基本的内容有宗教仪式、气象现象和农作物等。

令人叹惊的玛雅数理及科技

希腊人善于发明,但他们必须用字母来写数目;罗马人虽然会使用数字,但只能用笨拙的图解方式以4个数字来代表(Ⅷ);而玛雅人却能够发明一种仅使用3个符号——一点、一横、一个代表零的贝形符号——来表示任何数字的计算法,实在是不可思议!

现代算术发展于印度和中东,以"十进位"法求出所需之数目,而玛雅人在那时已知相对值(Relative Value)的用处及二十进位法,他们把大数目以纵行表示,从最下面起朝上念,垂直进位,由1

而20，由20而400，由400而8000，由8000而16000……20以下的数目用1个象形图来表示，每1个象形图都由点和横线组成，每一点代表1，每一横线代表5，贝形图案则代表0。

玛雅人已经知道，以20进位法，并利用类似算盘的方法，用两个记号"点"和"线"。两个记号，正是今天电脑的基础。这种方法，可能极易使用天文学的数字，在危地马拉的吉里瓜所发现称为石标的雕刻石柱中，记载着9000万~4亿年的数字。

▲ 玛雅天文台

 神秘石雕绘像

1948~1952年间，墨西哥籍考古学家路利教授在巴伦杰神殿的"碑铭神庙"中，发现在巨大石室的墙上刻有九位盛装的神官及一位带有奇妙头饰的青年的浮雕。看到这些浮雕的研究者都说："浮雕与太空人非常相似，此墓埋葬的一定是外星人。在内部往下72阶的房间中，发现了一间封密的密室。密室中有一身穿华服且身高比玛雅人高出20厘米的尸体。除此外还有多种陪葬品。其中最受瞩目的是有个石制浮雕像，这是令现在的人们百思不解的一件"艺术品"，被称为

▲ 宏伟的石雕绘像

闻名的巴伦杰神殿的"玛雅的火箭图"。

路利教授在巴伦杰神殿所发现的浮雕和玛雅碑文有密切的关系。被解读出来的碑文中，就有一节："白色的太阳之子，仿效雷神，从两手中喷出火……"这段恐怕是古代玛雅人对太阳崇敬所想像出来的情景。但是据路利教授所发现的石雕及碑文中所记载的那节是"真实"，仔细考虑后，我们只能说那一定是飞行物体。

以我们现代的知识，认为那是宇航员的服饰，而那件"艺术品"正是一个单人火箭。但是，以当时玛雅人不用金属的习惯，即使科学达到了水平，又怎么会制造火箭呢？经过多年的推敲论证，现在得出的结论也只能归结到外星人。

PART 13 神秘的埃及金字塔文明

 ## 迷雾重重的金字塔

埃及国内分布着大大小小的金字塔，每一座金字塔都记载着一段历史，隐藏着很多的秘密，那里是考古学家和探险家最向往的地方。对于他们来说，每一次亲身经历都会有新的发现、新的收获，但一个接一个的谜团又会摆在他们面前，让他们欲罢不能，把一生的精力都花在探索那些无穷无尽的秘密之中。我们就以埃及最大的胡夫金字塔作为我们探索的对象，一起开动脑筋，思考它里面的奥秘吧。

胡夫金字塔最为壮观，耸立在开罗以西10公里外的吉萨高原上，那里是一片不毛之地。胡夫金字塔到现在已有约5000年的历史，高约146.5米，塔基是正方形，每边长232米，绕塔一周约1公里。塔身用230万块巨石砌成，平均每块重2.5吨，石块之间不用任何黏着物，整个金字塔就是由石块与石块相互垒积而成的，密不透风，连根针也扎不进去。胡夫金字塔在经历了近5000年的风风雨雨后，仍然保持原貌，不受侵蚀。据测算，这座金字塔还可以在风沙的洗礼中继续存在10万年，在这期间，人类也许灭绝。

想到我们现在居住的楼房，因为跑风漏水，还需要修修补补的，在古人面前我们是不是显得渺小了呢？古人高超精湛的建筑技艺值得我们进行深入的研究。

20世纪20年代，大批科学家来到埃及，诧异地望着这座庞然大物，不由得产生这样的疑问：古代埃及人是如何雕凿石块并砌成陵墓

了怎样精良的雕刻工具？

令科学家更加迷惑的是，建造这座金字塔的工人从哪里来？据估计，建造金字塔施工的队伍至少需90万人，最多时可达百万人之多。他们之中不仅要有工程人员、工人、石匠，还要有一支监护工程施工的军队。这就要求埃及当时的居民必须是5000万人，否则难以供应工程所需的劳动力。科学家翻阅历史资料，发现公元前3000年全世界的人口只有2000万左右，那么这个问题又如何回答呢？

▲ 胡夫金字塔

的？陵墓内部的通道和墓室的布局就像迷宫一样，古代埃及人究竟是用什么办法设计它的？陵墓的通风道深入地下，光滑的石壁上，刻着精美华丽的浮雕。在4500年前，人类还没有掌握铁器，古埃及人运用

更令人称奇的是，当时没有现代化的工具，埃及人是怎样把巨大的石块堆砌起来的呢？大金字塔是由230万块石块砌成的，最大的石块重约10吨。这样巨大的石料是怎么开采，怎么搬运的呢？传统的看法认为，古埃及人是利

▲ 金字塔的迷人风光吸引了无数人前来参观

用滚木运输的。这种最原始的办法，即使能将庞大的石料运到工地，但滚木要用大树的树干才能做成，可尼罗河流域树木非常稀少。分布最广、生长最多的是棕榈树，但松软的棕榈树干是无法充当滚木的。在当时，棕榈树的果实是埃及人不可缺少的粮食，棕榈树叶又是炎热的沙漠中惟一可以遮阳的材料。如果大规模砍伐棕榈树，那就等于埃及人在自杀。埃及人会这样做吗？

对上面一系列让人困惑的问题，科学家大卫·杜维斯提出了惊人的见解：金字塔上的巨石是人造的。他借助显微镜和化学分析的方法，认真研究了巨石的结构后说，大金字塔的石头是用石灰和贝壳经人工浇筑而成的，类似今天浇灌混凝土的方法。这种混合物凝固硬结的效果非常好，人们很难看出它和天然石头的差别。此外，大卫·杜维斯还举出了一个很有说服力的证据：他在石头中发现了一绺约一寸长的头发，唯一可能的解释是，工人在操作时不小心将这绺头发掉进了混凝土中，被保存下来。

他估计，混凝土是用重20～30磅的筐子装运的。因此，当时约有1500人在工地上劳动，而不是像有些人所设想的5～10万人。大卫·杜维斯的研究成果表明，古埃及人建造金字塔共用了4种建筑材料：黏土砖、石灰石粉、现场浇筑的人造石和用模具浇灌出的石灰石大梁。

但少数科学家也提出疑问，既然开罗附近有许多花岗岩山丘，古埃及人为什么还制造那些石头呢？这同样让人无法回答。看来，金字塔的谜底并没有揭开，还需要人们做进一步的研究和探索。

最早发现金字塔具有神秘之力的是法国人鲍比。鲍比进入大金字塔考察时，发现塔内温度很高，但残留于塔内的生物遗体却没有腐烂，反而脱水变干，保存下来。因此，鲍比推测塔内可能有某种不可思议的力量在起作用。

鲍比的发现引起了许多科学家的兴趣。美国加利福尼亚大学也派出人员前去考察。他们进入塔内之后，发现带过去的各种电子仪器大都失灵。因此，他们推测塔内某处可能埋藏有巨大的磁石，由磁石发出的磁力使仪器失灵了。据说，古时修筑金字塔的奴隶们每天都吃大蒜，吃大蒜可以抵消塔内磁力对人体可能产生的危害，但这种说法并没有得到证实。

意大利的学者还发现，长时间在塔内停留，会使人精神失调，意识模糊。为了证明这一点，有人在胡夫大金字塔里睡了一个晚上，第二天早晨果然感到头晕脑胀。不少游客到塔内参观时，时间长了也有这种感觉。科学家认为这是金字塔的神力在发生作用，产生了一种防

▲ 令人向往的埃及金字塔

腐和麻醉的效应。

但是，到埃及金字塔去考察，千里迢迢，很不方便。于是，有人就别出心裁地制作出金字塔模型在实验室里进行研究，结果发现，按金字塔实体比例缩小的金字塔，同样也能产生一种神秘的力量，也能产生与金字塔相似的效应。

最早作这项实验的还是鲍比。他用薄木板裁成底边为一米的三角形，4块三角薄板组成一个金字塔模型。然后把动物的内脏、加工过的肉和生鸡蛋等放入模型内，几天后拿出来一看，发现并未腐烂。鲍比用这种办法证明了金字塔确实有一种特殊的力量存在。

接着，日本的研究人员也作了几项实验。他们装了两杯相同的牛奶，一杯放在自制的金字塔模型里面。另一杯放在模型外面，50小时后，模型里面的那杯牛奶变干变稠了，但没有变质，而在模型外的那杯牛奶却已经变质发霉了。

研究人员后来改变了实验方法。把金字塔模型缩小，把很多个模型并排摆在桌上，然后把实验物品放在模型的顶部，再观察实验结果。首先放上去的是瓶装威士忌酒，8小时后酒的味道变甜了，变得更加醇香可口了；再把香烟放在模型顶部，1小时后抽起来气味变得更加芬芳了。然后再放上橘子汁作实验，3小时后开始发生变化，5小时后橘子汁由酸变甜了，72小时后橘子汁分成明显的3层，上层透明，中层半透明，下层有沉淀物。而另外一瓶橘子汁因所处的位置远离模型，所以在72小时后仍然发酸，表层透明，而中下层已经浑浊变腐了。

经过多次实验，科学家们确定，金字塔确实拥有一种神奇的力量。这种力量有明显的杀菌和防腐效应，可是这种神奇的力量来自哪里呢？这令科学家们百思不得其解，也许在不久的将来，经过他们的努力研究和探索，会给人们一个满意的答案。

金字塔建筑技术之谜

埃及金字塔是地球上的伟大奇迹,对于金字塔建筑技术的了解,存着许多问题,然而却没有精确的解释。

那些古老的石墓穴,其精确的程度,不亚于今天的一般建筑。特别是乔普斯金字塔,刺激起许多古怪而无法揣摩的理论。

乔普斯金字塔的高度乘上1000万倍以后,即9800万英里,正好是地球到太阳之间的距离,这一事实,不知是否正确?子午线通过金字塔,正好将陆地和海洋分为相等的两半,也是真的吗?金字塔的地基周长除以其高度的两倍,即得出著名的 π=3.14159 这一数字,不晓得是否当真?地球重量的计算已经发现,不知是否真实?而建地基的

▲ 充满神奇色彩的胡夫金字塔

▼ 金字塔内部走廊

岩石也是经过仔细且精确地丈量过的,是否又是真的?

关于金字塔是如何建造,为什么建造和什么时候建造的,我们所知无几。一座490英尺高,650万吨重,屹立在那里的人造小丘,是一件令人称奇的成就,这个纪念碑似的东西,留给人们数不尽的谜团……

金字塔用途之谜

关于金字塔的用途,人们也议论纷纷,莫衷一是。

金字塔看起来显然是埃及法老的陵墓,可是仍然有许多现象值得人思考。一年中,在特定的某几天,当太阳照在著名的吉萨高地金字塔顶上的条纹大理石板上的时候,其反射到空中的亮光即使在月亮上都能清楚地看到。这难道是与外星进行通讯联络的方式?

最新最奇的理论是——金字塔是发电厂。埃及著名的金字塔研究专家阿兰·F·阿尔福德在他刚刚出版的新书《新世纪的奇迹》中一一列出证明他新理论的证据:胡夫金字塔王后墓室的地板上竟然有被水长期浸蚀的痕迹,国王墓室四周被远古时期的强热烧焦了,离吉萨高地不远的国王谷和王后谷里有成堆成堆无法解释的高温作用后留下的白色"细砂"。这究竟是怎么一回事呢?阿尔福德的注解是:当尼罗河水被引到金字塔边的时候,

▲ 太阳金字塔

▲ 月亮金字塔

至整个尼罗河谷金字塔的排列与猎户星座的星球排列完全一致，所以金字塔肯定跟这个星座有关。整个尼罗河谷是一幅巨大的星象图！"

再者，还有另一种较古典的说法，那就是约300年前，法国的德·夏鲁塞所提出的大金字塔日时之说。他注意到照射在大金字塔各斜面的太阳影子，会随季节的更迭而有微妙的变化，经过1年观察的结果，他终于查出在北侧的斜面上，分为可形成影子和不能形成影子的季节，其分界就在3月1日和10月14日。而这两日又正值是各种农作物的收种时期，因此，他才发表了大金字塔是用来通知耕种之历法的日时。

水最先淹进金字塔的地下室，这些水被抽进王后墓室里燃烧，从而释放出巨大的热能，那么，在这里建造如此巨大的"电厂"有什么用途？埃及的古谚语说过："金字塔是光明之顶，是巨大的眼睛"，这么说，金字塔是为了给遥远的宇宙航行指导方向的"雷达"？

"金字塔是星座图"是又一新说法。1998年，英国著名金字塔学家扎克里亚斯特钦在新著《通往天外之路》中写道："吉萨高原乃

除了上述几种用途，还有许多说法，但都没有充足的证据，有待后来者的进一步考察。

木乃伊复活之谜

"木乃伊"是阿拉伯语"没约"的音译，也就是"干尸"。埃及人之所以将尸体制成"干尸"，是因为据说这样可以使其复活。

▲ 法老的木乃伊

令人不可思议的是,有些木乃伊真的"复活"了。一天,当埃及的专家们正对一具2900年前的木乃伊作重新处理时,突然听见木乃伊开口说:"我是弥赛亚,我来拯救你们。"这使在场的人个个惊得目瞪口呆。

"我们都听得很清楚,"穆斯塔法·哈马思博士说,"木乃伊胸部震动,用有力而深沉的嗓音发声,嘴唇动作看来像活人一样。"她语速极慢,仅讲了几秒钟时间。话讲完后四周一片寂静,大家都惊呆了。最后有一位专家打破沉闷,对在场的人说,我们都听到内杰梅特说,她要做犹太人期盼的复国救世主弥赛亚是不是?在场的人听了都一个劲地点头,其中一些人赶忙

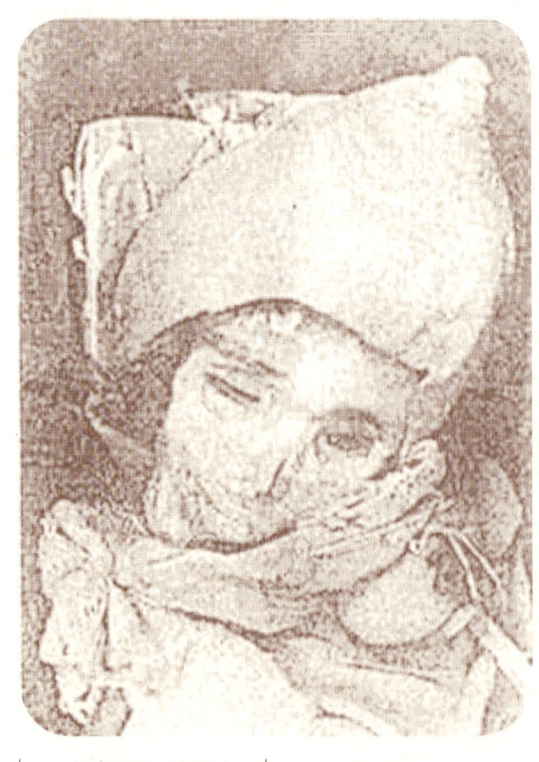

▲ 复原前的木乃伊图片

从口袋里取出录音机,想等木乃伊再开口说话时把它记录下来。

"木乃伊警告科学家不要摆弄他们已有10次,这些均有记录,"法兹尔·马拉克博士说,"通常都发生在他们的尸体被移出王室陵墓时他们才发出如此警告。然而内杰梅特有所不同,她未对博物馆内的专家发怒,反而语音中充满着爱心"。

另外,有些科学家给神情安详的木乃伊拍照,但相片冲洗出来后,竟发现有些照片上的木乃伊在狞笑。

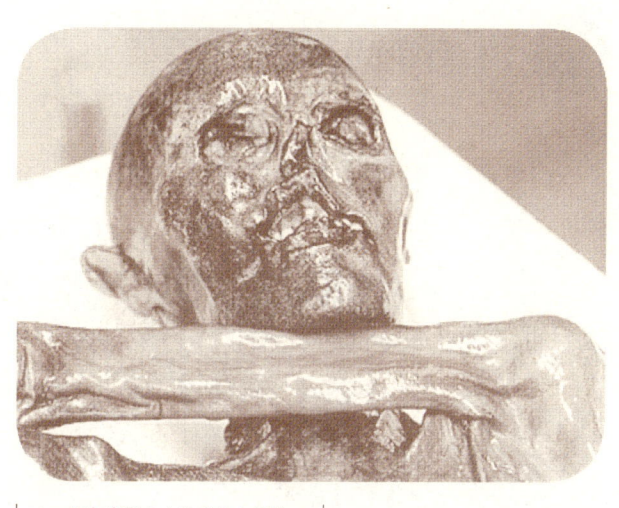

▲ 阿尔卑斯山上发现的木乃伊

这些"复活"的木乃伊,究竟是具有灵魂的干尸?还是古埃及人用来吓唬盗墓人的一种巧妙方法?它们的机关在何处?其中的奥秘又在哪里?……这些都是我们目前暂时无法回答的问题。

▼ 科学家们正在对木乃伊进行细胞研究

第 ❸ 章 追问至今未解的古代文明

149

木乃伊的制作

古埃及人相信人的生命在死后还会继续,认为完整的尸体是灵魂在来世栖息的必要场所。因此,他们就不惜人力、物力制作木乃伊。

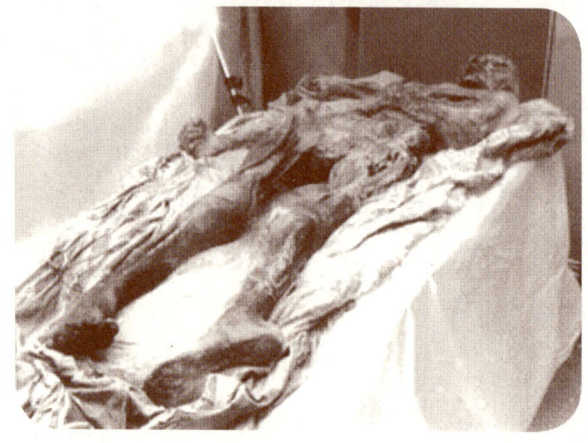
▲ 卡拉奇木乃伊

制作木乃伊是个很复杂的过程。他们首先用一种特制的有倒钩的金属工具,从鼻腔伸入,使鼻腔裂开一个小孔,但又不会使整个头骨破裂。然后从鼻孔倒入棕榈酒,用一细长工具伸入脑中搅拌,脑髓会充分溶解于棕榈酒,然后把尸体翻转,棕榈酒和溶解后的脑髓从鼻孔流出,整个脑壳就清洗得很干净。接着将尸体剖腹,取出五脏,用香料和酒精洗腹腔,并填入防腐药物,再缝合刀口。刀口缝合后,再将尸体放在天然的碳酸钠溶液中浸泡70天。之后,制作师取出尸体进行清洗,涂上油膏和香料,用大量的亚麻布包裹严密,外面涂上树脂。包扎时,从手指和脚指开始,乃至四肢、全身;其间,要特别小心防止指

▲ 秘鲁婴儿木乃伊

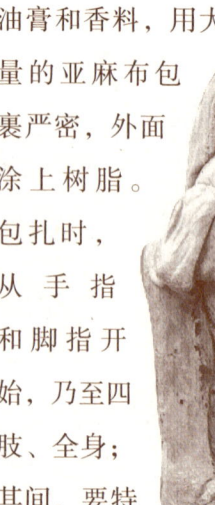
▲ 恐怖的木乃伊

甲脱落。腹部的切口处盖上布,它象征荷拉斯"完好的眼镜"。这样包裹好的木乃伊,保持着脱水前的形状。

从尸体中取出的内脏,经干燥处理后,也用亚麻布包裹,装入特殊的大口瓶子,储藏在墓中。

最后,在木乃伊的上面和绷带内,一般都放护身符和蜣螂雕像(或叫圣甲虫像)起保护作用,上刻有祈祷语,乞求心灵在阴间审判的天平上不要作不利死者的证明。

这样,一具木乃伊就制作完成了。

▲ 猫木乃伊

五万年前的人造心脏之谜

众所周知,人造心脏是近些年才制造成功的。然而,令人惊奇的是,考古学家在非洲的突尼西亚北部一处偏僻森林内发掘出来的史前穴居人的尸骸中,发现了一颗构造精密、由多种金属配件组合而成的人造心脏。根据碳14鉴定,证明这位穴居人死了至少有5万年以上。

考古队长梅沙·夏维博士说:

"那具尸体早已腐化,但他体内的人造心脏仍然十分完好,看来稍加修理便可再次使用。我们深信这确是一具来自5万年前的人造心脏。如果上个月有人对我说有这么一件事,我准会大声嘲笑他,并指责为无稽之谈,可事实就摆在眼前。但是,我相信,制造人工心脏的人,绝对不可能是穴居人,也不会来自我们这个星球。"

研究古代UFO的美国专家奇顿·兰拿说："我们曾经追溯到古埃及人是首批与外星人接触的地球人，但现在很明显地证明，早在地球有人类活动的时候，便已经有外来的高智慧生物存在。那具在穴居人身上找到的心脏，虽然十分简单，但却有金属管道和一个类似泵的东西，看起来跟我们今天的人造心脏差不多。说明某种高智慧生物早在5万年前便已来到地球，并给这个人进行了这样的心脏移植手术。或许这个穴居人并非真的有心脏病，只是被他们用作实验的白老鼠而已"。

另一位考古学家雷福·柏斯提出了另外一种看法："这可能是人类进化过程中失去的某一个重要阶段。或许我们这个世界曾经一度十分文明，但却在很久以前的一次核战大灾难中毁灭了，然后经过一段极长时期，一切生命才又重新开始。这个人造心脏极可能是由旧世界一位侥幸生还的科学家，将它移植到一个穴居人身上，作为给后人的一种启示"。

这个史前人造心脏已送往西班牙马拉加市，供来自世界各地的科学家、历史学家和UFO专家研究。希望能够早日了解到底是谁在5万年之前就制成了人造心脏。

第4章

探寻扑朔迷离的中外历史

青少年不可不知的

未解之谜 全集

Weijiezhimi Quanji

第4章 探寻扑朔迷离的中外历史

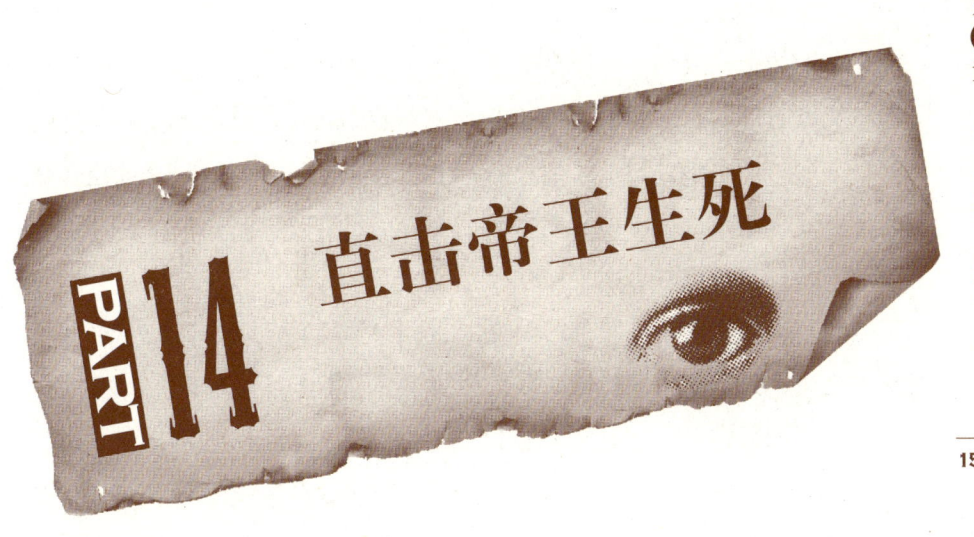

PART 14 直击帝王生死

秦始皇的生父之谜

秦始皇是中国历史上的第一位皇帝,他统一六国,建立秦朝。可以说,他是我国历史上的一个名人,但是关于他的生身父亲是谁,人们却众说纷纭,使其笼罩在一片迷雾中。

秦昭王四十八年(公元前259年),嬴政生于赵国。从秦国国君的世系看,他的父亲是当时为人质于赵国的秦公子子楚(即异人,后立为庄襄王)。《史记·秦本纪》说:"庄襄王卒,子政立,是为秦始皇帝。"可是,《史记·吕不韦列传》却记载了一个嬴政实为吕不

▲ 秦始皇剧照

韦之子的传奇式故事——说吕不韦先与能歌善舞的赵姬同居,知赵姬有身孕后,让赵姬去勾引子楚。不久子楚爱上赵姬,吕不韦便把赵姬献给子楚。赵姬足月后生下嬴政,子楚遂立赵姬为夫人。子楚回国继承了王位,死后把王位传给子政。此说为班固所接受,于是《汉书》径称嬴政为吕政。

明代王世贞《读书后记》怀疑《吕不韦列传》这段记载不真实。他提出了两条理由:一是吕不韦为使自己永葆富贵,故意编造自己是秦始皇的父亲的故事;二是吕不韦的门客骂秦始皇是私生子以泄愤,而编造此说。郭沫若在《十批判书》中也怀疑吕不韦为秦王政生父之事,他指出三个疑点:第一,仅见《史记》而为《国策》所不载,没有其他的旁证;第二,和春申君与女环的故事如同一个刻板印出的文章,情节大类小说;第三,《吕不韦列传》又有"子楚夫人赵豪家女"之说,显然与上述故事自相矛盾。

秦始皇的生父问题,恐怕还会争论下去。

成吉思汗陵墓之谜

一代天骄成吉思汗在我国历史上可谓是赫赫有名。然而,他的墓地在何处,却成了千古之谜。

成吉思汗在1227年率军攻打西夏时因病身亡。据说遵从成吉思汗"秘不发丧"的遗命,他的遗体被送回故乡,陵墓深埋,万马踏平,坟地成为森林。所以成吉思汗身葬何处不得而知。1954年建于内蒙古自治区伊金霍洛旗的成吉思汗陵并

▲ 成吉思汗

非成吉思汗真正的葬身之处,而是一个象征性的陵寝,即假陵,其中并无成吉思汗的遗体。

据《马可·波罗游记》记载,成吉思汗遗体就安放在阿勒泰山上。成吉思汗在率兵远征西夏时死于甘肃清水县,他临终前命令秘不发丧,以免涣散军心。诸将于是把他的灵柩运回蒙古安葬,"在把君主的灵柩运往阿勒泰山的途中,护送的人将沿途遇到的所有人作为殉葬者"。中国史书中的记载内容不详,或说"起辇谷",或说"不儿罕山"(今蒙古人民共和国的大肯特山)。

中国新疆博物馆的考古学者在新疆北部阿勒泰山脉所在的青和县三道海附近,发现了一座人工改造的大山,怀疑是成吉思汗的葬身陵墓,但也未能确认。

 ## 顺治帝出家之谜

顺治十八年(公元1661年)正月初八,大清帝国第一位入主中原的天子福临告病身亡。其子玄烨即位,就是清圣祖康熙皇帝。然而不久,有关顺治帝出家的消息就在民间广为流传,演绎颇多,给顺治之死染上神秘的色彩,成为迄今仍无法定案的历史之谜。

野史与民间传说最广的说法,是顺治因宠爱的董鄂妃去世而遁入空门。据史书记载,董鄂妃出身于满洲世族之家,"年十八,以德选

▲ 顺治帝像

入掖廷"，备受宠爱。顺治十四年，董鄂妃诞下皇四子。次年正月，此子不幸夭折，董鄂氏伤心欲绝，染病不起，于顺治十七年八月病逝，年仅22岁。顺治下令"辍朝五日"，又破例追封董鄂氏为皇后，并加谥号"孝献庄和至德宣仁温敬皇后"。还亲自撰写"董鄂妃行状"的祭文，又命大学士金之俊写了《孝献皇后传》。

民间也有顺治出家一说。据说埋葬于清东陵孝陵中的是空棺，而没有福临的遗体。有人考证，满洲有火葬旧俗，清太宗皇太极、摄政王多尔衮都为火葬。孝陵中不仅有埋葬顺治遗物的衣冠冢，其中还有顺治的宝宫（骨灰坛）。但由于顺治火化不见于《清实录》记载，故引起人们的怀疑。

与传说相反，正史则记载顺治因病而逝。《平圃杂记》对此亦有详细记述：顺治十七年底，福临染上天花，医治无效死亡。但是顺治从宣布生病到死亡，不过三四天，且只有22岁；又因以上种种疑点，而使顺治出家的故事愈传愈广，成为千古奇闻。

雍正猝死之谜

1735年，在位仅十几年的清朝第三位皇帝雍正突然死亡。雍正当政时，颇有作为，他的猝死，后世议论很多。它与"太后下嫁"、"顺治出家"并称清宫奇案。雍正猝死的原因何在？长期以来，人们有不同的说法。

正常死亡说。根据最早记载雍正死因的史料《起居手册》中所述，"八月二十一日，上不豫，仍办事如常。戌时，上疾大渐，诏诸王、内大臣及大学士至寝宫授受遗诏。至二十三日子时，龙取上宾。"这条由官方记载的史料中表明，雍正属于正常死亡。

另一部较有影响的官方史籍《清史稿·世宗本纪》中也说："丁亥，上不豫，戊子，上大渐，丑，上崩，年五十八。"坚持雍正死于疾病。其他官方史籍也多持此观点。

中毒致死说。持这种观点的人认为，根据官方史料记载，雍正从得病到死亡仅3天，似不可信，而根据雍正好佛好道的习惯，雍正死亡的原因可能是因服食丹药中毒而致。

第三种说法是，雍正被刺而亡。雍正生前惯弄权术，天性险诈，有"谋父、逼母、弑兄、屠弟"的传说。激起了民愤，被死者遗留家属刺死。

雍正猝死之谜还是没有解开。

▲ 雍正

宣旨传位皇四子宝亲王弘历。己

乾隆身世之谜

乾隆是中国历史上执政最长的皇帝之一。他在位时，清朝正处于鼎盛时期。有关乾隆的传说很多，最为人津津乐道的是乾隆身世之谜。

传闻最广的是说乾隆为海宁陈氏之子。据说雍正为皇子时，与陈家关系极好。正巧两家同月同日生子，雍正很高兴，命将陈氏之子抱来。等还回去时，陈家发现竟然已不是自己的儿子，而是一女婴。陈氏惊恐万分，不敢声张。雍正即位后，对陈家非常宠眷。到乾隆朝，待陈家愈加优厚。当时陈氏父子已回海宁闲居。乾隆南巡至海宁的当天，即幸临陈家，询问陈氏家事。

▲ 乾隆帝

家的儿子。而在陈家长大的这个女孩儿，后嫁给常熟蒋姓人家，蒋家特筑小楼让她居住，后世称为"公主楼"（《清朝野史大观》）。但是那时的情景是，雍正正值壮年，没有换子的必要。

海宁陈家住宅有"爱日堂"、"春晖堂"的匾额，据说也是出自乾隆御笔。但经过考证乃是康熙亲笔所题。

由于"夷夏观"的存在，汉人认为乾隆因是汉族血统，才有清朝国运之昌，故此乾隆为陈氏之子的传说久盛不衰。而乾隆究竟是满族，还是汉裔，仍是一个历史之谜。

临行到中门时，命把门封了，对陈氏说："以后除非天子临幸，此门不要轻易开启"。也有人说，雍正本人不知道换子之事，是一个妃子为了固宠，用自己的女儿换成了陈

亚历山大大帝之谜

古代世界显赫一时、叱咤风云的亚历山大大帝曾率领马其顿希腊联军发动了将近十年时间的对波斯帝国的远征，征服了东方广大地区，建立了横跨欧、亚、非三大洲的庞大帝国。但是，公元前323年夏，亚历山大在巴比伦突然患病逝世了。其病因始终是一个未解的疑团。

一种说法，前苏联学者塞尔格叶夫在《古希腊史》中提出："亚历山大死于恶性疟疾。"美国学者爱德华·麦克诺尔·伯恩斯和菲利普·李·拉尔夫在《世界文明史》

中也写道:"公元前323年,他身染巴比伦症疾,死时年仅32岁。"另一位美国学者富勒将军在《亚历山大新传》中进一步认为:"可能是因为他长期在沼泽地区与野蛮人作战染上了恶性疟疾,于6月13日日落时,他永远地闭上了眼睛。他既未留下遗嘱,也未指定继承人……"

中国史学家吴于教授等也持同样的看法。

另一种说法,英国著名史学家赫·乔·韦尔斯在《世界史纲》中认为:"亚历山大在巴比伦有一回酩酊大醉以后,突然发烧,病倒,死去了。"

还有一种说法。古希腊史学家阿里安在《亚历山大远征记》中除记述了亚历山大连日跟迈狄亚斯(密迪亚斯)一起饮酒作乐,以致受寒发烧,最后死去,还叙述了其他一些情节——说部将安提帕特曾送给亚历山大一副药,他是吃了这副药才死的。就有了亚历山大被毒死一说。

关于亚历山大大帝的死因,古今学者一直在探寻,也众说纷纭,但究竟是何原因,尚待人们进一步探究。

▲ 亚历山大大帝剧照

希特勒身死之谜

1945年4月30日,德国法西斯头子希特勒在苏军攻入柏林、逼近总理府的情况下,结束了其罪恶的一生。几天后,德国宣布投降。在希特勒的总理府花园内,苏军找到了两具尸体,经解剖和法医检验,确认是希特勒及其情妇爱娃·勃劳恩。长期以来,人们一直在探讨,希特勒是怎样丧命的?是自杀,还是他杀?

一些人认为,希特勒是自杀身亡的。随着世界反法西斯联盟的形成,德军处于四面挨打的局面。苏军开始反攻,英美联军在诺曼底登陆,希特勒固守本土的意图被打破,苏军攻入柏林。希特勒看到大势已去,为了逃避世界人民对他的惩罚,于是决定自杀焚尸。

▲ 希特勒

也有人认为,希特勒之死并不是自杀,而是他杀。希特勒执政后,疯狂发动对外战争,不断扩大战争规模,对内则实行法西斯独裁,个人专制,猜忌同僚,滥杀无辜,积怨甚深。在他当政期间,曾发生数次谋杀事件,但

▲ 爱娃·勃劳恩

都没有把他杀死。在战争后期，一些军官为了早日结束战争，同英美媾和，可能趁苏军逼近之机杀死了希特勒。

对于希特勒的死亡，人们或云自杀，或云他杀，即使观点一致，对于自杀方式也会发生分歧，甚至有人提出死亡的根本不是希特勒而是他的替身，这更给希特勒之死蒙上了一层迷雾。

肯尼迪被刺之谜

1963年11月22日，美国历史上最年轻的总统约翰·肯尼迪，在得克萨斯州的达拉斯市被刺身亡，时年46岁。

凶手李·哈维·奥斯瓦德被保安人员当场抓获。三天后，奥斯瓦德被达拉斯市夜总会老板杰克·鲁比因愤怒而"失手"杀死，旋即鲁比又被人神秘地杀害。这使肯尼迪被刺一案蒙上了神秘的色彩。

肯尼迪遇刺后，副总统约翰逊继任，他命令以最高法院首席法官厄尔·华伦为首的委员会负责查明肯尼迪总统被刺的真相。在经过长期调查后，该委员会认为，总统确被奥斯瓦德所枪杀，属于个人行动，没有阴谋。但是许多议员和学者对此结论表示怀疑，指出肯尼迪和得克萨斯州长被击中的时间相隔不到2秒，这是用来福枪射击办不到的事情，因此，至少还有一名凶

▲ 肯尼迪

手。另外人们还认为该案是有阴谋的，甚至有人声称把奥斯瓦德当作凶手是桩假案，是栽赃陷害，真正

刺杀肯尼迪的是另有其人。

人们普遍认为，肯尼迪被刺是一个阴谋。

有人认为，肯尼迪之死与美国黑社会的罪恶有关。肯尼迪政府曾一再驱逐黑社会的铁腕人物，所以有人认为，奥斯瓦德可能是一个为黑社会效命的枪手。

肯尼迪被刺的内幕，还没有明确的解释。

伊丽莎白女王之谜

在1558年，伊丽莎白在英格兰新兴资产阶级和新教徒的拥戴下，继承王位成为伊丽莎白一世。伊丽莎白自幼聪慧、美貌，并接受了良好的教育。她才思敏捷，博览群书，通晓意大利、法兰西、西班牙等国语言。在她统治期间，任用贤才，积极推进国家各方面的改革。她在位44年，带领大英帝国进入"黄金时期"，使英国成为当时欧洲最富强的国家，为英国的强盛做出了不可磨灭的贡献。但是，她却终身未嫁，这引起人们对她的种种猜测。

在她身边也不乏优秀的追求者，也有她喜

▲ 伊丽莎白女王

欢的人，但却总是在要成婚之际，又突然归于沉寂，直到最后死去，她还是孤身一人。

美貌多情的伊丽莎白女王为什么终身不嫁，后人们有过种种猜测：女王的父亲亨利八世三次杀妻、六娶皇后，使伊丽莎白从小就蒙上了一层心理阴影，不信任男人和家庭，患上了"婚姻恐惧症"；女王的政敌则宣称她根本没有正常的生理功能，是一个阴阳人，因为宫中曾传出女王的月经少得可怜；而另一些持相反意见的人则说女王有过私生子；还有人认为，从古至今各国王室成员的婚姻，无不烙上深深的政治烙印，只是国家政治、国际关系的附属物，包含了太多的阴谋与利益关系，聪明的女王宁愿选择独身也不愿终生生活在龌龊的交易中。

总之，女王在位45年，大臣们为了她的不嫁之谜可以说是绞尽了脑汁，但都未能解开这个死结，随着女王的逝世，更难有解开之日了。

PART 15 破解后宫疑云

孝庄太后下嫁之谜

▲ 清孝庄太后

中国历史上出现了许多伟大的女性,她们或自己称帝,如武则天;或垂帘听政,如慈禧。而中国历史上,还有一位伟大的女性,为了儿孙的权利,牺牲自己,她就是清代的孝庄皇后。

"孝庄文皇后",出生于风景美丽的科尔沁草原,是蒙古贝勒寨桑之女。13岁嫁给努尔哈赤的第八子皇太极为侧福晋。公元1636年皇太极称帝,封她为庄妃。1638年26岁的庄妃生皇第九子福临。崇德八年(公元1643年)皇太极病逝,6岁的福临在多尔衮的拥立下登基,次年改元顺治,尊其生母为皇太后,时年孝庄32岁。

关于孝庄与多尔衮的情感,多数史料都这样记载:皇太极病重时,孝庄与多尔衮一直随侍在侧,两人时常眉目传情。皇太极死后,多尔衮不争皇位,而力主皇太极之子福临继承大统。孝庄为此感激不尽,并以太后身份传懿旨,令多尔衮便宜行事,随意出入禁宫,不须避嫌。

近代发现的"顺治遗诏",里面提到太后下嫁给多尔衮一事。因此,人们也就宁可信其有,不可信其无了。

不过,也有持反对意见,认为那只是反清人士的造谣之词,借此侮辱皇室,以泄亡国之恨。

 陈圆圆死因之谜

陈圆圆是明末清初的一位奇女子,由于她和明、清两朝及李自成、吴三桂都有一定联系,因此在历史上颇为引人注意。但陈圆圆是怎么死的,却是一个未获确切答案的神秘之谜。

陈圆圆本名陈沅,是吴三桂的爱姬。李自成进北京后,刘宗敏向吴三桂的父亲吴襄索取陈沅。吴襄回答说,陈沅已送到宁远(今辽宁兴城)吴三桂处,而且已死。有人据此断定陈沅于崇祯十六年死于宁远。但有人不同意这种说法,因为吴襄的话,很可能是敷衍之辞。况且,刘宗敏索取陈圆圆这件事本

▲ 陈圆圆剧照

身也值得怀疑。尽管一些书籍上有所谓陈沅被送到宁远的说法,但并没提到她在宁远病死。

据明、清之际的传说,陈圆圆并非死在宁远。李自成进京后得到陈圆圆,后又被吴三桂举兵夺回。吴三桂奉命向陕西、四川进兵时,陈圆圆一直随侍在侧,但其结局,不甚了了。

昭君千古谜团

王昭君是我国古代著名的"四大美女"之一。她的事迹,在《汉书》《后汉书》等正史中都有记载,又随着各种民间文艺、野史小说的传播,而家喻户晓,妇孺皆知。

昭君出塞的原因是众说纷纭的话题。较为普遍的看法是:昭君自恃容貌出众,不屑于买通画工毛延寿,结果画像被丑化。当时,汉元帝召幸宫女,以画像的美丑作为选择的标准,昭君因此失宠。久之,渐生苦守宫廷之怨,恰巧匈奴前来求亲联姻,她便主动请求出塞和亲。

但是还有一种说法:王昭君所以出塞,是画工毛延寿设下的救国计策。因昭君貌美非凡,毛延寿惟恐已经沉恋于女色的汉元帝更不能自拔而误国,于是在画昭君肖像时,有意进行丑化。结果,汉元帝果然弃她而将其远嫁匈奴。

▲ 昭君

第三种说法认为,王昭君是一个平民出身的不同凡俗、胆识过人的宫女,为了摆脱宫廷牢笼的束缚,也为了汉匈两族世代团结友好,自愿应召,作为"和亲使者"远嫁匈奴。

西施有无之谜

西施,又称西子,是春秋末期越国人。相传姓施,名夷光,因居宁萝西村,故被称为西施。她虽出身寒微,但容貌非凡,是天下美人。公元前485年,西施被选入越都,经3年学舞习礼后,越国把西施、郑旦一起献给了吴王。

然而,被称为我国古代四大美女之一的西施,她的有无却引起了人们的争议。

据《管子》载:"毛嫱,西施,天下之美人也",其作者管仲系春秋初年人,因此西施要比勾践早一百多年,从而否定有越王勾践献西施给吴王之说。清代戴望则根据《庄子·齐物论》释文引司马彪云:"毛嫱,古美人;西施,夏姬也",认为西施是"夏时人,吴之西施明矣"。

但肯定越国有西施其人的人们认为,《管子》非一人之笔,亦非一时之作,上述这条史料是后人补进去的。至于西施是夏姬之说,按郭沫若的解

▲ 西施剧照

释是，越人为夏禹之后，故越姬亦称夏姬。还有人以出土文物来证实：曾有两面绍兴出土的汉代制作的吴越人物画像铜镜，其上有王女二人（一作越王二女），均着宽袖长裙，峨冠博带，风姿绰约，亭亭玉立，无疑是西施、郑旦的形象；同一镜面上，还有勾践、范蠡、伍子胥、吴王画像，所以西施与勾践为同一时代之说，是毫无疑问的。

迄今为止，关于西施的有无之说，尚未取得一致的看法。

杨贵妃下落之谜

提到杨贵妃，更是无人不知，无人不晓，其名杨玉环，是唐玄宗的妃子，被尊为中国古代四大美女之一，京剧《贵妃醉酒》至今仍被人们广为传颂，百看不厌。

有人说她缢死马嵬。公元755年，安史叛乱。次年6月12日，唐玄宗弃都长安，偕贵妃及随从出奔西蜀。次日中午，在到达陕西省马嵬坡时，六军不发，请诛杨。唐玄宗

▲ 杨贵妃上马图

除处死杨国忠外，迫于情势，同意赐死杨贵妃，贵妃乃被缢死。

还有的人说杨贵妃逃亡日本。日本民间和学术界有这样一种说法，当时在马嵬被缢身亡的乃是一个侍女。军中主帅陈玄礼怜贵妃貌美，不忍心杀她，就与高力士密谋，以侍女代死。杨玉环则由陈玄礼的亲信护送南逃，行至现在的上海附近，扬帆出海，漂泊到日本的久谷町久津等地，最后在日本终其天年。

另外有些人说她流落民间。

还有人提出了一个十分有趣的问题，对"四大美女"之称表示怀疑。这四位女性，在中国历史上，都起过举足轻重的作用。她们聪明机智，胆大心细，具有侠肝义胆，凭借着超人的美貌，周旋于帝王、显贵之侧，往往在关键时刻，发挥不可觑的作用。因此，与其说是美女，还不如说是才女更为确切。

埃及艳后的情感之谜

提起埃及，人们马上就会想到

▲ 埃及艳后剧照

▲ 电影中美丽的埃及艳后

金字塔、木乃伊，然而在这个古老的国度里还有一个未解之谜，那就

是托勒密王朝的最后一位女王——克里奥帕特拉（公元前69~公元前

30年）的死因之谜。她那令人倾倒的姿色、狡猾的手腕、传奇风流的一生统统让人难忘。

公元前31年，安东尼与屋大维会战于阿克提乌姆海角。安东尼战败自杀，艳后被俘。

克里奥帕特拉被屋大维生俘后，她还抱着一丝幻想，想以美色再次迷惑屋大维，但没有奏效。一天，当她得知她将作为战利品被带到罗马游街示众的消息后，便自杀身亡了。还立有遗嘱：要求将她与安东尼合葬在一起。

但是她是怎么死的呢？

传统观点认为，女王事先安排一位农民带进墓堡一只盛满无

▲ 屋大维最终把埃及艳后送上了不归路

花果的篮子，里面藏有一条叫"阿斯普"的小毒蛇，让它咬伤了自己的手臂，导致中毒昏迷而死。或者是，女王早就把蛇喂养在花瓶里，用一枚金簪刺伤它的身体，引它发怒，直到它缠住她的手臂。

另一种意见认为，女王不是死于毒蛇，而是用一只空心锥子，刺入自己的头部所致。

她死于毒蛇的论断，屋大维也是深信不疑的，因为在他的凯旋仪式上，克里奥帕特拉女王的塑像上被安排了一条毒蛇缠绕在她的手臂上。

▲ 风姿迷人的埃及艳后

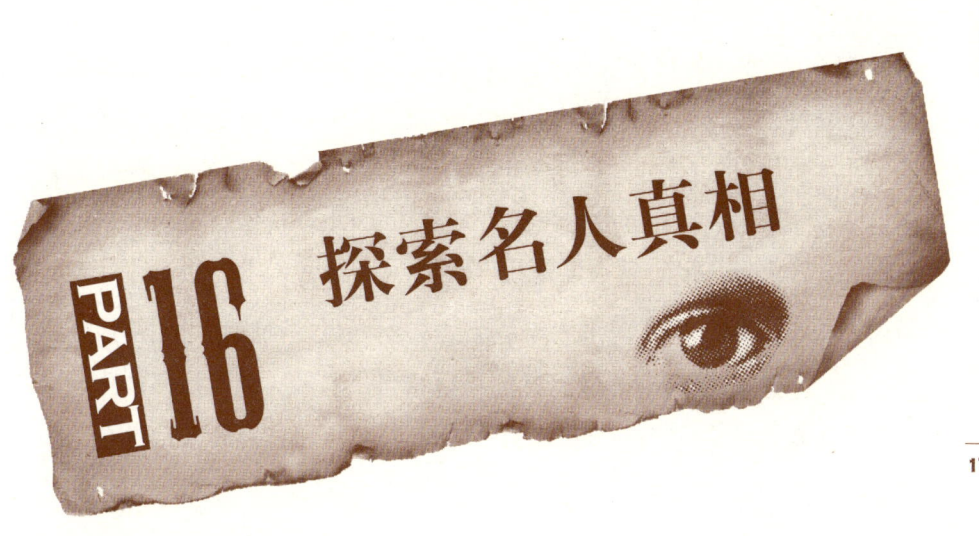

PART 16 探索名人真相

李白死因之谜

唐代诗人李白是我国古代著名的诗人，为世人留下了许多脍炙人口的诗篇，有"诗仙"的美誉。他于宝应元年（公元762年）去逝，卒于今安徽当涂，享年62岁。然而，李白究竟是怎么死的呢？

李白一生嗜酒成性是出名的，因有"醉仙"之称。读李白诗作，就能闻到一股浓浓的酒味。他的《将进酒》有"烹羊宰牛且为乐，会须一饮三百杯"。《叙赠江阳宰陆调》有"大笑同一醉，取乐平生年"。《赠刘都史》有"高谈满四座，一日倾千觞"。《训岑勋见寻就元丹邱对酒相待以诗见招》有

▲ 李白画像

"开颜酌美酒,乐极忽成醉"。《月下独酌四》之三有"醉后失天地,兀然就孤枕,不知有吾身,此乐最为甚"。这样,有的人自然将李白的死因与醉酒致命联系起来。晚唐诗人皮日休曾作《李翰林诗》云:"竟遭腐胁疾,醉魄归八极。"也即指出,李白是因醉酒致疾致命的,就连升天的灵魂都带着醉意。

学者郭沫若由"腐胁疾"得到启发,从医学角度进行研究推测,认为李白61岁曾游金陵,往来于宣城、历阳二郡间。李光弼东镇临淮,李白决计从军,可惜行至金陵发病,半途而归。此为"腐胁疾"之初期,当是脓胸症。一年后,李白在当涂养病,脓胸症慢性化,向胸壁穿孔,由"腐胁疾"致命,最终死于当涂。

不可否认,李白的死因是与醉酒有关的。

花木兰之谜

《木兰诗》是我国一首优秀的古代民歌,诗中描写了木兰女扮男装、代父从军的故事,受到历代人们的景仰和传颂。然而对于木兰其人其事的传说非常多,孰是孰非,至今仍无定论。

历史上有无花木兰其人?南宋程大昌根据白居易"怪得独饶脂粉态,木兰曾作女郎来"(《木兰花》)和杜牧"弯弓征战作男女,梦里曾经与画眉"(《题木兰庙》)诗句,而肯定花

▲ 花木兰雕像

木兰实有其人。宋代《太平环宇记》记载道："黄岗县（今湖北黄岗县）有木兰山，有庙在木兰乡。"因而有人说花木兰是黄州人，也有的说是宋州（今河南商丘市）人。有的经过考证，认为木兰姓魏，有的说姓宋，而多数人认为姓花。有的文章考证"木兰"是鲜卑族姓，因而断定木兰是鲜卑族人。

也有人认为，以上这些说法只能说明后人喜爱花木兰这个英雄人物形象，因而将"木兰"写入诗里，用"木兰"作地名，但都不足以证明真有花木兰其人。

有人认为，花木兰虽未必实有其人，但北人矫健尚武，骑马射箭成为风气，不仅男人如此，女人也一样。因此，《木兰诗》应是流传的一个相类似的事实，经许多无名作者的润色，民间艺人的传唱，后又经过各族人民的流传，成为有系统的故事诗，而花木兰则是人民从现实生活中塑造的典型化了的人物。

李清照改嫁后之谜

北宋女词人李清照（公元1084~？），才华横溢，留给后世的不仅有清远俊逸的词作和夫妻志趣相投、同研金石的佳话，还有一个不可轻易而解的谜，即她在赵明诚（公元1081~1129年）死后，是否改嫁张汝舟。

此谜源于宋代，宋赵彦卫《云麓漫钞》录有李清照《上内翰綦公（崇礼）启》（以下简称《启》）。《启》中载有清照重病期间被骗结婚

▲ 李清照

（时在绍兴二年，即公元1132年），

后发现丈夫张汝舟市侩面目，冒坐牢之险告官揭发其罪行（宋刑法规定妻告夫虽属实，仍需服刑两年），在綦崇礼的帮助下免受牢狱之苦的经过。清照此《启》就是向綦崇礼表示感谢的书札。

一直以来，围绕她是否改嫁的问题，人们争论不休。

近年又有一说颇有新意，即认为过去的争论皆因人们错误地理解了《启》中"官文书"一词，把它作"告身"、"委任状"解。其实张汝舟持委任状与清照何干？"官文书"是官家所出文书的总称，此处是指判决书。清照因"颁金通敌"之诗被官问罪，其出路之一就是沦为官婢强卖于人。张汝舟手持的就是官府判的官文书，才对清照有威慑力，可以强以同归。改嫁之事应是女方为主，一个孀妇因错判而为人所占，能说是改嫁吗？因此，就清照再婚的性质而言，"改嫁"与"不改嫁"二说都不能成立。此说颇为新颖，不失为一家之言。

哥伦布国籍

哥伦布是世界上著名的航海家，从1492年开始，哥伦布先后四次成功地航行到了美洲。他是世界公认的"新大陆"的发现者，然而对这样一个有世界影响的人物，人们却很难说得清楚他的生平及具体的出生地。

长期以来，人们普遍认为：哥伦布生于意大利城市热那亚，名字全称是克里斯托弗·哥伦布。但许多历史学家对此表示怀疑，有人为此还专门写了《克里斯托瓦尔·哥伦布之谜》一书。有一种新观点认为：哥伦布是西班牙马略尔卡岛人，而不是意大利人，名字是克里斯托瓦尔·哥伦布，而不是克里斯托弗·哥伦布。

委内瑞拉著名历史学家内克塔里奥·马利亚还说，引起两个哥伦布混淆的原因，是因为两人的名字及出生地的拼写造成的。他还研究了哥伦布远征前的一段"秘史"。

▲ 哥伦布手指的方向就是新大陆

认为，第一个踏上美洲大陆的是另一个西班牙人，名叫阿隆索·桑切斯·德韦尔瓦。桑切斯大约在1481年踏上美洲，返航中曾在哥伦布家里逗留，并因病死在哥伦布家里，他在去世前把自己的航行资料交给了哥伦布。

20世纪50年代，苏联学者楚凯尔尼克认为，哥伦布的远航目的是明确的，由于得到了一些葡萄牙航海家的资料，所以航行前就心中有数，就是要去发现新大陆。这与内克塔里奥·马利亚的有备而行的观点是相同的。

如今，内克塔里奥的观点还没有得到公认，认为哥伦布是加泰兰人、甚至是希腊人者仍有人在。哥伦布发现了新大陆，而他本人的国籍却成了一个谜。

耶稣存在之谜

基督教是一种跨国域的宗教，长期以来盛行不衰，在世界各国都拥有不少信徒。基督教所崇奉的救世主——耶稣，也成为千百年来人们传颂的人物。关于他，流传着许多动人的传说。

很多国家都将12月25日作为他的生日，称此日为圣诞节。然而，历史上是确有其人，还是子虚乌有，人们各执一端，争论不休。恩格斯也曾讲："连基督耶稣在历史上是否实有其人也成问题。"学者们争论的情况如何呢？

一些学者认为，历史上确实存在耶稣其人，但不是被神化了的耶稣。凡人耶稣出生于巴勒斯坦北部加利利地区的拿撒勒镇，是犹太人。他是犹太社会的群众首领。

另一些人则认为，历史上并无耶稣其人。他们认为，《圣经》中关于耶稣的传说纯属虚构。

历史上有无耶稣其人还将继续争论下去，如果要得出确切的结论，还需要史学家们的进一步努力。

▲ 十字架上的耶稣

苏格拉底死因之谜

苏格拉底是古希腊著名的思想家,被后人誉为希腊的耶稣,西方的孔子。然而关于这位先哲的死因却是扑朔迷离,让人如坠云里雾里。

公元前399年,苏格拉底在狱中接过当局赐予的致命毒酒,镇定自若地一饮而尽。这样一位杰出的先哲,怎么竟会被处死呢?

1979年4月8日,美国记者斯东发表谈话认为:雅典是欧洲思想自由和言论自由的诞生地,怎会把自己的哲学家处死呢?一定是被告犯了不可饶恕的大罪——反对民主、败坏青年。但色诺芬和柏拉图的史作表明:如果说苏格拉底反对民主政治,他也反对克利底亚的寡头暴政;如果说他的言论具有颠覆性,可他却劝人从善,注重培养美德。据此以观,败坏青年、仇视民众的罪名就不能成立。

苏格拉底究竟因何罪名而被处死,还有待史学家进一步探索。

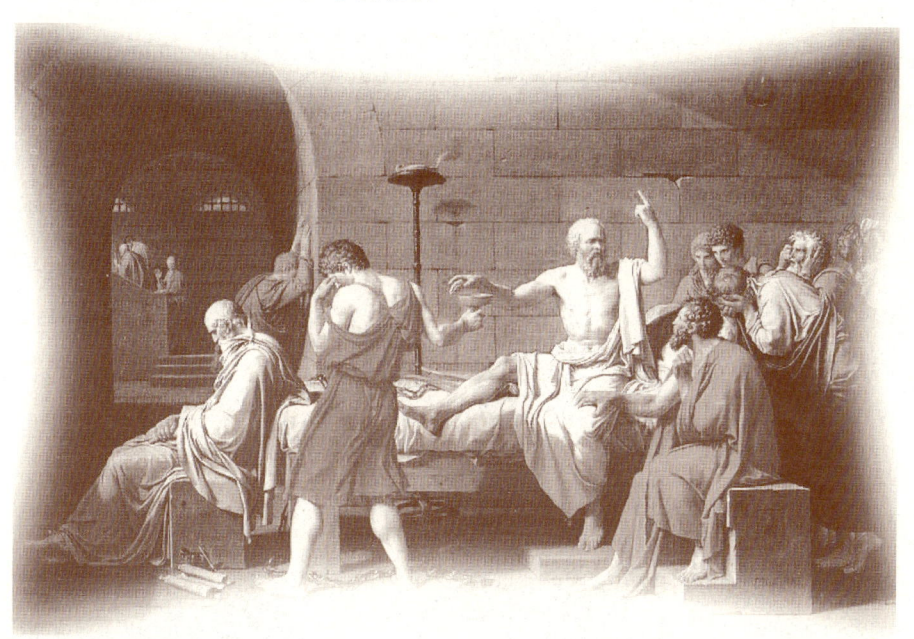

▲ 苏格拉底饮鸩就刑

PART 17 试问政界悬案

司马迁受腐刑之谜

司马迁,字子长,西汉左冯翊夏阳(今陕西韩城)人。我国古代著名的史学家、文学家和思想家。然而这位才华出众的人却被皇帝处以腐刑,其原因何在?这就是司马迁受腐刑之谜。

一般认为,当时汉武帝派贰师将军李广利率三万骑兵出酒泉抗击匈奴,同时又派李陵率五千步兵,接应李广利。当李陵率兵深入匈奴后,却遇上匈奴的主力,尽管李陵带领将士奋力抗战,终因寡不敌众,被俘而降。消息传到长安,汉武帝十分恼火,满朝文武官员趋炎附势,附和汉武帝指责李陵的罪过。但

▲ 司马迁

是,司马迁却站出来替李陵辩解,这就冒犯了汉武帝的龙颜,由此被投入监狱,受了腐刑。

有的学者认为,司马迁受腐刑的原因,不只是"沮贰师"、"诬上"或其他,还有汉武帝难以说出口的原因,这就是司马迁所写的《史记》。司马迁的《史记》,有许多进步的方面,如肯定秦王朝的历史功绩,同情在汉王朝残暴统治下爆发的农民起义,不为汉朝统治者歌功颂德。而且,司马迁撰写《史记》,具有"不虚美,不隐恶",坚持真理,秉笔直书的精神,敢于揭露当时君主将相的种种隐私等,这些都是汉武帝以及他所宠信的将相所不能容忍的。卫宏《汉书旧仪注》也说:"司马迁作《景帝本纪》,极言其短及武帝过,武帝怒而削去之。后坐举李陵,陵降匈奴,故下迁蚕室。"(见裴骃《史记·太史公自序集解》)因此,李陵事件只是汉武帝对司马迁进行迫害的一个借口而已。

史学家们虽然对司马迁受腐刑的原因议论纷纷,但谁的说法更确切,仍然没有定论,其受腐刑的原因依旧是一个谜。

韩信死因之谜

提起韩信,可谓是无人不知,无人不晓。有许多成语和俗语都与韩信有关,如"胯下之辱""萧何月下追韩信"等。但这位杰出的军事家的死,却让人如坠云里雾里,不识真相。

有的学者指出,韩信之死,是由汉初统治者的预定国策所决定的。刘邦在特定的历史条件下封七名功臣为王,史称"异姓诸王"。他们据有关东的广大区域,拥兵自重,专制一方,是统一的隐患,是中央集权的严重障碍。为了帝位永固和刘氏天下的安全,刘邦必须为子孙后代扫清道路,那些功臣必然成为"刘家天下"的牺牲品。汉高祖"非刘氏而王,天下共击之"的既定国策,应是韩信之死的根本原因。

韩信缘何而死?学者们至今各执一词,难分高下,并将太史司马迁也牵入了争论。反对韩信谋反说的学者认为,所谓韩信谋反是司马迁撰史时故意留下的疑点造成的。司马迁明知韩信蒙冤而亡,但在专横跋扈的汉武帝时代,不敢直书其事,便留下有破绽的记载,让后人评说。坚持韩信谋反说的学者则认为怀疑司马迁的记载没有根据,因司马迁看出韩信怀有追求功名利禄的欲望,故记下他"能忍夺军徙王,而不能忍夺王贬爵"的结局,还在论述中补充了韩信在贫困时犹于高敞葬母,令其旁可置万家的故事,以见其志与众异,表明韩信谋反是其个性与志向使然。韩信生为人杰,死于非命,其死因之究竟仍有探讨余地。

▲ 韩信

 诸葛亮之谜

备受世人称赞的识人佳事莫过于刘备识诸葛亮了,"三顾茅庐"的故事妇孺皆知,但是刘备真的"三顾茅庐"过吗?

东汉末期,军阀混战,一些实力较强的军事集团击败对手,建立了根据地。当时曹操据有北方，孙权盘踞江东，惟有自诩为汉宗室之后的刘备，常寄人篱下，没有固定的立足之地。在这种情况下，刘备"思贤若渴"，"礼贤下士"，四处寻访能辅佐自己建立功业的贤才。有一位善于识别人才的名士司马徽告诉他：一般的读书人，怎懂得时势！只有俊杰之士，才知晓天下大势。我们这里称得上俊杰的有卧龙（诸葛亮）与凤雏（庞统）。不久，颖川文士徐庶前来投奔刘备，刘备对他十分赏识。他却说我并没什么才能，我的朋友诸葛亮才是个杰出的英才，将军难道不想见见他？刘备原想让徐庶将诸葛亮请来相见，徐庶却说，"此人可就见，不可屈致也，将军宜枉驾顾之"（《资治通鉴·建安十二年》）。于是，刘备带着关羽、张飞，亲自赴襄阳（今湖北襄樊）城西20里的隆中卧龙岗访诸葛亮。"凡三往，乃见"。两人促膝长谈后，大有相见恨晚之感，从此刘备获得诸葛亮的鼎力辅佐，终于"三分天下有其一"，建立蜀汉政权。此即刘备"三顾茅庐访诸葛"的故事。

千百年来，"三顾茅庐"成为求贤若渴的典范、尊重人才的代名词。"三顾"才使"鱼水合"，也成为一种历史定说。

长期以来，由于三国故事有浓厚的传奇色彩，也由于刘备求贤若渴、谦逊待人的风度，更符合社会心理，因此"三顾茅庐"说压倒"北行见备"说而广为流传。至于历史的本来面目究竟如何，还需要史学家们严肃考证。

▲ 诸葛亮

郑和下西洋之谜

在中国航海史上,有一个举足轻重的人物,那就是明代的郑和。

据相关资料记载,郑和宝船最大的长44丈,宽18丈,树立9根大桅杆,由位于南京龙湾的龙江船厂制造。排水量约为14000吨,载重量在7000吨以上,论形制之巨大,制作之精良,在世界上首屈一指,有关研究人员已成功复制了郑和宝船。载于茅元仪《武备志》中的《郑和航海图》,绘制地图20余幅,是中国首部航海图。郑和下西洋证明了在15世纪,中国具有世界领先的航海科技和船只制造技术,比欧洲地理大发现早1个世纪,基本与世界新航路的开辟处于同一时间段。但是,中国很快失去了下西洋的动力,以后再无大规模的海上征伐与贸易。

我们至今不知道郑和下西洋的确切原因。有人认为是为了寻找下落不明的建文帝,有人认为是为了搜寻明朝建国前割据东南一方的张士诚或方国珍的余部,也有人认为是为了促进海上贸易,建立海上大联盟。不管原因如何,中国自动开始了航海的黄金时代,也自动结束了一段灿烂的海上航行史。

▲ 郑和

谋杀威廉二世之谜

公元1100年8月的一个下午,时近黄昏,英王威廉二世骑着马在新林猎鹿。由于这位国王脸色红润,一般人称他为"红面庞威廉"。当时新林划为皇室狩猎禁苑,占据了英国南部一大片土地。同行的人有威廉的弟弟亨利和一些随从。一行人分成几个小组后,国王和他的亲信顾问蒂雷尔并骑出猎。其后发生的事情直到现在还是一个谜,是惹人揣测的悬疑事件。一般人知道的事情大致如下:

一只赤鹿从国王附近跑过,他立刻射了一箭,射中目标,但是赤鹿没有死。有好一会儿威廉不动声色地坐在马鞍上,用手遮挡着夕阳的斜照光线,想看清楚那只赤鹿怎样逃避。

就在这时候蒂雷尔射了一箭,没有射到鹿却射中国王,国王向前面倒下去,摔到地上的时候那支箭更深地插在他的胸膛,国王当时便死了。蒂雷尔赶忙奔出树林逃往法国,亨利则和其余的人策马飞奔,赶到附近收藏皇室财宝的曼彻斯特,抢到财宝并确实予以掌握后,立刻赶回伦敦。在威廉死后三天就加冕登基为亨利一世。众人离开猎鹿的树林时,倒没有人关心威廉二世仍然暴尸荒野。

他们对待威廉二世的态度,引起了人们对亨利弑兄篡位的怀疑。而亨利也从来没有要治蒂雷尔罪的意思,也没没收他财产,就更加重了人们的怀疑。但是现在也没有明确的解释。

▲ 威廉二世

"国会纵火案"元凶

1933年1月30日,德国总统兴登堡任命希特勒为总理。1933年2月27日晚,法西斯二号头目戈林指使一群纳粹冲锋队员点火国会大厦。希特勒政府马上发表公告,反诬国会纵火是共产党干的,是共产党发动武装暴动的信号。接着以此为借口,在全国范围内肆无忌惮地迫害革命者,"国会纵火案"是希特勒及其党徒为在德国建立法西斯独裁体制而要弄的卑劣伎俩。

当然,他们肯定不会承认,只能嫁祸与人,所以谁是国会纵火案的元凶的问题还是没有定论。

▲ 德国国会大厦

"三巨头"惊险之谜

1943年,苏、美、英"三巨头"可能在伊朗首都聚会的情报在1943年9月中旬被德国谍报部门侦知,希特勒就决定刺杀"三巨头"。

1943年11月27日,美国总统罗斯福和英国首相丘吉尔在结束开罗会议后乘专机直达德黑兰,与先期到达的苏联部长会议主席斯大林会合。第二天,三国首脑即在苏联大使馆开始举行代号为"尤雷卡"的会议,主要讨论开辟欧洲第二战场的问题。11月30日,正值丘吉尔69岁寿辰。为示庆祝,也为了纪念战争期间三位巨人的难得聚首,晚上丘吉尔在英国大使馆举行隆重的招待会,邀请罗斯福、斯大林等数十人参加。席间,正当人们觥筹交错、酒酣耳热之际,室内突然灯光大暗。漆黑之中只听见子弹尖利的呼啸声和杯盘碗碟破碎的乒乓声。不一会儿,贴身侍卫们打开手电筒,惊讶地发现:盟国领导人的一位私人秘书已中弹身亡,一位侍者也因被毒针刺进喉咙而死去,而三国首脑安然无恙。一场灾难虽然得以避免,但人们对刚刚发生的一切还是感到愕然,认为在

▲ 丘吉尔

这一显然已经流产的暗杀事件背后,一定有着更大的秘密。所以事件发生后,就有人试图解开这一谜团,但终因材料不足,只能做出种种的猜测而无法获得事实的真相。

▲ 三巨头

第 5 章

打开神秘莫测的地理密码

青少年不可不知的

未解之谜 全集

Weijiezhimi Quanji

PART 18 扑朔迷离的古城遗迹

死城"埃伯拉"之谜

1962年,22岁的意大利考古学家保罗·马蒂埃带领一支考古队来到叙利亚考察。吸引马蒂埃不远万里来叙利亚的是时常在马蒂埃眼前浮现的一个用灰色玄武岩雕成的狮子和一个盆,盆的周围刻有行军的武士和宴会的情景。

1964年9月13日,挖掘工作正式开始。四年后,一块玄武石雕刻成的无头男人像,被发掘了出来,这尊属公元前2000年的人像服饰高贵,仪态大方。雕像的两肩之间,刻有26个阿卡德楔形文字的字迹,译成现代文则是:"埃伯拉国王伊贝特·利姆,把这尊雕像贡奉给阿斯特尔神殿。"这行字迹令马蒂埃激动万分,因为他已经意识到,他可能发现了一座像特洛亚一样文化发达的古都名城。

这些发现更坚定了他们挖掘的信心,之后,他们有了更大的发现。考古队先是在一个房间内发现了大约15000块泥版文书,随后,又在另外两间房屋里找到了大约16000块的泥版文书。数量多得惊人的泥版文书让马蒂埃目瞪口呆。马蒂埃事后回忆道:"我好像在看一个陶土碑牌(泥版文书)的海洋"。

泥版文书中记载了埃伯拉王国鼎盛时期的历史。由于科学家现在还没有完全破解上面的文字，所以埃伯拉在许多方面还是历史之谜。

 一夜之间消失的庞贝城

庞贝城位于意大利拿波里市以南24公里处的庞贝，北面为海拔1270米的维苏威火山，西边是拿波里湾。由于这里依山傍水，阳光明媚，气候宜人，很快吸引了罗马的权贵和富豪。他们在这里兴建豪华的游乐场所和住宅，城市规模不断扩大，街市日益繁荣。

令人惊异的是庞贝城已经具有完整发达的供水系统。泉水从城外山上通过高架渡槽引入城中水塔，通过铅制供水管再分流到城中各处。在十字路口一般设有带雕像的石头水槽，高近1米，长约2米，供市民饮用。城内有三座公共浴室，每座用一个锅炉统一烧水，将热水温水分导到男女浴室。公共浴室设施齐全，冷热浴、蒸汽浴俱全，还有化妆室、按摩室，与现代公共浴室几无多大差别。

城西南有一个长方形广场是全城的政治、经济和宗教活动的中心。广场西面的竞技场可以容纳12000名的观众，全城半数以上的居民可以同时观看比赛，市民对人兽对战的斗兽表演异常狂热。广场四周建有政府办公用楼和法院。在广场的东北角是一个商品集散地，这里店铺林立，商品琳琅满目，车来人往，一派繁华景象。

庞贝城除了富丽堂皇的公共建筑外，还有许多达官贵人的别墅。这些住宅大多为平房，但装饰华美，粗大的大理石圆柱，光滑的大理石地板，色彩鲜艳的壁画，竖在花园中的各种各样精雕细刻的青铜和大理石雕像，到处弥漫着古罗马式的奢华情调。

好景美丽不长在，在一千九百多年前的一天，这座辉煌的城市却在人们的视野永远的消失了。一千多年过去了，庞贝城渐渐被

第5章 打开神秘莫测的地理密码

人们遗忘。研究历史的学者在查阅罗马古书时,知道有个庞贝古城,但它的遗址到底在哪里,一直是个谜。

18世纪初,意大利农民在维苏威火山附近发现了古罗马的钱币和经过雕琢的大理石碎块。1748年,人们又在附近挖出一块石块,上面刻有"庞贝"的字样。原来它就在这里!古城庞贝失踪之谜终于揭开了!

公元79年8月,维苏威火山不断冒出股股白烟,这预示着火山就要爆发了。过惯了安定祥和日子的居民并没有太在意,他们照常生活、工作。以前这里也常有此类现象发生,但过一阵子就烟消云散了。可是这一次,两城居民连做梦都没有想到,灾难就要降临到自己的头上。

8月24日这天,居民像往常一样开始了他们一天的生活。中午时分,毁灭性的灾难到来了。随着一声震耳欲聋的爆炸声,维苏威火山口岩浆汹涌而出,直冲云霄,遮天蔽日的黑烟挟带着滚烫的火山灰向人们袭来,刹那间天昏地暗,地

▼ 庞贝古城街道

▲ 古城的墙体颜色依然绚丽

动山摇。随后,火山爆发引发了暴雨,雨水扫荡着山上的石块、泥沙、火山灰,形成巨大的泥石流,顺着山势滚滚而下,冲向山谷和平原。大灾难的目击者小普林尼6年后在给历史学家塔西佗的信中,生动地描述了火山爆发时的状况:"一大片雪松形状的乌云突然出现在地平线上,巨大的火焰熊熊燃烧起来。由于天空变得一片黑暗,火焰显得分外耀眼。地震频频不断,我们都不敢出去,因为那燃烧着火的碎石正像冰雹那样从天上猛砸下来……"小普林尼是在与庞贝城相隔20公里以外的另一座城市里体会到这番感受的,位于火山附近的庞贝城居民的感受可想而知了。

等到烟消云散、土地冷却之后,庞贝城、赫库兰尼姆城这两座昔日繁华热闹的城市已被灼热的岩浆、火山灰和泥石流所埋葬,在人们的视野中消失了。此后,维苏威火山又于公元203年、305年、472年、512年等多次爆发。由于火山灰和熔岩的多次覆盖,使地下的古城埋得更深,后人从地面上再也见不到古城的一点踪迹了。千百年来,人们只是从古籍史册中和民间传说中才知道曾经有这么一座古城存在。

第 5 章 打开神秘莫测的地理密码

开始对庞贝城考古发掘的时候，这座曾经繁华美丽的古城却向人们展示了一幕人间地狱的惨状。无数被埋在火山灰砾下的死者被挖掘出来，这些尸体由于被灼热的火山灰裹住，凝固后形成一层硬壳，后来遗骸腐烂消失，只剩下人形的壳子。考古人员把生石膏灌进这些壳子进行，再现了遇难者临死时的各种姿态神情：母亲抱着年幼的孩子，当房子倒下来时，用自己的身体掩护着孩子；有一家人在出逃时不忍分离，相互招呼时被硫磺窒息倒地；有的人手里紧紧攥着钱袋，但还未来得及逃出屋子，便倒在门槛上；还有一群戴着镣铐的奴隶，在灾难降临时因无法自由行动，走不多远就倒了下去；城门附近尸体堆积如山，令人惊骇……在这之前，人们对灾难似乎毫无准备，餐桌上放着煮熟的鸡蛋，面包箱里正烤着面包，但灾难却突然降临了，残酷地毁灭了一座生气勃勃的城市。

在庞贝古城中最引人注目的，是庞贝古城的城墙墙体的壁画中闪亮的红色依然鲜艳夺目。庞贝古城

▼ 庞贝古城街区遗址

保持"青春永驻"的原因是什么?留给我们一个灿烂的谜。

为了揭开庞贝古城红色颜料之谜,意大利博物馆的研究员丹尼尔将庞贝壁画中的红色颜料样本与同时期其他古罗马壁画的红色颜料成分进行了分析。丹尼尔发现庞贝古城的壁画与一般的古罗马壁画确实不同,因为里面掺有10~25微米的结晶物,这种大小的结晶物叫辰砂,使红色显得更加透明,同时使色彩更加柔和深沉,它使得庞贝古城壁画中的红色接近红赭色。这种辰砂是经过净化、研磨,然后以三维的手法进行艺术表现精心处理的。丹尼尔说:"庞贝古城的红色显示了古罗马高超的颜料制作技术。"

楼兰古城消失之谜

1901年,斯文赫定率领考察队,在渺无人烟的罗布泊地区,找

▲ 楼兰美女复原后的模样

▲ 楼兰古墓中端庄美丽的女子雕像

到了楼兰古城遗址。发现了用木材建造的、墙壁用芦苇束或柳条编

▲ 楼兰古城遗址

织、上面涂有粘土的古房屋，挖出了一尊高约1公尺的佛像以及一座庙宇的残骸，收集到了许多精美的雕饰、丝绸织品、钱币、器皿、几管毛笔以及大量用汉文和其他文字书写的木简和文书。从此，在历史上已消失了1000多年之久的楼兰古城开始重见天日。

楼兰古城的发现，轰动了全世界，很多学者把它喻之为"沙漠里一颗光辉灿烂的明珠"。1906年英国的斯坦因，1910年日本的桶瑞超，1920年和1924年中国学者黄文弼等都相继前往楼兰进行考古、发掘，继续发现了大量极有价值的历史文物。一些国家纷纷派遣学者到

▼ 人迹罕至的罗布泊

▲ 威严耸立的楼兰佛塔是楼兰古城的象征

新中国成立后，中国许多学者对举世瞩目的楼兰古城进行了大量的研究和探讨。并多次深入楼兰古城进行考察，也有不少重大收获。

其实，中国很早就和楼兰接触，在汉武帝时达到鼎盛。汉武帝打败楼兰，在那里设置都护，成为古代"丝绸之路"南道上的重镇。奇怪的是，这一地位显要、声名赫赫的楼兰古城，在公元4世纪之后，却在历史上突然销声匿迹。各国科学家都在积极探索它消失之谜。

楼兰古城，借考察之名，实际上进行偷盗文物的活动。在一些外国的博物馆里，至今还收藏着他们当年从楼兰古城抢劫去的文物珍品。

▼ 楼兰古城中发掘出来的女尸

印加帝国消失之谜

印加帝国文化发祥地在的的喀喀湖畔，它虽然位于高达四千公尺的高原上，但具有丰富的水量，一片绿茵，阳光充足，是农业立国的最好地方。在这里，印加人勤劳耕

▲ 美丽、神秘的印加古城

种，精心经营，以最进步的方法建筑了漂亮宏伟的宫殿，并且遵照日出而作，日落而息，男耕女织的古老传统。印加人有进步的政治制度，信奉太阳教，接受太阳神统治帝国的说法。

在印加帝国到了多拿卡巴克王统治时，印加出现了无与伦比的盛世。多拿卡巴克王死后，把印加帝国分为两部分，传与瓦斯卡尔和阿达凡尔巴两个儿子来统治。于是在1532年，兄弟不和，互不相让的战争种下了自取灭亡的祸因。

后来，西班牙征服者比萨罗和他率领的180名士兵来到这片土地。他们软禁了国王，搜集珠宝，随后又残忍地杀死国王。当他们又率兵前往印加首都库斯科，企图搜寻更多的宝藏时，令人惊异的是，在库斯科城中，无论是宫殿、神庙都空无一物，连称为"太阳的尼姑庵"中的百位美女亦不知去向，整个库斯科城成了一无所有的世界。

印加人放弃文明，躲到深山里去了。但是印加人几百万的人口，何以在一夜之间，消失的无影无

▲ 印加陶俑

踪，至今还是一个谜。

丛林城市吴哥城神秘消失之谜

远在1861年,法国生物学家亨利·墨奥特来到法国领地印度支那半岛(即中南半岛)的高棉,寻找珍奇蝴蝶的标本。一次偶然的机会,他听当地土著人说密林中有城堡,几百年来没人住。这激起了墨奥特寻找古城遗址的好奇之心,连寻找珍奇蝴蝶的欲望都没有了。墨奥特和他的向导在密林中寻找了五日,毫无收获,不得不率众折回。就在这时,忽然五座石塔呈现在他们眼前,尤以中央那座最高、最宏伟,塔尖映在夕阳里,闪闪发光。

墨奥特惊叫着奔向前去,一览

▲ 吴哥浮雕似乎在向世人诉说着它曾经的辉煌

▼ 风景秀丽的吴哥窟

这座埋藏在丛林中的古城。这就是闻名的吴哥城,古名禄兀。

吴哥占地面积东西长1040米,南北长820米。几百座石塔林立,建筑物上刻有许多仙女、大象及其他浮雕,休闲、娱乐场所一应俱全,堪称一座文明庄严的城市。

经过考证,在公元12世纪,吉蔑人在丛林中兴建吴哥城,并于13世纪达到盛世。其兴盛的状况可在一位中国商务使节兼旅行家周达观的著述中窥见,他是在1296年抵达吉蔑首都的。

然而在1431年,暹罗人以七个月的时间,攻陷吴哥城,搜刮大批战利品而去。第二年他们再度光临吴哥城,却发现这里变成了一座空旷的"无人城",不但没有半个人影,连牲畜也不见踪影,究竟这些人到哪里去了?关于吴哥城为何消失的猜测也不断浮现出来,但时至今日,吴哥城消失之谜依然是一个悬案,有待史学家的进一步考察。

埋葬地下的特奥帝瓦坎之谜

被埋葬在地下的古代墨西哥最具轰动效应的大都市特奥帝瓦坎,早在阿兹特克人时期就已是一座废墟。特奥蒂瓦坎城为墨西哥高原最古老的文明,始建于公元前1000年左右。

这是一座伟大的城市,它的设计沿用了1000年之久,令现代的人都望而却步,只能做做白日梦。

其中最具特色是一条纵贯南北的豪华大道,长3公里,宽40米,人们叫它"冥街"。这确实是一条豪华的街道,左右两侧点缀着金字塔和神庙平台。朝北望去,林阴道的坡度足有30度;站在南端,会有一种错觉:街道仿佛直通云天。于是就成了这样:站在低处一端,就会看到高度相等的台阶组成的楼梯无边无际,最后与3公里外的月亮神金字塔融为一体。

特奥蒂瓦坎建筑的主要代表是太阳神金字塔、月亮神金字塔、羽蛇神庙等，至今仍保留。在建筑中还发现了云母，而且运用的很是巧妙。石器时代的人能设计出这么伟大的建筑，怎么拥有现代人才知道的知识的呢？科学家们不得而知。

 迷离扑朔的陶蒂华康城

在墨西哥首都墨西哥城东北40公里的陶蒂华康山谷里隐藏着一座神秘的古城废墟。那里的灌木矮丛之间掩映着两座十分巍峨的金字塔。周围是一片残垣断壁，埋没在萎萎蔓草之中。

两塔的原名，现在已经无从知晓了。也许是根据印第安人的流传，或者是公元1520年以后到达那里的西班牙人的构想，它们分别被取名为太阳金字塔（日塔）和月亮金字塔（月塔）。而整个废墟则被称为陶蒂华康，意即众神的信徒得道之地。

自从古城被发现以来，就引起人们的极大兴趣，尤其对它的湮灭，更是给出了多种猜测。近来的研究，给陶蒂华康的湮灭找到了一个令人毛骨悚然的原因：陶蒂华康的祭坛杀人太多了！考古学家认为，陶蒂华康人崇拜雨神，祈求他普降甘霖，以为牺牲得大，神祇才肯施恩。于是，他们不惜大量供奉最珍贵的祭品——活生生的人。这种以人作牺牲品之风，在托尔泰克人抵达时更是变本加厉。为了庆祝特诺提兰大金字塔落成，他们在四天的祭祀仪式中，竟杀害了8万人！16世纪西班牙人就曾在祭祀头颅架上发现过136000具头骨！要知道，美洲金字塔的数目，已发现的不下千座，由于祭事之频繁，杀人之多也就难以计算了。把它作为陶蒂华康毁灭的原因之一似是不无理由的。

第5章 打开神秘莫测的地理密码

PART 19 不寒而栗的异域魔境

 死神岛

"死神岛"距离加拿大东部的哈利法克斯约一百公里,在欧洲通往美国和加拿大的重要航线附近。全岛一片细沙,十分荒凉可怕,没有高大的树木,只有一些沙滩小草和矮小的灌木。

很多年来,船只沉没的事件多次发生。此岛的东西两端密布着各

▼ 海中移动的岛屿经常使船舶失事沉没

种沉船符号，估计先后遇难的船舶不下500艘，其中有古代的帆船，也有现代的轮船，丧生者总计在5000人以上。因此，一些船员怀着恐惧的心情称它为"死神岛"。在西方广泛流传着有关"死神岛"的许多离奇古怪的神话传说，令人听而生畏。

"死神岛"给船员们带来的巨大灾难，促使科学家们努力去探索它的奥秘。有的认为，"死神岛"附近海域常常掀起威力无比的巨浪，能够击沉猝不及防的船舶；有的认为，"死神岛"的磁场异于其邻近海面，且变幻无常，这样就会使航行于"死神岛"附近海域的船舶上的导航罗盘等仪器失灵，从而导致船舶失事沉没；较多学者认为，由于此岛的位置和面积经常迁移变化，岛的附近又大多是大片流沙和浅滩，许多地方水深只有2～4米，加上气候恶劣，风暴频繁，因此，船舶很容易在这里搁浅沉没。

神秘岛

1936年3月的一个夜晚，一艘名叫"联盟"号的法国帆船航行在南海海域。

"正前方，有一个岛！"在吊架上瞭望的水手突然一声呼叫，顿时惊动了船上的所有船员。

船长苏纳斯马上来到驾驶台，用望远镜进行观察。他清清楚楚地看到了一个小岛，他感到纳闷，航船的航向是正确的，这里离海岸还有250海里，过去经过这里时从未见过这个小岛，难道它是从海底突然冒出来的吗？可是岛上密密的树影，又不像是刚冒出海面的火山岛。

船长命令舵手右转90度，吩咐水手立即收帆。就这样，"联盟"号缓缓绕过了这座神秘的小岛。

这时，船员们都伏在右边的栏杆上，注视着前方。朦胧的夜色映衬着小岛上摇曳的树枝，眼前出现的事，真如梦境一般。

此时，船上航海部门的人员赶紧查阅航海图，进行计算，确定船的航向准确无误，罗盘、测速仪也工作正常。再查看《航海须知》，可那上面根本就没有这片海域有小岛的记载，而且，每年都有几百、上千条船经过这里，它们之中谁也没有发现过这个岛屿。

忽然，前面的岛屿不见了，可过了一会儿，它却又在船的另一侧出现了！船长和他的同伴们紧张地观察看出现在他们面前的如同黑色幕布般的阴影。

突然一声巨响，全船剧烈地摇晃起来。紧接着，船体肋骨发出了嘎吱嘎吱的声响，桅杆和缆绳相互扭结着，发出阵阵的断裂声。一棵树哗啦一声倒在了船头，另一棵树倒在了前桅旁边，树叶沙沙作响，甲板上到处是泥土，断裂的树枝、树皮和树脂的气味与海风的气味混杂在一起，使人感到似乎大海上冒出了一片森林。船长本能地命令右转舵，但船头却突然一下子翘了起来，船也一动不动了。

▲ 小岛远景

船员们一个个惊得目瞪口呆。显然，船是搁浅了。

天终于亮了，船员们终于看清大海上确实有两座神秘的小岛，"联盟"号在其中的一个小岛上搁浅了，而另一个小岛约有150米长，是一块笔直地直插海底的礁石。

好在船的损伤并不严重。船长吩咐放两条舢板下水，从尾部拉船脱浅。船员们在舢板上努力划桨，一些人下到小岛使劲推船，奋战了两个多小时，"联盟"号终于脱险。

"联盟"号缓缓地驶离小岛。两个小岛渐渐地消失在人们的视野之中。这一场意想不到的险恶遭遇，使全船的人都胆战心惊。精疲力竭的船员们默默地琢磨着这一难解之谜。

"联盟"号刚一抵达菲律宾，船长苏纳斯就向有关方向报告了他亲身经历的这次奇遇。当地水道测量局等有关单位的人员听后说，在这片海域从来也没有发现过岛屿。其他船上的水手们也以怀疑的态度听着"联盟"号船员的叙述。显然，大家都认为这是"联盟"号船员的集体幻觉。

船长苏纳斯不想与他们争辩，他决定在返回时再去寻找这两个小岛，记下它们的准确位置。开船后两天，理应见到那两个小岛了，可他却什么也没有见到。他们在无边的大海上整整转了6个小时，还是一无所获，两个小岛已经消失得无影无踪。苏纳斯虽有解开这个谜的愿望，但他不能耽搁太久，也不能改变航向，只好十分遗憾地驶离了这片海区。

旋转岛

1964年，一艘海轮上的船员，发现西印度群岛中有一个无人小岛，像地球自转那样，每24小时自己旋转一周。

当时，这个小岛被茂密的植物覆盖着，处处是沼泽泥潭。岛很小，船长卡得那命令舵手驾船绕岛航行一周,只用了半个小时,随后他们抛锚登岛,巡视了一番,没有发现什么珍禽异兽和奇草怪木。船长在一棵树的树干上刻下了自己的名字、登岛的时间和他们的船名,便和随员们一起回到了原来登岛的地点。

"奇怪,船为什么会自己走动呢?"一位船员大叫起来,"这儿离刚才停船的地方差了好几十米呀!"

回到船上的水手们也都大为惊异,他们检查了刚才抛锚的地方,铁锚仍然十分牢固地钩住海底,没有被拖走的迹象。这件奇闻使人们大感兴趣,一些人闻讯前去岛上察看。根据观察结果,一致认为这座小岛实际上是一座浮在海面上的冰山,因潮水的起落而自动旋转。但真相究竟如何,当时谁也不能断言,只好留待科学家们去研究了。

过了不久,这座怪岛就从海面上消失了。

▼ 梦幻般的海洋为什么总是充当"温柔杀手"

魔幻地带百慕大三角

海是美丽的,它清澈、蔚蓝;海是博大的,它浩瀚、深邃;海是富饶的,它孕育了无数生灵;海是神秘的,它宽厚的胸怀中,拥抱着无数珍宝、无数往事……但海也是令人恐惧的,它在风平浪静时候,会突然掀起惊涛骇浪,吞噬掉一切生灵,有时它会像变魔术一样,让人们为他的魔力目瞪口呆。百慕大就是这样一个神秘的区域。

▲ 在百慕大三角行驶的船只随时会消失

1945年12月5日,美国海军5架"复仇者"号海上鱼雷轰炸机,在返航途中竟一同消失在百慕大海区上空。飞机失踪前向地面指挥塔传送了令人费解的谈话:"我们不知道自己在什么地方,……我们好像迷失了方向。""……就连大海也变了样子……""旋转发疯的罗盘………'进入了白水。'"飞机失踪后,军事当局尽力搜寻,但一无所获。更加怪异的是,就在5架轰炸机已在百慕大海区失踪后的数小时内,仍有一个设在迈阿密的美国海军航空基地收到了来自失踪飞机那里的微弱信号。

1963年2月3日,美国油轮"凯恩号"在平静的百慕大海面航行中,船上配备有先进的自动导航和通讯设备。它突然中断了与陆地的无线电联系,连呼救信号也没来得及发出就失掉了踪影。

此外,美国的两艘核潜艇也在

百慕大海域消失得无影无踪。

几十年间反反复复的调查表明，不少船只、飞机都是无端消失在这个"魔三角"海区的，且未留下任何可寻痕迹。这种神秘现象，引起了全世界的学者、科学家的关注。许多人试图揭开飞机、轮船瞬间消失的奥秘，提出了各种论断。

有的科学家认为，百慕大三角海区存在着一种反旋风和下沉的涡流，是它们使得船只和飞机失踪的。反旋风的顶部在海面上是看不见的，它在水下的部分会形成一个强有力的漩涡，船只如果进入漩涡

▲ 百慕大三角地图

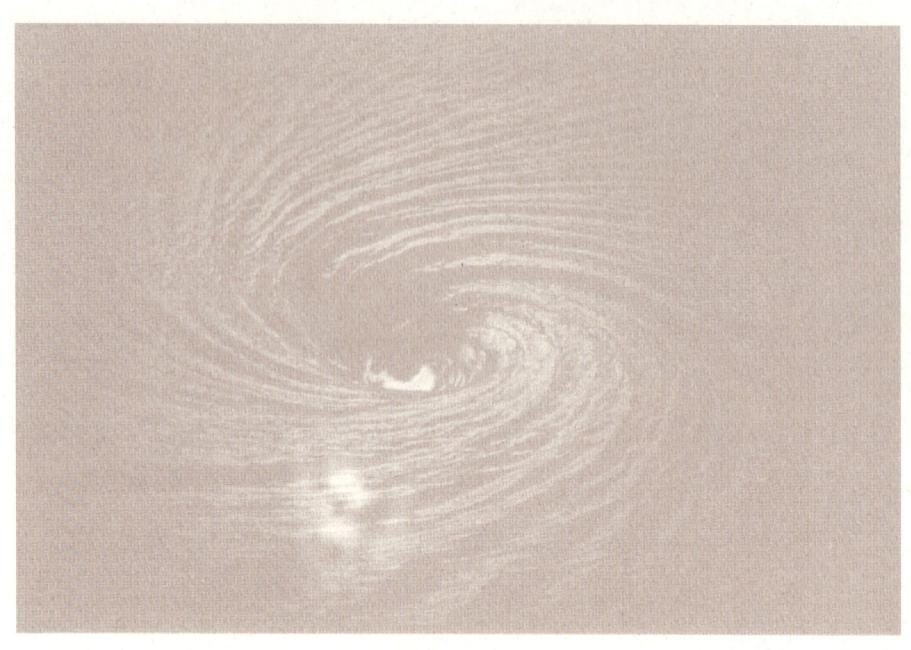

▲ 百慕大巨型旋涡

的中心，很容易被卷进海底；飞机在空中碰到反旋风，飞行员就会偏离航线。迷失方向，最后机毁人亡。

有的科学家认为，在百慕大三角海区有一种的自然激光，是它使得船只和飞机失踪的。激光跟普通光不一样，可以在时间和空间上把光能高度集中起来，产生几万度的高温，能使任何东西在一瞬间就化成一道烟似的消失掉。

船只和飞机在百慕大三角海区失踪的时候，经常发生在天气晴好的时刻。这时候，在万里无云的晴空，太阳是激光的强大辐射源，海面和大气就好像是两面特别巨大的反光镜，形成两束强烈的激光。只要这束激光一起作用，辐射流就会引起一场暂时的大雾。如果它的功率特别大，就会在一瞬间把船只和飞机烧成灰烬，而不留下一点儿痕迹。

船只和飞机失事只是百慕大三角给人类开的一个小玩笑，令人更为惊叹的是它可以改变人的记忆和容貌，甚至具有使人起死回生的魔力，这些现象至今还令科学家迷惑，无法解释。

第 5 章 打开神秘莫测的地理密码

1988年，一对瑞典夫妇乘坐游艇在百慕大"魔三角"历险。在大巴哈马岛附近，游艇发动机突然灭火，紧接着游艇慢慢地被吸入海区中心水域，只见一片浓雾笼罩。在雾中，夫妇俩闻到一股异香，听见空中爆裂声，船上的雷达及其他仪表完全失灵，指南针胡乱转来转去。但是，几分钟后游艇居然漂出浓雾，到达百慕大三角海域之外。很怪，发动机、雷达等一切设备统统恢复了正常工作。有趣的是，夫妇俩的智商在这次神秘的百慕大经历之后都明显上升。丈夫基尔维斯丁法文基础颇差，可他居然可以看懂法文杂志了，后来又很快熟练地掌握了好几门外语，成为公认的外语学习上的"奇才"。妻子娃洛莎以前连支票余数都辨不清，现在竟可以做相当复杂的数学题。连她本人也为自己竟成为"数学通"而深感意外。

1983年，有位女婴出生在一条沿百慕大海区由巴哈马群岛驶往迈阿密的邮轮上。十几个月后，女婴竟出现怪异容貌，而且显示出用目光移动物件的超常能力。无独有偶，1986年9月，美国佛罗里达州的一位45岁渔民，在百慕大海域因遇到风暴而漂流了两星期后获救，返回以后不到一个星期，他的外表发生变化，皱纹消失，黑发复生，就像20多岁的年轻人一样。

最近，一艘巴拿马渔船在百慕大以南75英里作业时，发现一个白色帆布袋在海面漂流，船长命船员

▼ 遇难百慕大

捞上船来,打开一看,里面竟是一个活生生的男子。看样子不是很老,可是这位自称米高维尔奇恩的男子却说,自己63年前已死于癌症。

后来他被送往百慕大医院,然后又转送苏黎世精神中心,企图找出他"死而复生"的原因。百慕大医院的赞臣医生说,他身上的死亡证所写的姓名和指模确实与被救的奇恩相同。他说:"至于他何以能死而复生,这个问题有待比我更聪明的人解答。"不过有一点是肯定的,他的癌症已经完全痊愈。到底这63年他是怎么过的,他本人对这些问题也解释不清楚,他说死后一切已很模糊,如何度过几十年则一无所知,只是觉得恢复知觉时被人救上渔船。

据说百慕大三角海底有外星人出没,也有人说几万年前超文明古国沉落此海底,其中有种神秘的动力能源未为人发掘,因此经常有不可思议的力量令飞机失踪,船只沉没,甚至使人死而复活。何日能揭开百慕大三角神秘的面纱,让我们翘首以待吧。

▼ 失踪的美国中队

亦真亦幻的"空中花园"

"空中花园"是世界七大奇迹之一,保留时间最短,也是消失最早的一个,修建于远古时代的巴比伦王国。正如它的名字给人以美丽拉米斯。塞米拉米斯出生于在米底(今伊朗高原西部)。那里群山相连,树木丛生,花草丰茂,风景秀丽,与巴比伦尼亚的一马平川是完

▲ 美丽无比的"空中花园"

奇妙的想象一样,"空中花园"流传着一个美丽动人的传说。

巴比伦王国的国王尼布甲尼撒二世和他美丽的王妃塞米拉米斯早已乘着黄鹤西去了。然而关于他们动人的爱情故事,却流传了下来,成为美谈。

相传在公元前6世纪,尼布甲尼撒二世娶了一个宠妃,名叫塞米

全不同的两个世界。这位来自异国他乡的公主每当想起家乡的山川美景,总是不由得低头垂泪,眉头紧锁,郁郁寡欢。国王是看到眼里,急在心里,费劲心思终于猜透了她的心思。于是,国王下令仿照王妃故乡的模样,招募全国的能工巧匠,在巴比伦宫的西北角建了一座阶梯花园。这就是他们的爱情堡

垒、流传至今的"空中花园"。

很多的传闻说，"空中花园"是一座多层塔式建筑，有100多米高，每层内部都有砖拱、石板做成的斜坡式阶梯通向上一层。平台分成四层，层层相叠，每一层都用大理石筑成小径，上面栽植着各类世间所没有的奇花异草。建筑物内部以芦苇为中心，外部堆积厚厚的泥土，上面长满美丽的花草树木。整座花园树木掩映，鲜花锦簇，远看犹如悬在半空之中。从幼发拉底河引导出来的水流在花园内化成汹涌的喷泉，直射蓝天，形成一道道绚丽的彩虹。幽静的园区小道曲折蜿蜒地延伸着，小径旁的溪流汩汩流淌。

在那个时代，贵为一国之君的巴比伦国王为看到心爱的女人开口一笑，不惜动用全国的工匠，耗费大量的钱财，实在是荒唐可笑的，为后人留下劳民伤财的形象。可悲的是在古今中外的历史上，这样的荒唐举动也太多了。几千年来，无数文人墨客吟诗写文章，将古巴比伦的"空中花园"描绘得就像人间仙境一般。如此美景的景色，更让无数的建筑大师和艺术巨匠大加赞赏，心中向往。

公元前3世纪，希腊人安提巴特慕名来到巴比伦城，见到了心仪已久的"空中花园"。此时的花园虽然已经没有了昔日的"花容月貌"，早已花草凋零，蜂蝶散尽，只剩一副"骨架"悬在空中，任凭风吹雨打，但是，安提巴特还是毫不犹豫地将它与埃及的胡夫金字塔、亚历山大城灯塔等相提并论，给它戴上了"世界七大奇迹"之一的桂冠。

大多数学者认为，"空中花园"是确实存在的，因为古希腊和古罗马时代的许多历史著述中都有关于它的记载。比如，公元前1世纪中叶西西里岛历史学家狄奥多鲁斯以及50年后在罗马皇帝奥古斯都在位时代著有《地理学》一书的斯特拉波，都曾先后描写过"空中花园"的情形。在今天伊拉克的首都，还有一座根据传说而复原的"空中花园"。

也有人持反对意见。这些人指出：不少在自己著作中提及"空中花园"的古人，也仅仅只是从别人口中间接听到"空中花园"的情况,并没有亲眼看见过空中花园。而亲自到过巴比伦城的历史学家希罗多德,在大谈特谈巴比伦城的雄伟壮观以及巴比伦塔的凛凛雄风的同时,却对"空中花园"只字未提。这一点恰恰表明,古巴比伦城并不存在壮观的"空中花园"。

还有一个事实不容忽视。尼布甲尼撒死后23年,波斯人占领巴比伦城,不久改变了幼发拉底河的河道走向,河水从此远离巴比伦城。这样一来,"空中花园"即使确实存在过,也会因为缺水而变得面目全非。如果是这样,一百年之后的希腊作家还能看到"空中花园"之真面貌吗?

那些留下了"空中花园"有关记载的古人们,写作态度的严谨性也让人心存疑虑。尼布甲尼撒的侍从医生台西亚斯以善于虚构而著称,他的记载当然难以相信。在狄奥多鲁斯的笔下,我们看到他描绘的赛米拉米斯的形象是:出生以后即被父母遗弃,幸而有一只鸽子每天嘴叼食物喂养她。长大成人后,

▼ 空中花园复原图

有着闭月羞花的面貌，沉鱼落雁的容颜。她嫁给了一位朝臣。一天，国王见到了赛米拉米斯，被她的美貌深深吸引，回去后念念不忘，日思夜寐，最后从大臣手中强行霸占了她。她整日闷闷不乐，穿的衣服不分男女。最后国王把权力交给儿子，化为鸽子飞出宫殿，成仙而去。这样的记载，就像神话小说一样，是不能信以为真的。

更让人不解的是，建立了丰功伟绩、名扬四邻的尼布甲尼撒二世，流传下来大量的诏令与书写板，但世人却从中无论如何也找不到有关"空中花园"的一个字。

于是，有人得出了惊人结论："空中花园"是诗人和古代历史学家的想象力制造出来的一大世界奇观。

"空中花园"真的存在吗？

也许，"空中花园"确实存在过，但它并不位于巴比伦城。尼尼微古城遗址的发掘，似乎在暗示我们应该换一个角度来思考。在尼尼微宫廷浮雕中，有一幅名叫《尼尼微空中花园》的浮雕，上面的场景印证了古典作家对巴比伦"空中花园"的描述。亚述帝王辛那赫里布留下的诏令中，提到他在尼尼微兴建花园一事，而且他把流经尼尼微城的底格里斯河水引入花园灌溉花草树木。有人认为，这种空中花园实际上是亚述园林设计师为亚述宫廷设计的王家园林。它利用天然山丘或人工堆砌成的山丘，种植各种名贵树木、奇花异草，供国王游乐散心之用。称这种山丘式的花园为"空中花园"，也并非让人感觉突兀。也有一些记载提到了"空中花园"，但是认为与尼布甲尼撒无关，而是一位叙利亚国王取悦他的一个爱妃的产物。

第 6 章 叩问疑云密布的文化深宫

青少年不可不知的

Weijiezhimi Quanji

第6章 叩问疑云密布的文化深宫

PART 20 《圣经》密码

圣经中的谜团

《圣经》中有一段引起很多人兴趣的描写，是《旧约·创世纪》第十九章，上帝要毁灭所多玛和娥摩拉这两座罪恶之城。他派了两名天使来通知罗德带着全家逃离这里。天使带领罗德家人出了城，对他们说："逃命吧。不可回头看，也不可在平原站住，要往山上逃跑……"他们逃出之后：

"当时耶和华将硫磺与火，从天上耶和华那里，降与所多玛和娥摩拉，把那些城和平原，并城里所有的居民，连地上生长的都毁灭了。罗德的妻子回头一看，就变成了一根盐柱。亚伯拉罕清早起来，到了他从前站在耶和华面前的地方，向所多玛、娥摩拉与平原的地方观看，不料那地方烟气上腾，如同烧窑一般。"

上帝用什么武器能够在瞬间把两座城彻底毁灭？罗德的妻子回头一看为什么会带来灾难？那两座被毁灭的城市为什么会烟气上腾？直到1944年日本的广岛和长崎被美国的原子弹炸成废墟之后，有些人重看这段文字，才恍然大悟：只有原子弹才能一下子毁灭整座城市，只有原子弹爆炸的光辐射才能对看它的人造成致命的杀伤，只有原子弹的爆炸才能形成那冲天而起、从遥远的地方都能看到的烟云。古代人讲到神灵降下的灾难时，可能想到大火，可能想到雷电，可能想到洪水和瘟疫，但很难说他们能准确地凭空想像出某种高科技武器造成的毁灭性后果。

夏娃和亚当之谜

《圣经》称：上帝用泥土造人，取名亚当，并以亚当的肋骨造出其妻夏娃，同置于伊甸园中，由于他们的繁衍生息便出现了人类。

谁是我们的父母双亲，这种"上帝造人"的说法，在达尔文创造生物进化论学说之后本已被人视为无稽之谈。但在20世纪70年代末，美国加州大学的一位科学家却提出了一种与此相关的新见解。现代生殖学业界已证实，在高等动物的受精过程中，精子中的线粒体DNA是不能进入受精卵的，人类细胞的线粒体DNA都来自母亲，因此，线粒体DNA属于严格的母系遗传。这样一来，如果人们能证实同一人种的线粒体DNA是相同的，则说明他们来源于同一个母系。

据此，美国加州大学伯克莱分校的威尔逊遗传小组，选择了来自非洲、欧洲、中东、亚洲以及几内亚和澳大利亚土著妇女147人，利用她们生产婴儿时的胎盘，进行不同种族婴儿胎盘的线粒体DNA研究。发现全人类线粒体DNA基本相同，差异很小，平均歧异率只有0.32%左右。因此，从逻辑上说，现代各民族居民的线粒体DNA，最终都是一个共同的女性祖先遗传下来的。那就是大约20万年前生活在非洲的一个妇女，这个妇女就是全世界现代人的祖先。

威尔逊说："我们可以将这位幸运的女性称为'夏娃'，她的世系一直延续至今。"这一理论也就被称为"夏娃理论"。

其后，又出现了类似的"亚当观点"。两者展开了激烈的争论，不管争论的结果如何，"亚当观点"和"夏娃理论"都是现代分子生物学发展的产物，而不是"神创论"的翻版。

诺亚方舟之谜

根据《圣经·旧约全书·创世纪》记载：上帝看到人类越来越放纵不羁和不图进取，而且犯下了许多不能容忍的罪行，于是，上帝想以一场巨大的洪水来毁灭人类，重新创造一个新世界。

当时，有个叫诺亚的人，勤劳正直，心地善良，上帝对他说："念你善良纯朴，与众不同，所以我决定帮助你和你妻、你儿、你儿媳。你要用歌斐木制造一个大方舟，带上各种动物，每种雌雄各7只，躲进方舟，然后将连下40天倾盆大雨。"方舟的体积不小，诺亚花了很长时间才制好。该方舟长125米，宽22.5米，高16米，共3层，相当于现代15000吨级的船。

方舟制成后，诺亚及其家人和一些动物乘上了船。不久，天上下起了大雨。大雨持续下了40天，地上的一切都被水冲走了。水势不断上涨，洪水逐渐淹没了高山的山顶，方舟在一片汪洋之中漂到了阿拉拉特山顶。等洪水退去后，诺亚一家及所带的动物便从方舟出来，重新改造洪灾劫后的世界。

一直以来，人们都没有停止对诺亚方舟的寻找。1883年，当时，一次大地震使阿拉拉特山脉的一个地段开裂了，开裂处露出了一条船。当时，有个赴阿拉拉特山区考察和评估地震灾情的委员会，委员会的所有成员都亲眼看到过那条大船，船身有12~15米高，因为木船有一大部分还嵌在冰川里，无法估计它的长度。

这个消息震惊了全世界。

之后，对诺亚方舟的探索更深入，得到的证据也基本和《圣经》中说的相符，人们确信那就是诺亚方舟。但也有人持不同意见，主要是一些科学家和地质学家，他们也有自己的观点。现在的问题是，如果诺亚方舟真有其事，我们就不得不重新审视《圣经》中的每一个故事了。

▼ 诺亚造方舟

示巴女王的神秘国度

《旧约·列王记》第十章和《历代志》第九章中有这样一段记载：公元前10世纪中叶，当以色列王国在国王所罗门的治理下国泰民安、兴盛至极的时候，异国君主示巴女王因仰慕所罗门的智慧和英名，在庞大的雇从队陪同下带着香料、宝石和黄金，浩浩荡荡地抵达耶路撒冷，拜见以色列国王。她向所罗门表示敬意，献上厚礼，并提出一些难题让对方回答。所罗门机智地作了解答，更使女王尊敬不已。所罗门对女王也热情相待，并在她回国前回赠了礼物。这段简短的记述非常精彩，示巴女王的出现引人注目。但是，这位女王来自何方？出身于哪个民族？我们不得而知。惟一可以推断的是，从女王携带的礼物来看，她统治的示巴王国是一个很富有的国度。人们总想找到她的蛛丝马迹，但是几千年来一无所获。传说，示巴女王美丽而聪颖，所罗门王威武而机智。两人一见面，都被对方的容貌和才智所倾倒，油然而生爱恋之情。女王在回国途中生下一个混血儿子，命名为埃布纳·哈基姆，意为"智慧之子"。这个儿子后来继承王位，称孟尼利克一世。孟尼利克长大后到耶路撒冷拜谒父亲，并被封为埃塞俄比亚的第一代皇帝。

在近代文学作品中，也不乏对示巴女王的想像与描写，同样是褒贬不一。19世纪法国小说家福楼拜的笔下，示巴女王是诱惑隐士的邪欲的化身。而在20世纪著名诗人叶兹的诗中，女王的才智和品德又成了被赞美的主题。

对于示巴古国是否存在的问题，经过学者们长期的考察和新的考古发现证明，它已不再是虚无缥缈的传说，而是确有实据的事实了，已经找到了可靠的证据。但失落的示巴文明这个历史之谜，还远未全部揭开。

PART 21 惊悚奇闻

 ## 杀人的法老魔咒

1922年11月26日下午,在埃及"国王山谷"一座金字塔脚下,陡峭的地下通道里,站着两位神色严肃的人:考古学家卡特和卡纳冯勋爵。为了寻找传说中富丽堂皇的埃及年轻法老吐坦哈蒙的墓穴他们已经付出了几十年的心血,耗费了巨额的资金。他们终于盼来了这一天,卡特小心翼翼地凿开墓门的一角,卡纳冯在他身后睁大眼睛往里瞧。随着一块块泥土往下掉,气氛变得异常紧张起来。洞口越来越大了,卡特怀着忐忑不安的心情,用颤抖的手举起手电筒向里照。过了一会

▲ 科考中发现的小昆虫

儿，卡纳冯实在憋不住了。便用嘶哑的声音问道："你看见什么了？"卡特转过身子，眼睛里闪着光芒，结结巴巴地说："我看见了……奇迹……了不起的奇迹！"

这就是古埃及年轻法老吐坦哈蒙陵墓的发现过程。这一发现在当时轰动了考古界。

首行映入眼帘的是一个墓室，里面堆满了各种各样的器皿、箱子、凳子、缸罐等等。这座墓穴与已发掘的法老墓完全不同，墓中的文物、财宝上全部盖有法老图塔卡蒙的印章，证明它们全部都是吐坦哈蒙的私有财产，这些文物件件都为稀世珍宝，其质量之精、数量之多也远远出乎卡纳冯的意料。

令卡纳冯和霍华德兴奋的事情才刚刚开始，3个星期后，劳工们又发现距第一道墓门约10米远的第二道墓门。当这些英国人打开第二道墓门走进第二个墓室时，一个个被惊得目瞪口呆，在手电筒的照射下，那些用大理石、黄金、乌木和象牙制成的睡床、雕像、器皿、衣服……一切的一切，都是他们生平

▼ 考古学家卡纳冯勋爵及女儿、卡特的合影

第一次见到，仿佛处在天方夜谭的幻境之中。

尽管已有的发现已空前辉煌，但随着发掘工作的深入，令人更加激动的发现相继出现。第二年2月，卡那封和所有助手们找到了墓道的第三层墓门，当他们颤抖着打开这道门的时候，《一千零一夜》中描绘的情景出现在眼前。这是一个装饰得富丽堂皇的木质大厅。四周涂成金黄色，配有蓝色釉彩，真是一派金碧辉煌。在两扇镶嵌着青铜铰链的大门中，有一扇微微打开，使人能够站在外面看到第二个棺材盒，棺材盒也装有一密封的门，这便是存放法老木乃伊的墓室。大约有数分钟的时间，卡那封和霍华德几乎被这种富丽堂皇的场面惊呆了，激动和震惊使在场的人谁也说不出一句话，不过他们很快便感到墓室内的空气闷热难奈，不得不回到空气新鲜的地面上来换换气。一出墓室，卡那封就用左手捂住脸，原来是一只飞虫叮咬了他一口，他并没介意，其他人也没有在意，重大发现后的惊喜与激动使这小小的不适很快消失得无影无踪。是到开怀畅饮香槟酒的时候了，卡那封、霍华德和所有参加发掘的人员共同举杯狂饮庆贺，沙地上到处散发着香槟的香味。

醉醺醺的人们早已把刻在墓道中的法老咒语丢在了耳边。咒语是这样的：

谁扰乱了这位法老的安宁，
展翅的死神将降临到他的头上。
我是吐坦哈蒙的保卫者，
是我用沙漠之火驱赶那些盗墓者。

人们对这条咒语有的半信半疑，有的不以为然，认为是吓唬盗墓者的谎言。随后，奇怪的事情接二连三地发生了。首先是卡纳冯勋爵，被蚊虫叮咬的地方逐渐成为一个肿块，越来越大，也越来越疼，

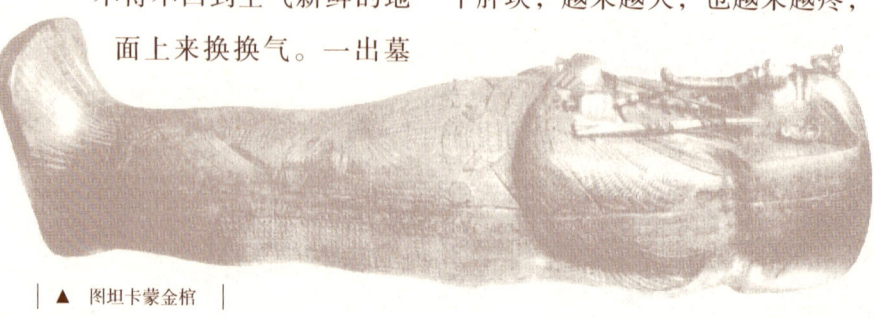

▲ 图坦卡蒙金棺

▼ 图坦卡蒙像

在一次刮胡须时，刀片神不知鬼不觉的划破了这个肿块，最终导致败血症死亡。接着是梅塞纳爵士的秘书贝瑟尔、考古学蒙贝尼迪特和韦斯特伯里爵士和里德（他曾用x光透视过木乃伊）等人都莫名其妙地相继死去。似乎真像咒语所说的，吐坦哈蒙的复仇之剑追逐着卡纳冯勋爵的所有助手和扰乱他安定的任何人。仅6年的时间里，就有23人应验了那可怕的咒语走向了死亡。

接连的死亡，使人们对吐坦哈蒙陵墓的咒语谈虎色变，但两位与卡特一起发掘陵墓的博士，偏偏不信邪。一位是美斯博士，当美斯博士再次进入安置吐坦哈蒙灵柩的房间时，突然全身瘫痪，倒在地上不省人事，很快停止了呼吸。另一位是霍瓦伊特博士，他从灵柩房间一出来，顿时感到浑身不适。他迷迷糊糊的告诉别人："我已经看过法老的木乃伊，同时也受到了法老的诅咒，我必须从这个世界上消失。"很快他就自杀身亡了。

当人们提到吐坦哈蒙之墓的时候，便会联想到这件离奇的事。1977年7月卡纳冯的儿子在纽约会见电视记者，当人们问到"法老诅咒"一事时，他说他"既不相信此事，也不怀疑此事"，但即使给他100万英镑，他也不会进入"国王山谷"中的吐坦哈蒙墓。这些事情无疑又给神奇的法老陵墓增添了一层神秘的色彩。

难道那些早已变成木乃伊的埃及古代陵墓里的法老们真能在几千年后将发掘者咒死吗？目前对法老咒语的"显灵"，各有说法，综合起来主要有以下几种观点：

第一种观点认为墓道壁上附着着一层粉红色和灰绿色的东西．这可能是一层死光，经研究表明它所放射出的物质能够导致死亡。

第二种观点认为，埃及当时所具备的古代文化水平已足以使法老们利用剧毒的害虫和毒物，将它们放在陵墓中作为防卫的武器，以此来对付后世的陵墓破坏者和盗墓者。1956年，地理学家怀特斯在挖掘罗卡里比陵墓时，就曾遭到一只蝙蝠的袭击。

第三种观点认为这种现象与木乃伊有关。开罗的医学教授培豪在木乃伊中发现一种已生存4000年的病毒，他认为人们由于接触了这种病毒才会出现呼吸道炎和脑膜炎，从而导致呼吸道发炎窒息而死。

1983年，一位名叫菲利普的女医生又有了新的发现，经过长期研究后，她认为死亡是对墓中霉菌过敏反应造成的。据她研究，死者病状基本相同——肺部感染，窒息而死。她解释说，古埃及法老死后，随葬品除珍宝、工艺品、衣服外，还放置了各种水果、蔬菜和大量食品，这些食物长久保存，经过千百年的腐烂已变成一种肉眼难见的霉菌，粘附在墓穴中。当进入墓穴中的人吸入这种霉菌后，肺炎便急性发作，最后导致呼吸困难窒息而死。斯特拉斯堡的杜米切恩教授就是一个非常典型的例子，他因钻入刚发掘不久的充满霉菌的陵墓中临摹铭文而一命呜呼。目前，这种说法是一种较令人信服的解释。

第四种观点认为，所谓法老的"咒语"，很可能来自金字塔构造的本身，墓道与墓穴的结构设计，能产生、聚集并释放各种射线、磁振荡和能量波，或形成一种神秘的物理场，是这些对人体有害的物质导致了死亡。

无论哪一种观点，都是试图从某个角度揭开法老咒语的神秘面纱，但要想使真相大白，还需要科学家们长期的努力。

神奇的水晶头颅

让我们穿过时光隧道，回到1924年，在中美洲的洪都拉斯境内一条崎岖蜿蜒的山道上，有几个人正顶着烈日吃力地往前走着。突然，其中的一个喊了起来："前面就是森林了！"顿时，其他的人高兴得跳了起来。经过几天几夜的跋山涉水、日晒雨淋，他们终于闯入了已经很久无人涉足的、世界上最大的原始森林地区。

他们中有一个是英国的探险家米切尔·海吉斯，其余都是跟随并帮助他进行探险的当地人。米切尔·海吉斯在牛津上大学期间，就

▼ 南美洲的热带雨林一直以来都让探索家们心跳不已

渴望着有朝一日去世界各地进行探险。他一直相信，在哥伦布发现南美洲新大陆之前，中美洲那里曾经有过一个很发达的、叫做"阿特兰蒂斯"的古代文明社会，后来这个文明衰落了。现在，他根据自己的推测，试图在这个森林里找到有关这个文明的线索和遗迹。

经过几个月的仔细搜寻，有一天，他们偶然来到一个掩映在浓密树林中的貌似土丘的地方，土丘上长满了野草藤蔓。这会不会就是当地人所说的那座古城的遗址呢？这种猜测使他们赶紧跑到土丘顶上，开始进行紧张的挖掘。没过多久，几个石阶显露出来了。几个小时后，展现在他们面前的是一个有数百个台阶的石梯，石梯一直通向下面的平地。看到这种情景，一个当地向导对海吉斯说："我们终于找到它了。这就是你要找的那座古城遗址。"

然而，这只是踏上探索之路的第一步，而更使海吉斯惊喜不已的是，找到那座古城遗址后的第三年。在进一步发掘考察过程中，他

第 6 章 叩问疑云密布的文化深宫

岁的养女在已经倒塌的祭坛下面的尘土中发现了一个闪闪发光的东西——半个水晶头颅。3个月之后,人们又在离祭坛7.6米的地方找到了与它相配的另一半头颅。水晶头颅的发现,使这座古城遗址变得神秘起来,似乎它正隐藏着一个近千年的秘密,等着人们去破解。

这个出土的水晶头颅非常精致,长约18厘米,宽高各约13厘米,重约5千克。在形状与构造上与人的头颅几乎完全一样。奇特的是,头颅本身没有什么色泽,但是它能放射出一种明亮无色的光,如同夜晚明月的光环一般。如果把它放在房间里,屋子的四周就会不时地发出声音,那声音不像是乐器发出的,而更像是从人的嗓子里发出的柔和的歌唱声。有时,在它发出的声音中还伴随着一阵阵响亮悦耳的银铃声。

水晶头颅还具有给人的大脑中枢神经产生刺激的功能。当人们看着头颅时,它的颜色和透明度会发生明显的变化,还会散发出一种香味。它能使观赏者听到声音,产生联想。凡是站在水晶头颅前静静沉思的人都会感觉到这些,同时身体

▲ 威尔逊和头骨通灵信息

以及脸部也会感到某种压力。如果一个感觉灵敏的人把手放在头颅附近,他就会感到一种特别的震颤和推力,而且手的冷热感觉如何,取决于手在头颅上的位置。

除了有节奏感的叮当声和人们发出的呼吸声外,屋子周围还会产生各种神秘的声音。夜里还会有奇怪的鹭鸶叫声和其他各种轻微的声音。研究过水晶头颅的多伦特博士说:"头颅常常处在不断的运动状态中,它的透明度和色彩总是变化。头颅的前半部分有时会变得浑浊不清。就像软棉花糖一样;头颅的中间部分有时却变得十分透明清澈,在视觉上会产生有一个大洞的错觉。有时,整个头颅会从明亮的水晶颜色变成绿色、紫罗兰色、紫色、琥珀色、红色、蓝色等等。头颅还会对大多数的观看者产生催眠作用。更重要的一点是,由于水晶是折射性能极好的物质,物体形象通过水晶体会被散射或分解,而亮度和视觉却没有什么变化,因此,这个水晶头颅成了一个极好的占卜用的反射镜。显然,这个水晶头颅是当地宗教的一种信物。

博学的海吉斯非常清楚,当年灿烂的玛雅文明走向衰落时,玛雅人全都移居到尤卡坦半岛上,但是这些玛雅人却没能达到他们祖

▲ 神奇的水晶头颅一直是个谜

先那样的文明程度。由于每一个城市都类似一个独立的国家，彼此经常发生冲突。不久，他们就被墨西哥城北部的一个好战的部落托尔泰克兹人所征服，而原始的托尔泰克兹部落也被玛雅文化所同化了。在玛雅艺术家的帮助下，托尔泰克兹人和玛雅人一起建起了新的城市。

那么，水晶头颅是玛雅人祖先的遗物，还是托尔泰克兹和尤卡坦玛雅人的遗物呢？海吉斯还无法断定。在随后的考古发掘中，海吉斯发现．在尤卡坦玛雅人的古球场的东侧，矗立着这样一组雕像：7个球员围着一只球，球上装饰着一个人的头颅；一个队员左手握着一把锋利的小刀，右手托着一个被割下来的对方球员的头；无头的身躯躺在他的脚边，无头的脖子里爬着7条海蛇，它似乎象征着输球一方7个队员的死亡。因为在球上的那个头颅的腮骨两边。两条螺旋般的曲线正好拼出了一个玛雅文：死亡。这种球赛是不是一种用人作为祭礼的宗教仪式呢？而水晶头颅又在那些古代宗教仪式中起着什么作用呢？这些疑问至今还未找到确切的答案。

现在可以肯定的是，水晶头颅具有宗教习俗上的某种象征意义，但它究竟象征着什么，依然不太清楚。现在，人们仍然感兴趣的是，水晶头颅到底是什么人的遗物？它到底来自何方？有人说，它可能是玛雅人的遗物；还有人说，这可能是海吉斯所希望找到的"阿特兰蒂斯"文明的遗物。总之说法各种各样，但大多都是推测，真相究竟如何，至今仍无人知晓。

另外，在大英博物馆里，还陈列着一颗珍贵的水晶人头。自从1898年水晶人头展出后，各国考古学家们从四面八方纷纷赶来，对这件珍品进行考证，但是，从博物馆所提供的资料来看，是令人失望的，因为只有几句简单的说明词："水晶人头，1898年从美国纽约'提法尼'珠宝店购进，估计是殖民时代拉丁美洲阿祖提人的杰作。"

然而这简单的几句，却使许多科学家、考古家踏平了去往"提法尼"珠宝店的路。但他们所获悉的信息也不过如此：此水晶人头是18世纪末，由一个英国士兵卖给商店的,估计是英国殖民者从墨西哥掠取的。于是考古学家们又不辞辛苦地赶往墨西哥……就这样100年又过去了,无数考古学家的辛勤汗水洒在从英伦三岛通往墨西哥的征途上,但收效甚微,至今也未搞清这颗水晶人头的来历。

在法国巴黎人类博物馆里陈列着第3颗水晶人头,它被该馆人员这样介绍道:"这颗水晶人头经过科学鉴定,被认为是14或15世纪的墨西哥印第安人——阿兹台克人制作的。从历史和宗教角度分析。估计它属于阿兹台克人的一个祭司,是祭司牧杖上的装饰。这也证明了中古时期阿兹台克人已开始懂得水晶制作技术。同时也表明,他们很早就知道该怎样冶炼铜,因为这颗水晶人头近处,发现很多精制的小型铜工具。看来水晶人头是阿兹台克人用铜制工具雕刻成的。"但是英国几个考古学家对此解说表示难以理解,因为在20世纪40年代,拉丁美洲的印第安人还在密林中过着原始生活。怎能在14和15世纪冶炼出铜并制出铜器具呢?这种解说仍需更科学的见证。

总之,无论哪一种解说和观点都是各国探索者智慧和力量的表现。但这些不一致的意见表明,水晶头颅的谜案仍没有揭开它神秘的面纱,直到现在,这仍是世界考古界的千古之谜。

诡异的"希望"蓝钻石

"希望"蓝钻石是世界上屈指可数的钻石王之一。1947年,"希望"蓝钻石的标价为1500万美元,这是它的最后一次标价。自从1947年后,"希望"蓝钻石再也没有被拍卖过。1958年,"希望"蓝钻石被它的最后一个主人、美国珠宝商海里·温斯顿捐赠给了华盛顿史密斯研究院。在该院的珠宝大厅里,"希望"蓝钻石陈列在一个防弹玻璃柜里,与各国帝王加冕礼上用过的珠宝争锋。那幽幽的蓝光仿佛在向来自世界各地的游客诉说着它那神秘曲折的经历。

"希望"蓝钻石问世于500年前。在一个河畔的一座废弃的矿井里,一个路过的老人偶尔瞥见一块熠熠闪光的石头。经辨别,竟是一

▲ 充满神秘感的"希望"蓝钻石

枚硕大的蓝钻石。老人请工匠将钻石进行粗加工,加工后的蓝钻石还有112.5克拉。老人去世后,他的3个儿子为这枚钻石大打出手,结果钻石被族长充公,下令镶嵌在神像的前额上。

一天深夜,一个抵不住钻石蓝光诱惑的年轻人偷走了钻石。但仅仅几个小时,他就被守护神像的婆罗门捕获,活活被打死,成为蓝钻石的第一个牺牲者。蓝钻石重新被镶嵌在神像的前额上。

17世纪初,一个法国传教士用斧头劈死了两个婆罗门,用沾满鲜血的双手将蓝钻石攫为己有。传教士将蓝钻石带回了自己的故乡,可是在一个雷雨交加的晚上,他被割断了喉管,蓝钻石也不知去向。

40年后,蓝钻石落入巴黎珠宝商琼·泰弗尼尔手中,他随即脱手,将钻石卖给了法国国王路易十四。数年后,琼·泰弗尼尔到俄国做生意,竟被一条野狗活活咬死。

路易十四对这枚蓝钻石爱不释手,经过琢磨,把蓝钻石镶嵌在了象征王权的王杖上,取名为"法国蓝宝"。可是不久后的一天,他最宠爱的一个孙子不明不白地死去了。路易十四受此打击后,很快也撒手归天。

路易十四死后,"法国蓝宝"落入蓓丽公主之手。她将钻石从王杖上取下,作为装饰挂在她的项链上。

▲ 皇冠上"光芒万丈"的钻石

1792年

9月3日，在一次偶发的事件中，蓓丽公主被一群平民百姓殴打致死。

随后"法国蓝宝"由蓓丽公主的宠物变为路易十六的珍玩。可是一场法国大革命的风暴把国王路易十六和王后玛丽·安东尼送上了断头台。"法国蓝宝"也在这场大革命中被皇家侍卫雅各斯·凯洛蒂趁乱窃取。

法国临时政府在清点国库时，发现"法国蓝宝"失踪，于是贴出告示：凡私藏皇家珍宝者处以死刑。待卫雅各斯·凯洛蒂闻讯后终日不安，精神发生错乱，最后自杀而死。

"法国蓝宝"40年后为俄国太子伊凡觅得。伊凡在寻花问柳时，为了讨得一个妓女的欢心，竟将"法国蓝宝"拱手相赠。一年后，伊凡另结新欢，对赠宝之事后悔不已，决定追索回来。可是，那个妓女死活不依，伊凡盛怒之下一剑刺死妓女，夺宝而归。然而不久以后，伊凡皇太子便在宫中死于非命。

神秘的"法国蓝宝"给占有它的主人带来的厄运比巫师的诅咒还要灵验，人们视之为不祥之物。尽管如此，世界上还是有许多贪婪的目光盯着它，希冀有朝一日成为拥有它的主人。

"法国蓝宝"从伊凡皇太子手里转移到女皇加德琳一世手里。

女皇意欲将钻石镶在皇冠上，于是命人将"蓝宝"送至荷兰，交由堪称世界上一流手艺钻石工匠的威尔赫姆·佛尔斯进行精心加工。经过威尔赫姆·佛尔斯的精心雕琢，"法国蓝宝"被切割成现在见到的样子，它的每个面都闪着诱人的蓝光。加工后的钻石重44.4克拉。钻石加工好以后，钻石匠的儿子不辞而别，将钻石带到英国伦敦去了，无法交差的钻石匠服毒自杀，以谢女皇。而他的儿子后来在英国也自杀身亡，死因不明。

英国珠宝收藏家亨利·菲利普在一个不愿透露姓名的人手里以9万美元购得了这颗钻石，命名为"希望"。1839年，亨利·菲利普暴死。他的侄子成为"希望"蓝钻石的主人。这位钻石的主人将钻石置于展厅公展，后来据说他寿终正寝。

20世纪初,一个叫杰奎斯·赛罗的商人购得了"希望"钻石,但不久便莫名其妙地自杀了。

钻石又流落到一个俄国人康尼托夫斯基手中,此人不久遇刺而死。

哈比布·贝购下了钻石,接着转卖给西蒙。传来消息说,哈比布·贝及其家人在直布罗陀附近的海中不幸淹死。西蒙则在一次车祸中全家丧生。

钻石辗转到了土耳其苏丹阿卡杜拉·哈密特二世手中,一个王妃为此丧生,苏丹本人于1909年被土耳其青年党人废黜。

"希望"蓝钻石的下一个主人是华盛顿的百万富翁沃尔斯·麦克林夫妇。自从拥有这颗钻石以后,灾难就像影子一样追随着他们,他们的儿子和女儿先后遭遇了不幸。

1947年,海里·温斯顿以1500万美元购进"希望"蓝钻石,成为钻石的最近一个主人。

"希望"蓝钻石自问世以来,历经沧桑,周游列国,其间更易的主人有数十人之多。可是"希望"蓝钻石并没有给占有它的主人带来希望;相反,除少数几个人外,其余的主人屡遭厄运,甚至命丧黄泉。这是为什么呢?是巧合还是冥冥之中存在着一种人们尚未知道的神奇的力量呢?也许有一天,"希望"蓝钻石能带给人们揭示这个秘密的希望。

北京猿人存在人吃人的现象吗

1943年,美国著名古人类学家魏敦瑞通过研究指出:"北京猿人猎取他们自己的亲族,正像他猎取其他动物一样,也用对待动物的方式同样来对待他的受害者。他们打开亲族的颅骨,取食脑子。"一语激起千层浪,引起了人们的广泛关注和讨论,至今,对北京猿人到底是否存在人吃人的问题的争论还在进行着。

在现代的一些民族中,还有着吃人肉和人脑的风气和习俗,例如

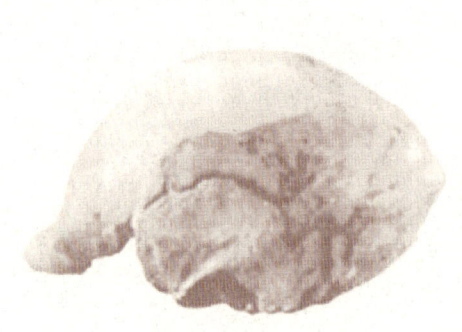

▲ 北京人头盖骨及雕像

在澳大利亚、印度尼西亚和太平洋的一些岛屿上，在非洲和南美洲的一些部落中。有的直到现在还保持着吃人的习俗。1863年英国著名人类学家赫胥黎在《人类在自然界的位置》写到：16世纪非洲刚果的北部，住着一种民族叫安济奎，这个民族的人民非常残酷，不论朋友、亲属，都要互相吃的。他们的肉店里面充满着人肉，以代替牛肉和羊肉。他们把战争时捉到的敌人拿来充饥，又把卖不出好价钱的奴隶养肥了，宰杀了吃。

还有为了厌世或者追求荣誉（这个民族的人把舍弃生命看作是一件伟大的事情，是勇敢精神的表现），或者为了对统治者的爱戴，把自己的身体贡献给他人吃。书上还附了一张安济奎人的人肉店的图。

1961年，伯高尼奥在魏敦瑞论点的基础上，作出了进一步解释。他参照印度尼西亚西里伯岛南岸的布晋人的习俗，他们在18世纪改信伊斯兰教以前，把死人送到远离住地的空旷地方，掩蔽起来，等到尸体干燥后，头即很易取下，甚至不用割下颈椎，然后头被庄重地搬到村里，成了死者家庭的一种保护作用的神物。有时只保存下颌骨，像奖章那样，用绳子悬挂在颈上。与这种礼俗相联系的，是用棍棒打击颅底，扩大枕骨大孔，取食脑子，以为吃了脑子的人就会得到死者的美德优点。他又根据北京猿人洞里没有发现过颈椎，头骨却较多，而头部以下的骨骼很少的事实，提出北京猿人也像布晋人那样分阶段吃食人脑。

我国古典名著《水浒传》是描写宋朝农民起义的小说。书中关于打虎英雄武松的内容中提到，武松改做行者后，就在颈上挂着以前头陀留下的"一串一百单八颗人顶骨数珠"，可能那时我国某些地区也有吃人的习俗。

在早期人类阶段，在印度尼西亚爪哇梭罗河上游昂栋附近发现了12个头骨。所有头骨的面部缺失，只有两个头骨（第6号和第11号）有完全的枕部。孔尼华于1937年参照中加里曼丹的达吉克人有打破颅底取食脑子的习俗，认为这12个梭罗人（也叫昂栋人）都是由于吃人的目的而被杀害的。

在欧洲发现的古人类化石中，在德国发现的埃林斯多夫头骨和在南斯拉夫发现的克拉皮纳头骨，都被认为是为了吃人的目的而被他人用暴力打死的。法国的费拉西头骨的破裂痕迹被认为是被人打死后取食脑子的，但也有人认为是由于滑坡而被掩埋受伤的等等。

一部分人不同意上面的观点。他们从以下几个方面进行分析。

首先，原始社会生产落后，北京猿人需要团结协作的集体才能生活，不可能相互残杀。从人类发展的过程来看，早期的古猿类以至其后的猿人，身体本身并

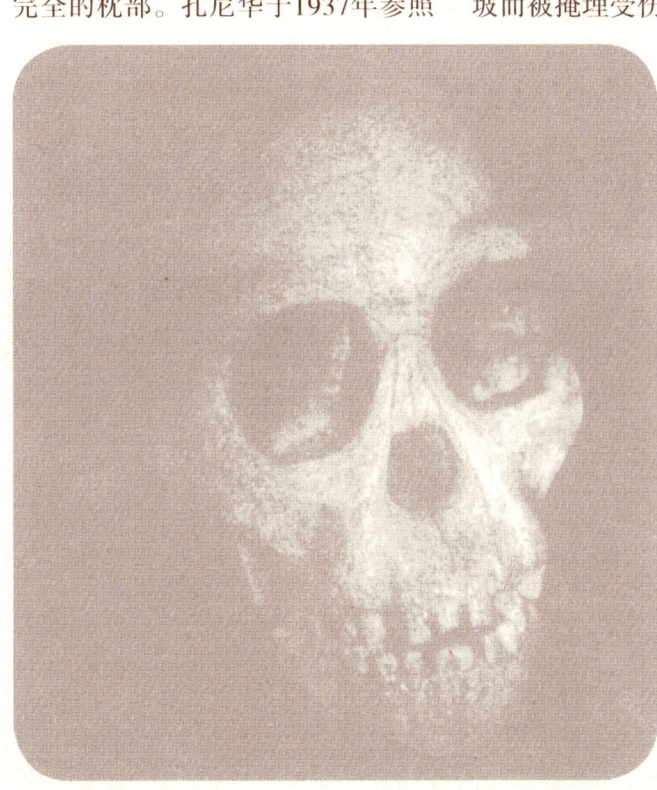

▲ 汤恩头骨

没有锐利的武器,不像狼和老虎都长着锐利的牙齿,也没有大象那样肥大的身体;使用的生产工具是简陋的木棒和石块。从单个的原始人来说,力量是薄弱的,他们必须依靠集体的力量,互相协作,进行生产,才能克服种种困难,生存下来。

近年来对于各种哺乳动物在自然状态下习性的研究也表明,在野生的正常状态下,同一个种内的动物,极少有因斗殴而致死的。只有在群体的数目远远超过其生活环境能够容纳的时候,才会发生斗殴致死的情形。对于灵长类的若干种类(如黑猩猩、大猩猩等)的野外观察,也表明群体之间和群体之内通常都是和平相处的。

其次,北京猿人中不会发生吃老人的风气。原始人类大都死于较年轻的时期,很少有活得很老而不能再从事生产活动的人。根据魏敦瑞北京猿人寿命研究的报告:在大约38个猿人中,有15个死于14岁以前,3个小于30岁,另3个可能在40~50岁之间,只有1个女性年龄可能在50岁甚至60岁。对原始人群来说,年龄较大的人有着较多的生

▲ 想象中北京人的生活场面

产实践经验，是对群体生存有利的因素，不会由于年龄老一些就被吃掉。

最后，北京猿人也不可能吃敌人。在没有阶级的原始社会中，不会发生大的人群之间的集体屠杀的战争行为。从北京猿人由于寿命比较短，人口的繁衍和生育都是在自然状态下，数量的增长极其缓慢，他们分布地区和活动范围都比较小，这些条件都不会形成战争。但这并不否定个人之间和小集团之间的矛盾，发生斗殴而受伤，甚至致命的情况。原始人是否吃已死的人？根据现代民族中的情况，可能只是在食物极度缺乏的特殊情况下才有。

生物学家对森林中各猴群的关系，进行了长期的野外观察。有些对邻近猴群侵入其占有的地区时，进行抵抗；有些则其生活地区可以互相重叠而和平相处。即使像狒狒那样最富有侵袭性的动物（它们的群体行为的研究是被用来作为早期人类的生活状态参照的）也没有见到互相捕食的行为。

究竟远古时候有没有食人之风？至今还没有定论，也许我们永远也无法解答。但是这又有什么关系呢？我们惟一的愿望是食人的现象永远别在人类文明进程中出现了。

▲ 专家正在钻探周口店北京人遗址

古罗马军队神秘失踪之谜

公元前53年,古罗马"三巨头"之一的克拉苏率领军队远征安息(今伊朗),作战不利,在卡雷城打了败仗,克拉苏本人被杀。他儿子率领的第一军团6000余人拼死突出重围。但突围之后却消失的无影无踪,没了消息。罗马人多次寻找也得不到他们的下落,他们去了哪里?两千年来留给人们一个难解之谜。

事情还要从头说起。公元前60年,为了同罗马元老院贵族相抗衡,克拉苏与庞培、恺撒结成了著名的"前三头同盟"。他们很快掌握了罗马帝国的大权,成为事实上的统治者。

"前三头"之中,克拉苏是靠成功镇压斯巴达克起义在政治上走红的。其实他政治才能并不出众,军事指挥上也是平庸之辈。但他渴望通过发动对外战争掠夺财富,并获得与庞塔和恺撒一样的荣誉。

公元前53年,克拉苏在没有进行充分准备的情况下,贸然发动对

▲ 角斗士

▲ 迷人的城堡

帕提亚人的战争。他率领7个军团的步兵、8000名骑兵渡过幼发拉底河,直扑塞列乌凯亚。

迎战克拉苏的帕提亚统帅是足智多谋的苏列那,他采取诱敌深入的方针,把克拉苏军队引入美索不达米亚西部无树无水、一望无际的沙漠地带。双方的战役在卡雷城附近展开。罗马军队一下子被干渴与饥饿所困扰,士兵怨声不断,军营里弥漫着厌战情绪。帕提亚人掌握里罗马军队的情况后,乘机发起进攻,打得罗节节败退。罗马军队看事情不妙,为了保住性命,丢下伤兵,乘着黑夜逃到一座山岗上,帕提亚人追到山下,苏列那传话要与克拉苏谈判,当克拉苏带着随从刚刚进入苏列那的军营,就被事先埋伏好的帕提亚士兵一拥而上,砍倒在地。"克拉苏被杀死了!克拉苏被杀死了!"帕提亚人欢声雷动;

罗马人由于失去主帅,乱作一团,四散逃命,被帕提亚人消灭了。苏列那割下克拉苏的人头,作为战利品呈送给帕提亚国王,罗马军队东征帕提亚的战争失败了。

罗马人共有2万多被杀,1万多被俘,包括主帅克拉苏都被砍死,但克拉苏的儿子普布利乌斯却带着第一军团6000余人拼死突围出去了。

公元前20年,古罗马帝国和安息签约言和,战争结束了,古罗马要求安息遣返33年前在卡雷战役中被俘的罗马士兵,并寻找普布利乌斯的下落。但是安息根本找不到普布利乌斯的下落,只知道卡雷战役以后,他曾率领残部突围。那么他们到哪里去了呢?

时间到了现代。1947年,一个叫德效谦的英国汉学家在《古代中国之骊轩城》一文中说,中国古代称罗马帝国为骊靬,后改称大秦。中国古代以外国国名命名的城市,当时只有新疆的库车和温宿,它们都是沿用移民的旧称。突然出现的骊靬城,自然会与外国移民有关。研究发现,骊靬城在中国出现是在公元前20年,正好是古罗马帝国向安息要求遣返战俘的时间。骊靬城的出现不是偶然的,可能说明卡雷战役中突围的罗马第一军团士兵行走千里,来到中国安居下来。

以这为线索,历史学家们查阅大量史书,从班固所著的《汉书·陈汤传》中找到新的证据。这本书有这样的记录,公元前36年,即汉元帝建昭三年,北匈奴郅支单于攻占乌孙、大宛,威胁西域地区。汉武帝派都护甘延寿和都护副校尉陈汤出兵至康居,剿灭郅支单于。汉军在康居见到一支奇特的军队,他们居住在土城里面,土城的外面还有一层木城,作为保护的屏障,每个城门外都有百余名士兵把守,摆成鱼鳞形的阵势。西汉军队降服这支军队后,将俘虏的士兵全部收编,成为西汉军。后来,西汉政府为了安置他们,特意在祁连山下设立骊靬县。

历史学家经过分析认为,这支奇特军队构筑的土城和木城,防御工事和用圆形盾牌连成鱼鳞形状的防御阵式,只有古罗马军队采用。因此,这支军队可能就是卡雷战役中,突围而出的普布利乌斯领导的罗马第一军团的残余部队。公元592年,由于当地骊靬人已与汉族人融合,隋文帝下令将骊靬县并入番禾县。这样,骊靬县在中国历史上共存在了612年。

澳大利亚专家哈里斯对此进行深入研究,推断这支善摆鱼鳞阵的奇特军队就是克拉苏东征部队的残

▲ 骊靬古城

部。当年他们从帕提亚的卡雷突围之后，辗转迁徙，曾突破安息东部防线，进入中亚，被郅支单于收编为雇佣军。在西汉与郅支之战中被陈汤收降，带回中国。哈里斯根据材料推断，骊靬城旧址就在甘肃省永昌县境内。

从1989年起，中国、澳大利亚和前苏联的一些史学家对此进行深入研究，他们寻找到一张公元前9年绘制的地图，根据地图指示，认定骊靬县就是现在的焦家庄乡者来寨。但有的人不同意戴维·哈里斯的推断。他们说，"重木城"和"鱼鳞阵"并非是完全属于罗马人的军事艺术。编木或夯土为城在中国古已有之，外城为郭，内城为城是中国古代通制。而中国古代使用"鱼鳞阵"比罗马更早，《左传》中就有记载，其正式名称叫"鱼丽阵"。

由于在骊靬古城遗址发掘中没有取得什么有价值的成果，人们推断骊靬古城可能早已深埋地下，成为城下之城。新的发现接连不断：在离骊靬古城5公里的杏花村、者来寨、焦家庄、河滩村等地生活着十几名鼻梁高挺、眼窝深陷、头发卷曲，面貌酷似欧洲人的居民。难道他们就是古罗马人的后代？

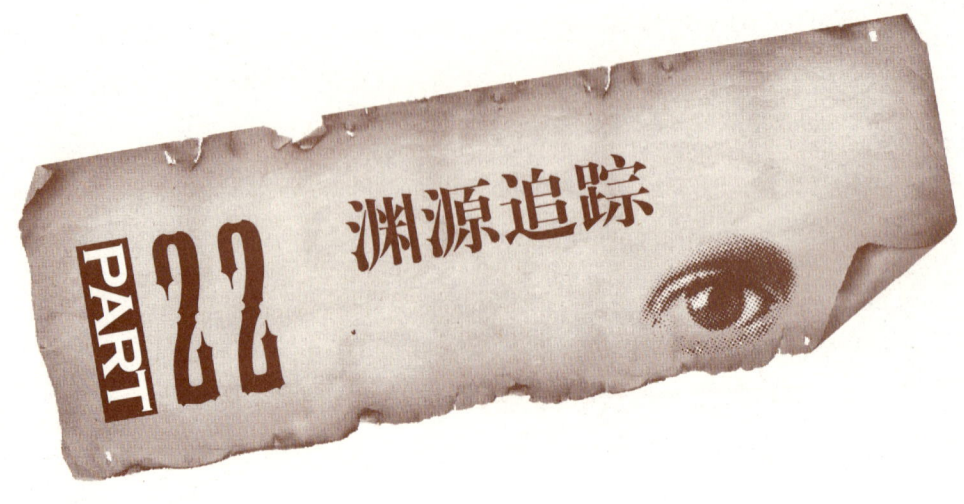

PART 22 渊源追踪

马拉松的来源

提到一年一度的北京国际马拉松长跑比赛，大家是非常熟悉的。在当今奥运会上，马拉松也是一个重要的竞赛项目，是奥运会的压轴戏。那么马拉松是如何来的呢？这还要从一个感人至深的故事谈起。

这个故事发生在古希腊的战争时期。波斯帝国的开国君主居鲁士是一个野心勃勃的人，妄图称霸世界。从公元前553年开始，只用了3年的时间，他就摧毁了西边的小亚细亚强国米底亚，又帅军南征灭掉了巴比伦王国。到了他的孙子大流士时，波斯帝国已经成为世界历史上第一个横跨亚、欧、非的庞大帝国了。公元前492年的春天，波斯帝国将侵略的目标对准了美丽富饶的希腊，当时的希腊是由许多城邦组成的国家。波斯派出大批战舰入侵希腊，开始了历史上著名的"希波战争"。然而天有不测风云，波斯的海军在海上遭到飓风的袭击，所有官兵全部葬身海底。而陆军又遭到色雷斯人的袭击，损失惨重，被迫退回波斯，因此这次侵略希腊的军事行动不得不半途而废了。

但波斯国王并没有就此罢休。第二年，他幻想不战而降服希腊。

他派出使者到希腊各城邦游说,想让他们归顺波斯。希腊中部和北部的许多小城邦惧怕波斯帝国的武力,都屈膝投降了。但希腊最大的两个城邦——雅典和斯巴达没有被威逼利诱动摇:雅典人把波斯使者从悬崖抛入大海,斯巴达人则把使者丢进了井里。

大流士对于他们的羞辱恼羞成怒。于是他决定发动第二次战争。

公元前490年,波斯大军横渡爱琴海,在雅典郊外的马拉松平原登陆。

雅典人得到消息后,一面紧急动员,加强戒备。一面派当时的长跑能手斐里庇第斯日夜兼程去200多公里外的斯巴达城邦求助。这位长跑健将以惊人的速度只用了一天多的时间就到了斯巴达。但没想到斯巴达人竟然以祖宗规定,月不圆不能出兵为理由拒绝了他。斐里庇第斯苦苦哀求仍说服不了斯巴达人,实在没有办法,他只好昼夜赶回马拉松复命。

雅典人听到斯巴达人不出兵的消息后,并没有灰心.他们立即把

▼ 万人马拉松赛跑

全体公民组织起来，甚至连奴隶也编入了军队，赶往马拉松，占据有利地形。

按雅典法律，雅典的十位将军在出征期间应轮流掌握兵权，如果要采取重大军事行动则必须事先经过十位将军商量，然后按照少数服从多数的原则做出决议。在雅典军事执政官卡利乌斯的主持下，他们召开了军事会议。会上就被动防御，还是主动出击的问题，十位将军展开了激烈的辩论。最后以米太

当时雅典军队有一万人，再加上一千援军，总共不过一万一千人，而波斯军队有十万人，并且武器装备精良。在敌强我弱的情况下，米太亚得决定不与敌人硬拼，而应该采取一些策略，于是他把战线稍稍拉长，把精锐步兵安排在两侧。正面战线上的兵力比较薄弱。公元前490年9月12日清晨，大战前夕，米太亚得将军对希腊将士作了最后的战斗动员。他说："雅典是永远保持自由，还是戴上奴隶的枷

▲ 雅典郊外的马拉松古战场

亚得将军为首的主动出击派获得了胜利。并且为了充分发挥米太亚得的指挥才能，这场战争将由他全权指挥。

锁，关键就在你们。"他的话，激励了士兵们保家卫国的决心。

战斗开始了，希腊士兵在下面发起了进攻，波斯军队不知是计，

▼ 马拉松竞技场面

立即反攻。希腊军队边战边退，波斯军队步步进逼。在千钧一发的时刻，埋伏在两侧的士兵以迅雷不及掩耳之势冲出，从两侧夹击波斯军队。波斯军队由于盲目追击希腊人，战线拉得过长，顿时陷入希腊军队的包围中，首尾不能相顾，慌忙向海边撤退。希腊军队乘胜追击，和波斯军展开了夺取军舰的战斗。

这时，一位叫基纳尔的希腊战士奋不顾身地用手抓住战船，敌人残忍地砍掉了他一只手，但是他仍然没有放弃这艘战船，反而用另一只手抓住战船，终于他们将这艘战船夺了过来。在这场战役中，雅典人牺牲了192人。

米太亚得急于把胜利的消息告诉正在焦急等待的雅典人民。他再次选中长跑能手斐里庇第斯去传送消息。这位长跑能手虽然当时已经受了重伤，但是当他想到在雅典苦苦等待消息的人们，他的身上仿佛涌出了无穷的力量，他向雅典城的方向跑去。当他跑到雅典城的中央广场时，已经上气不接下气了。他激动地喊道："欢……乐吧，雅典人，我们……胜利啦！"话音刚落，他便一头栽倒在地，再也没有醒过来。

希波战争持续了将近半个世纪。马拉松战役是希腊人和波斯人交锋的第一仗，这场战役极大地鼓舞了希腊人为自由和独立而战的斗志。

现代第一届奥运会开始前，法国语言学家米歇尔·布里尔曾赴希腊考察，对马拉松战役中的传奇英雄斐力庇底斯非常钦佩。布里尔有感于这一英雄事迹，写信给当时的奥运会秘书长顾拜旦，建议在奥运会田径赛中专门增设一项马拉松比赛，并提出捐献一个"布里尔银杯"，作为对冠军的奖赏。1896年，雅典第一届奥林匹克运动会上，就增加了这项新的竞赛项目——马拉松赛跑，采用的是斐力庇底斯所跑过的路线，全程42公里零200米。当时雅典只有13万5千人，而观看马拉松比赛的竟达10万人之多。当身着浅蓝色背心的希腊鲁易斯第一个冲进运动场时，全场雀跃，欢声雷动。国王乔治一世步下观礼台，亲自迎接这位凯旋的英雄。人群潮水般地涌入场内，争相拥抱鲁易斯，不断把他抛向空中，他获得了希腊民族英雄的光荣称号。马拉松比赛将第一届奥运会推向高潮，从此，这项运动在世界各国推广开来，鲁易斯被称为"奥林匹克之魂"。1920年，经过仔细测量后把距离改为42公里零195米。从此斐里庇第斯的名字和马拉松战役随着奥林匹克运动会的圣火一代又一代地流传至今，而由此衍生出的马拉松运动也就成为一项令世人瞩目的竞技项目了。

 汉字起源真的是"仓颉作书"吗

早在几千年前就产生的汉字孕育和记录了中华民族古老的历史文化，传承了黄土地上悠久的文明。汉字以它独特的形状和用法而在诸多文字中独树一帜，在世界上所有的文字中，汉字是唯一形成书法艺

术的文字，是中华文化的瑰宝。汉字是怎样产生的？又是什么人发明的？对于这个问题，历来有不同的说法，最为流行的是"仓颉造字"说。

仓颉是黄帝的史官，据说他有着四个眼睛，上观天文，下察地理，还能看到一般人所看不见的东西，目光甚至可以遥望千里、穿越千年。在陕西省南乐县仓颉庙"万古一人"殿内，就供奉着仓颉奇异的塑像：两双睿智的眼睛，发出智慧的灵光。

仓颉生活在大约四五千年前的原始社会，那时大地四野茫茫，荆棘遍地，野鸟飞翔在空中，鱼虾自由的在水里游动，虎狼奔跑在宽阔的大地上，狐兔穿行于林间草地。我们的祖先就是在这样的环境中生息繁衍，过着群居的集体生活，吃住都在一起。由于没有文字，很难记住各自打了多少猎物、做了多少陶器，免不了产生错误，引起争吵和麻烦。为了帮助记忆，古人采用过各种各样的记事方法，其中使用较多的是结绳记事，也就是在绳上打结来记录事物的数量。结绳记事虽然提供了回忆的一种凭借，但日月轮回，日久天长，很多记忆还是模糊以至遗忘了，使农耕生产受到了阻碍。于是关心民生的黄帝就命令史官仓颉去想办法。仓颉接到命令后，把自己关在洎水河岸边上的一个房子里，天天想得饭都忘了吃，觉都顾不得睡，整天蓬头垢面，还是很长时间也没造出字来。

有一天，他站在屋门口的大树下发呆，一只凤凰飞过，把嘴中的果实丢在他面前，仓颉捡起来仔细一看，发现上面有一个从来也没见过的图案，十分美丽。这时有一个猎人经过，看

▲ 仓颉

第 6 章 叩问疑云密布的文化深宫

▲ 仓颉庙鸟迹书法

到那个图案就告诉他说那是貔貅的蹄印，与别的兽类的蹄印不一样，而且世界上万物的蹄印都是各不相同的。仓颉从这些话中得到了启发，意识到自己原来造不出字是因为闭门造车的缘故。

第二天，仓颉就走出房子，到野外打猎去了，走到一个三岔路口时，几个老人为往哪条路走争辩起来。一个老人坚持要往东，说那边有羚羊；一个老人要往北，说前面不远可以追到鹿群；一个老人偏要往西，说有两只老虎，不及时捕猎，就会错过了机会。仓颉很奇怪，他们怎么知道这些？老人对他说，他们是看着地上野兽的脚印才认定这些猎物踪迹的。受到上面两件事的启发，仓颉心中豁然开朗：既然每种野兽的蹄印各不相同，那么用不同的符号不就能表示不同的东西了？

于是，他周游四方，跋山涉水，看到什么都要仔细地观察和思考，将他们的特征记下来，风花雪月、飞禽走兽、日月星辰都成为他的灵感来源。他将这些灵感中美丽动人的地方整理出来,成为最早的象形字。当他把自己创造的文字献给了黄帝,黄帝大喜。那一天,天上竟然不可思议地下起谷子来,夜间听到天地间有野鬼凄厉的哭嚎声。据说农历二十四节气中的"谷雨"就是这么来的。

第二天,黄帝就召集九州酋长前来,让仓颉把造的这些字传授给他们,九州酋长们又在各自的部落和领土大力推行,于是,九州大地人们都开始使用这些象形字,给人们生产生活和交流信息提供很大的方便。

这就是仓颉造字的传说。但一部分专家学者认为这不可信,认为文字源于绘画。

▲ 仓颉造字图

唐兰先生认为，文字的产生，是很自然的事情，几万年前旧石器时代的人类，已经有很好的绘画，这些画大都是动物和人像，这是文字的前身。图画发挥文字的作用，转变成文字，需要一个条件，就是口头语言比较发达，能广泛地使用。比如，有人画了一只虎，大家见了都叫它"虎"，画了一头象，大家见了都叫它"象"。久而久之，约定俗成，这样的图画就介于图画与文字之间。日积月累，这样的图画越来越多，画得也就不那么逼真了，而简化成一定的图案符号，只要把特点写出来，大致不错，使人能认识就行了。这就是原始的文字。成为文字的图画越来越多，逐渐导致文字与图画有了不同。这样，画与文就分了家，分成原有的逼真的图画和成为文字符号的图画文字，再进一步发展为象形文字。

那么仓颉在这个文字形成过程中起了什么作用呢？

鲁迅先生有过这样一段的论述：在原始社会里，像仓颉这样的人也不止一个，有的在刀柄上刻一点图，有的在门户上画一些画，大家见得多了，也就记在心里，口口相传，不断使用，文字就多了起来，史官广泛搜集这些图画，再加以整理推广，就可以当作文字来记事了。中国文字的由来，恐怕也逃不出这例子的。的确，汉字的创造绝对不会是一时一地的事情，更不是一个人能够完成的，而是在长期的社会实践中慢慢地丰富和发展起来的。

瑜伽为何长盛不衰

"瑜伽"这个词，近年已成为现代养生修炼与健美运动的同义词。从欧美到东南亚再到中国，年轻一代都把它奉为都市生活的最好的减轻工作和生活压力的方法。这种集修神、修身、修德一身，起源于远古印度文化的文化传统，在不少印度人眼中更是印度文化对世界文化的一大贡献。

第6章 叩问疑云密布的文化深宫

现在风行世界的瑜伽，和我国的武术一样，是东方最古老的强身术之一。那么，瑜伽的原意是什么呢？大乘佛教瑜伽行派中是这样定义的：瑜伽即通过坐禅，屏心静气达到心无杂念，运用佛教的"智慧"，感悟世界，使真理直接显现在面前的一种修行方法。这种方法在两千多年前就产生了，是古印度人民的智慧结晶，是古印度文化中不可分割的组成部分。传说在古印度高达八千米的圣母山上，有人通过瑜伽修炼成为圣人，也有人成为修行者，他们将修炼秘密传授给有意学习的人，世代相传，沿袭至今。

瑜伽在印度是怎样产生的呢？

瑜伽一词最初的意思是训练牛马，也就是训练牛马为人们服务。但是在更为遥远的古代，它还有着另外一层意思，即帮助想达到最高目的一些活动或修炼。瑜伽在印度有着悠长的历史．是古印度婆罗门教体系中主要的修炼方法，瑜伽的第二层意思与现代所说的瑜伽大同小异，有着紧密的联系。

在印度，人们相信通过瑜伽可以摆脱生死轮回的痛苦．通过瑜伽修炼内在的自我将与宇宙的无上我合二为一；瑜伽能够将轮回的种子烧毁，摆脱精神上的痛苦，心中豁然开朗，一切苦恼和障碍都将不存在。

在印度瑜伽与印度教就像亲兄妹，相生相伴，共同发展。在佛教、文学经典和日常生活中，

▲ 高温瑜伽

两者已经彼此相互融合，无法区分了。

印度教是这样看待灵魂和肉体的关系的：生命不是以生为始，以死而终，而是无穷无尽的一系列生命之中的一个环节，每一段生命都是有前世的行为来决定。一个人的品行善良，他就可以升天成为神，邪恶就必然在来世成为家畜，做牛做马。一切生命，即使在天上，也会有结束的时候，不能得到永久的快乐和享受。虔诚的印度人希望获得现实生活解脱，脱离生死的轮回，祈求在一种永恒不变的状态之中获得安息，这就是印度人所称的梵和涅。

牛在印度被看做是神的化身，受到人们的保护，被称做"如意牛"，它同时代表幸福吉祥；印度人使用牛粪来治疗皮肤病和一般的外伤，疗效非常好。恒河是印度的圣河，它孕育了印度的文明。每年的许多节日和祭祀都在恒河河畔举行。小孩子的成人仪式也需要恒河水来淋浴，而且人们经常在恒河中洗浴身体。他们是想通过圣水消除疲劳、驱除疾病、洗净身体的罪恶。

印度是一个泛神论的国家，人们的信仰中有众多的神灵，祭祀就是人们敬神的重要表现，为的是祈求幸福的出现和召唤神秘力量的产生。在古代的佛教圣典里就记录了各种各样名目繁多的祭奠内容和方法。

在古代印度祭奠是一个大型的活动，数以千计的牲畜被宰杀，祭奠的主人雇用很多人来搭建气派的祭台，制作上好的香火和贡品，还要请婆罗门教徒来担当祭奠的主持人和重要工作，而判断一个祭祖的成功与否还要看有无重要人士的参加，例如那些出身名望家族以及有威望的人。

▲ 瑜伽在印度语中意为身心处于最佳的稳定状态

或是知名僧人等。如果在祭祖活动中有这些人的参加,将使承办者获得极大的荣誉。当然,现在的人们仍然坚持祭祖,不过内容已变得十分简单了,通过诵读梵文和使用简单的祭祖物品就可以完成全部的过程。但是,古代沿袭下来的一些要求依然被现代人所遵守。

瑜伽修炼的人主要是通过苦行来寻求解脱的。在印度人们经常可以看到袒胸露背的苦行者在路旁打坐冥想,他们的生活极其简单并实行彻底禁欲,甚至有时还要遵守古代沿袭下来的各种条例规定。苦行者通常身体消瘦,衣衫破烂,皮肤黝黑,行囊空空,但是他们目光炯炯有神,有坚定的信念和善良品行,经常具有常人没有的神奇力量。他们严格地遵守瑜伽的道德,坚信通过苦行可摆脱现实生活的束缚,使生命得到永恒的净化,因此,在印度他们通常是受人敬重的。

瑜伽修行秘要是理论和实践紧密联系的法典。瑜伽修炼者开始时,人数较少,而且一般都是在寺院、乡间农舍、喜马拉雅山洞穴和茂密森林中心地带修持,但是随着

▼ 最新流行的塑绳瑜伽

瑜伽门徒的日益增多，瑜伽也开始逐步在印度普通人中间流传开来。而今的瑜伽，已经是印度人民几千年来从实践中总结出来的人体科学的修炼法，再也不是只限于少数隐居人仅有的秘密了。

目前瑜伽已在全世界广泛传播。印度还成立了许多专门研究瑜伽的学校。有它自己的一套从肉体到精神极其完备的修持方法。当今的瑜伽不仅只属于哲学和宗教的范围。它还有着更为广泛的含义。当瑜伽的修持者在深沉的静坐中进入最深层次时，就会觉醒人生的至善境界，从而获得内在自我与宇宙无上我的结合，唤醒内在沉睡的能量，得到最高醒悟和最大愉悦。这也就是瑜伽千年不衰，且日渐被世人接受、重视的原因所在。

 谁把原子弹留给了人类

1938年底，两个德国物理学家发现，将一克铀引发核裂变后，其能量等于20吨炸药，或等于3吨煤或200升油燃烧的能量。这一发现马上引起了各国科学家们的浓厚兴趣。不久，法国物理学家和美国科学家进一步发现，铀原子在一定条件下衰变可导致链式反应，从而产生具有惊人破坏力的爆炸。

就在核裂变的秘密被发现之初，就有人想好了要将它用在战争中克敌制胜。二次大战前，苏联已经开始了自己的核计

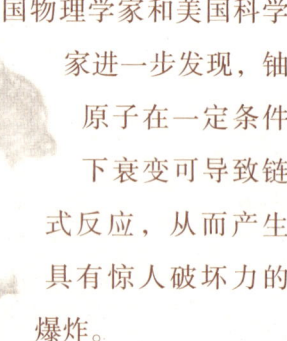
▲ 科学家玻尔间接地阻止了原子弹在德国诞生的进程

划,但后来由于德国的入侵,使核计划停顿,直到1942年6月,才在库尔哈托夫的主持下恢复了原子弹的研制工作。

1934年4月,德国汉堡大学教授保尔·哈代克向德国最高统帅部进言,要求尽快发展核武器。哈代克的建议引起了德国军政当局的高度重视,因为当时的欧洲正处于战争的边缘,谁掌握了更有威力的武器,谁就有可能在战争中夺取主动权。

1939年9月26日,德国军备规划局在柏林召开了仅有几名科学家参加的秘密会议,决定组建了由著名物理学家维尔那·海森贝格、奥托·哈恩为首的核研究机构——铀协会,制造利用铀的装置。半年后,德国军备规划局出笼了"U计划",意在造出核武器。这标志着德国正式将"铀规划"纳入了军事科研轨道。

纳粹德国的动向无疑是对世界的威胁,首先对此忧心忡忡的是丹麦物理学家玻尔。在1939年初,玻尔就从两位德国科学家那里听说了德国人要制造核弹的准确消息。玻尔忧心忡忡:凭借当时欧洲的工业能力,德国很快就会造出原子弹的。

玻尔马不停蹄地赶到美国,和流亡美国的科学家们商议。大家一致认为,德国一旦成功,人类就将遭受核灾难。要阻止这一灾难的发生,一是击毁德国的核计划,这不是可取的办法,二是抢在德国之前制造出原子弹,德国才会不敢贸然行动。

此事已迫在眉睫、刻不容缓。鉴于研究和制造核弹需要一个相对和平的环境,还要集中大量的人才和物资,又要有足够的设备与金钱,当时只有美国具备这样的环境。众多科学家于是在美国大肆活动,呼吁政府尽快开始核弹研制。但是,美国政界和军界起初根本不相信这些科学家耸人听闻的咋呼,反而觉得这些科学怪人挺好玩的,好像深怕世间正忙于打仗的人们把他们给忘记了。

科学家们急得没办法,可是时间紧迫。七月下旬,两位科学家受众多科学家之托,赶到纽约,请大名鼎鼎的爱因斯坦出山,代表科学界直接向美国总统请示。爱因斯坦出于正义感，应约在早已拟好的报告文件上签了名，并且还给总统罗斯福写了一长一短两封信。

同时，总统的一位好朋友、任总统科学顾问的萨克斯也接受了科学家们的托请，在总统高兴的时候，用讲故事的方式，讲述了不接受科学的拿破仑，由于没有掌握蒸汽动力武装战船的技术，终于丧失了制胜的先机；然后又请总统看看物理学家阿斯顿的一篇论文。论文最后写道："我确认原子能已经在身边，惊人能量不可扼制地要爆发，但愿它不要将无辜的邻居炸飞。"

总统心领神会地把论文递还萨克斯："很好，阿列克谢，你正在担心纳粹要把我们炸飞。"

罗斯福非常重视爱因斯坦等人的建议文件，1939年10月，下令建立铀顾问委员会，正式批准了核武器研制计划。这个计划得到了20亿美国的国会拨款，被称为"曼哈顿工程"，美国人志在抢先要把敌人炸飞。

日本人闻风而动，在帝国陆军航空技术研究院院长安田藤下中将的主持下，悄悄地启动了原子弹研究计划。

在世界范围，一场看谁首先造出核弹的竞赛暗中进行。

1940年5月，德国征服挪威和比利时，控制了欧洲惟一以工业规模生产重水的挪威维蒙克工厂，并获得了比利时矿业联盟公司库存的1200吨精选铀矿，这个数量几乎占当时世界铀矿总数的一半。1940年12月，德国建成了它的第一个研究性原子反应堆，并掌握了金属铀的提炼技术，它意味着德国已基本具备了进行原子弹研究的基础。尤其是1942年秋，二战进行得如火如荼，对新武器的需求更加速了德国研制原子弹的步伐。

英国的情报部门获悉德国研究原子弹的计划后，决定实施破坏行动，摧毁维蒙克工厂的重水储备设施，断绝德国生产核武器的重要原料。为此，他们制定出一个代号为"新手"的作战计划，空投伞兵并炸毁维蒙克工厂。1942年11月19日深夜，"新手"计划启动，但由于天气和使用滑翔机经验的不足，致使行动失败，40多名伞兵全部牺牲。

消息传到伦敦后,英国当局立即决定再次行动,要不惜任何代价阻止德国制造原子弹。他们制定了新的代号为"炮手"的计划,挑选了6名挪威特种部队成员组成一个偷袭小组,通过挪威地下组织的协助炸毁维蒙克工厂。为了保证能够成功地完成这次的计划,这6名小组成员进行了为期2个月的特种训练。

1943年2月26日,6名特工被秘密空投到维蒙克工厂附近的地区,与挪威地下组织联系上后,马上开始了行动。他们潜入守卫森严的工厂,将炸药安放在工厂的要害部门——重浓铀车间,然后迅速撤离。一切都干得干净利落,一声巨响震天动地,生产重水的主要设备和近一吨左右的重水被摧毁了。这次行动的成功,令英国人非常兴奋,他们认为德国人至少要用两年的时间才能恢复生产。随着更多国家的介入和更多战场的开辟,形势对德国越来越不利,德国更加速了对原子弹的研制工作。仅仅八个月

▼ 爱因斯坦与学者们讨论原子弹问题

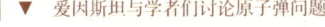

后，德国就恢复了重水的生产任务。

盟军也毫不松懈，为防止德国狗急跳墙，决定彻底摧毁德国的原子弹原料生产基地。1943年，盟军总司令艾森豪威尔命令美国驻欧洲的空军轰炸维蒙克工厂，这次轰炸给维蒙克工厂以致命的打击，使其几乎完全丧失了生产能力。面对这种局面，德国也迅速做出决定，把生产设备运回德国继续工作。盟军知道后，很快搞到了设备运输所行的路线，派出特工在运输轮船所经过的深水区放好了定时炸弹。当德国的运输轮载着那些"宝贝"经过时，炸弹准时爆炸了。盟军在经历了千难万险后，终于彻底摧毁了德国的原子弹制造计划。

1945年7月16日，美国第一颗核弹试爆成功。

7月17日，美、英、苏三国首脑在到柏林郊外波茨坦开会。这时的美国总统已经是杜鲁门。当记者要为三国首脑照相时，坐在边上的杜鲁门要求坐到中间，中间的斯大林不让。

杜鲁门就对斯大林说："我们美国研制成功一种威力无比的炸弹。"

斯大林听后一边让开一边说："希望用它去炸日本人。"

古代有核战争吗

1920年，在印度河流域发现了一个古代印度大都市遗迹——摩汉乔·达罗。据推测，这座城市建于约5000年前，人们在这座城市中发现了许多令人惊奇的奥秘。摩汉乔·达罗遗迹的中心部分长约5公里。整座城市可分为西城和东城两部分，仅市内就可以住30000人以上，在古代这样的大城市是罕见的。

在这里，还从遗迹上层发掘出了大量的人骨。从古代遗迹中发掘出人骨是很正常的，（小知识：流传于世界各地的神话与传说中都描述过古代惊人的战争场面，而且，在考古中也看到了种种痕迹。如在以色列、伊拉克及撒哈拉沙漠中都发现了因高温而玻璃化的地层；在土耳其的卡巴德奇亚遗迹及阿尔及利亚的塔亚里遗迹中，也发现了因高热破坏而形成的奇石群；在西亚的欧库罗矿山中，发现了核子分裂连锁反应的痕迹）。可是在遗迹中发现的人骨，却是以异常状态死亡

十分异样的状态，他们有的脸朝下，有的横躺，也有的用双手盖住脸呈现出绝望的样子，还有的痛苦地扭曲着身体，令人惨不忍睹。

当时并没有一夜间突然夺去全部居民生命的流行病发生，遗体上也没有发现遭受袭击的迹象。如果他们是集体自杀的话，为什么会在井边发现正在洗涤物品者的遗体呢？

对于这一问题，印度的考古学家卡哈博士作了十分细致的研究，并得出了这样的报告：

"我在9具白骨中，发现有几具白骨有被高温加热的痕迹，我很难相信这些白骨上高温加热的痕迹是遭突然袭击被杀后所留下来的。"按常理来判断，惟一的可能性就是火山爆发，但印度河流域中并没有火山存在。

那么，是什么力量能用异常的高温使摩汉乔·达罗的居民突然死亡呢？

惟一合理的解释就是，在遥远

▲ 毁灭城市的核爆炸

的。也就是说，那些人骨并非埋葬在墓中，而是突然死亡在房间里的。

考古工作者在编号为74的房间中发现了14具遗骨。它们全部处于

▲ 原子弹爆炸的瞬间

的古代，人类曾经历过核战争。

据考证，印度平原就是神话传说中发生古代核战争的地方。在古印度的传说和叙事诗中都有相关的描述，大型叙事诗《玛哈巴拉德》就是其中之一，诗中描绘了英雄亚斯瓦达曼向敌人发射"连神都难以抵抗的亚格尼亚武器"的情景：

"箭雨发射于空中。整捆的箭像耀眼的流星一样，化成光包围了敌人。突然，黑夜笼罩了巴达瓦的大军，敌人因此丧失了方向感。"

"太阳昏黄，天空烧成焦黑，散发出异常的热气。象群在火焰中四处逃匿。水被蒸发，住在水中的生物也烧焦了。"

"箭雨从四面八方飞来，与凛冽的风一同落下。敌人就像中了什么魔法一样，纷纷倒地。周围的巨象倒在附近，并发出惨痛的哀号声。被烧伤的其他象发疯般地四处奔逃，寻找水源。"

这些惨烈的场面与1945年8月的广岛、长崎原子弹核爆炸的破坏力差不多。

那么，摩汉乔·达罗和古代的核战争又有什么关系呢？这在印度的另外一篇叙事诗《拉玛亚》那里能够找到一些线索。这篇叙事诗中也有一段古代核战争情景的描写。"那巨枪发射出令人畏惧的亮光，使30万大军在一瞬间被完全消灭"。值得注意的是，战争发生在一个被称做"兰卡"的都市，都市中"四面有4个门，门用铁链锁着"，"门内备有巨石、箭、机械、铁制的夏格尼武器及其他的武器"。"城堡用难以攀登的黄金城壁加以环绕，背后的巨沟中装满了冰水"。

如果与地图对照，就可以发现这座城堡都市"兰卡"就位于印度河流域的某个地方。而摩汉乔·达罗遗迹正位于印度河边，当地人现在仍称它为"兰卡"！

印度新德里历史研究所所长罗伊曾十分肯定地说："这两大叙事诗虽然是用诗的形式写成的，但记叙的大部分是实际存在的事。诗中有许多关于星球及星座的记叙，可用它们来推测发生事件的日期，我们也可用推测日期的方法来推测地点，《拉玛亚那》中的兰卡，就是摩汉乔·达罗。"

根据罗伊的说法，战争发生在公元前2030年至前1930年间。碳14的分析结果表明，摩汉乔·达罗的居民确实是在这一时期从这座古代城市中消失的。

1978年，英国考古学家勃特和山迪前往摩汉乔·达罗实地考察，进一步寻找古代核战争的遗迹。他们从本地人那儿得知，在距遗迹中心不远的地方，有一个本地人称为"玻璃化的市镇"的神秘场所。那里到处都是有绿色光泽的黑石。很明显，那是"托立尼提物质"。因为当世界第一颗原子弹"托立尼提号"在美国新墨西哥州的沙漠中试爆时，沙漠中的沙就因爆炸的高热而熔化，凝固成类玻璃状物质，而摩汉乔·达罗中也到处散堆着"托立尼提物质"。

由于这座"玻璃化的市镇"是本地人的圣地，所以难以进行深入的挖掘调查。勃特二人并没有到此就停滞不前，而是历尽千辛万苦，从"玻璃化的市镇"里带回了几个标本，送到罗马火山学研究室进行分析，结果是：

第一件标本——壶的碎片。是从外侧向内侧加热后，又急速冷却形成的。即当时的温度至少在摄氏950～1000摄氏度之间。

第二个标本——"黑石"。是由石英、长石及玻璃所形成的矿物。这种矿物的熔解点是1400～1500摄氏度。可是，从形成空洞孔的外观来看，可知是由极高温度在极短的时间内形成的。如果在窑中或普通的火中，是不会产生那种在极短的时间内达到数千度高温，然后又急速冷却的效果的。

勃特在调查摩汉乔·达罗时，还发现了许多足以证明这座城市曾发生强烈爆炸的证据。如一瞬间崩溃的砖制建造物的遗迹，因高热而烧毁的砖块，大量的灰土等等。

因此，勃特相信摩汉乔·达罗是古代核战争的战场，在它的上空，曾经引爆了比广岛原子弹威力还要大的核弹头。他说："我们之所以主张这是原子弹爆炸的结果，是因为在我们现在的科学技术水平来看。惟一能让自己在瞬间发出热波和冲击波的爆炸物只有核武器。"

不过，上述事实至今仍然无法获得进一步的证实，摩汉乔·达罗仍然有许多解不开的谜团。发动古代核战争的是哪两个敌对势力？为何非发动核战争呢？古代人又是如何掌握核武器技术的呢？建造摩汉乔·达罗的是什么人，来自何方，又去往何处？为什么那里形成了高度文明，又无声无息地消逝了呢？总之，想要揭开这些谜底，还需要人们不懈的努力。

▲ 原子弹爆炸后的废墟

第7章

领略耐人寻味的艺术玄奇

青少年不可不知的

Weijiezhimi Quanji

PART 23 "美"中谜团

诗人荷马之谜

荷马是一个还是一群游吟诗人——线索寥寥，说法却有许多。

对照于古希腊人来说，荷马是一个作者，他是位瞎眼的游吟诗人。亚里士多德同意希腊诗人品达的观点，即认为荷马出生在现在位于土耳其境内的海港士麦那，并且曾在爱琴海中的希俄斯岛受到人们多年的景仰。亚历山大学派的文人学者曾经仔细推敲过荷马的两部史诗，希望发现其中的历史和地理讹误，但他们从未怀疑过荷马是史诗的唯一作者。

然而在18世纪初，哲学家贾姆巴蒂斯塔·维科提出了一种观点，认为荷马史诗是希腊民间诗人集体智慧的产物，各种奇谈怪论随之开始出现。

20世纪初，哈佛教授米尔曼·帕里提出了颇为令人信服的观点，认为荷马的生活年代接近于漫长的口头诗歌时期的末期。当时的诗人们利用了现成的形容词以及格律化的诗行和段落，从而能轻松地即兴创作六步格诗歌。帕里的说法解释了许多东西，包括史诗中用语的杂乱，但仍然没有能解释荷马史诗是如何写成的——即荷马本人是否参与了写作。要证实这一点可能还需要更长的时间。

蒙娜丽莎的神秘微笑

无论什么人,只要站在达·芬奇的《蒙娜丽莎》前,必定会被画中女子的微笑深深吸引。蒙娜丽莎嘴角微皱,眉宇舒展,脸部的微笑似乎一掠而过,却又能恰好被人捕捉。她的笑,随着你的心情而变化,在你沉静时,你看她的笑,是清水芙蓉,青山脆竹,不由你不沉醉;若你欢欣时去看,那么画中的笑,又是冰清玉洁,如断臂的女神,让你油然而生庄重之心;或者你是在心情悲痛寂寞的时候去看,那么这笑容里又有一丝伤感的情绪与你心有灵犀,又有一份关心抚慰你正在颤动的心……总之,蒙娜丽莎的微笑,神秘莫测,令人神往,给人丰富的想象空间。

为什么这幅画会有这样的艺术魅力呢?是跟这幅画的模特有关?还是因为出自大画家达·芬奇之手?自从这幅画问世以来,几百年的时间里,人们争论不休,可惜仍然不能解除疑问,得到一个令人满意答案。

首先,蒙娜丽莎是谁?有人认为《蒙娜丽莎》的模特儿是佛罗伦萨一位官员的第三位妻子。当时她的儿子不满三岁,因为一场疾病医治无效,不幸离开了她。她内心非常痛苦,茶饭不思,夜不能眠,只是身穿

▲ 《蒙娜丽莎》自诞生以来,她的微笑倾倒了无数人

黑色纱衣，面无表情的躺在床上。官员是看到眼里，急在心里，想尽办法让她从悲痛的阴影中走出来。他专门为妻子请来乐队弹琴唱歌，还请来滑稽家为她表演喜剧，使她能流露出开心一点的表情，可是不见效果。一天，官员想到了著名的大画家达芬奇，要给妻子画一幅画。奇怪得是他的妻子看到了仰慕已久的达芬奇，却露出了一丝发自内心的微笑，达芬奇捕捉了她的瞬间微笑，快速作画，留下了传世名作《蒙娜丽莎》。

英国考古学家提出另外一种说法。他认为，达·芬奇画《蒙娜丽莎》时很可能以一位名叫伊莎贝

▼《蒙娜丽莎》的六幅临摹画

拉·阿拉冈的年轻女子为模特。据记载，这位妙龄少女相貌娇美，体态丰盈，特别适合当模特儿，美中不足的是她患有有牙病。当英国最著名的人类遗骸法医研究中心——布拉福特大学对伊莎贝拉的头骨进行分析后发现，伊莎贝拉的牙齿不仅黄黑，而且牙缝很宽。正因为如此，伊莎贝拉在当模特儿和有别人在场时，总不敢咧嘴而笑，就形成了《蒙娜丽莎》神秘的微笑。

美尼克和同事们是在1997年开始研究蒙娜丽莎神秘笑容的，他们利用电脑模型、立体图表和全方位照相技术，制造出蒙娜丽莎的模拟头像，可以在电脑屏幕上从不同角度对蒙娜丽莎进行观察。结果发现蒙娜丽莎的口腔出现严重问题，研究人员再进一步观察蒙娜丽莎电脑模型的头骨和颚骨形状，发现她脸上奇怪表情形成的唯一原因便是她没有牙齿。美尼克表示，没有牙齿令她的颚骨和嘴唇不寻常地连成一线，形成古怪的笑容。

有人把神秘的微

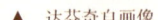

▲ 达芬奇自画像

笑归结为达·芬奇的天才创作。

第一，作者在创作这幅图画时，力图要在一个个性非常具体的人物身上，加以天马行空的想象力，创造他最理想的美的典型，力图要让一闪即逝的脸部表情，成为永恒喜悦的象征——正是这种矛盾的张力成就了作品的神秘之美。

第二，达·芬奇在绘画技巧上进行了独创。他为这个坐在阳台上的女人，设置了一幅透视不一的背景，当人们的视线集中在右边时，感到远景上升人物下降，而当视线集中到左边时，会觉得远景下降人物上升，就连画像上的五官，其位置也处在游移不定之中。此外作者又把表现笑容的载体——嘴角和眼角部位画得若隐若现，界限模糊，

▲ 达芬奇雕像

这就更使人们在欣赏图画时如坠雾中了。

哈佛大学的一位名叫玛格丽特·利文斯通的神经学家的发现更为奇特。根据视觉系统的工作原理，我们通过两个独特的区域来看这个世界，一个中央区域，称为中央凹。这个区域负责最强烈的视觉刺激，使我们具备看到色彩的能力。而它的外围区域则负责黑和白、阴影和运动。而人们凝视一副面容时，常常会把大多数时间花在看眼睛上。

因此，当一个人的视觉中心集中在蒙娜丽莎的眼睛上时，则精确度较低的外围视觉则集中在蒙娜丽莎的嘴上。由于外围视觉对细节不感兴趣，它会非常"乐于接受"来自蒙娜丽莎颊骨的阴影。外围视觉工作时又会使影像更加模糊，这

就强化了蒙娜丽莎笑容所涉及的阴影。但是，当欣赏者的眼睛直接转向蒙娜丽莎的嘴时，他的中心视觉并未看见阴影。所以微笑的效果就不明显了。

利文斯通对蒙娜丽莎像进行了扫描并用电脑进行处理，重现图像但是过滤掉了阴影，这使图像的每一个细节都很清楚，再看画时微笑就很难看到了；但是当把阴影再次加强时，微笑就又浮现了出来。利文斯通说："在凝视蒙娜丽莎的嘴时，你将永远不会看到她的笑容。"蒙娜丽莎的笑容之所以会忽隐忽现，是由于人们的眼光在围绕她的面容游动。

《蒙娜丽莎》问世以来，历经磨难。1911年8月21日，3名窃贼扮作清洁工的模样，趁卢浮宫清理内务的日子，将这幅名画从容携出卢浮宫，继而逃之夭夭。《蒙娜丽莎》被盗成为震惊世界的新闻，此后其真迹何在便成为历史之谜。就在它被盗不久，至少有6位美国人声称买到了所谓的"真迹"。谁真谁假，众说不一。目前，全世界的《蒙娜丽莎》有200幅之多。1955年，在法国巴黎举行了"国际美术及历史伪品展览会"，展出了十几幅极好的《蒙娜丽莎》摹本。此外，世界各地的一些私人收藏家、博物馆和银行保险库中也藏有一些精摹本，还有不少不愿公开身分的人士不断声称他们所藏才是达·芬奇的真迹。

 爱神移居之谜

《米洛斯的维纳斯》，又叫《断臂的维纳斯》，人物就是希腊爱情女神维纳斯。在古代希腊神话中流传着许多美丽动人的传说。其中有一个就是属于爱情女神维纳斯的。维纳斯美艳无比又非常浪漫，她担任掌管动植物的生儿育女与人间爱情等六项职务。西方造像艺术把她作为女性美的形象代表。

仔细端详可以看出，这座雕像

▲ 黎明女神奥柔拉

通体由一块半透明的白云石雕塑而成,维纳斯站在鸡血白纹的云石底座上,面孔具有希腊妇女的典型特征:直鼻、椭圆脸、窄额。她那安详自信的眼睛和稍露微笑的嘴唇,给人以矜持而富有智慧之感;半裸的躯体和不经意滑落腰间的衣衫既展示了肉体的美,又让人们的注意力集中于人物的内在神韵;腿部被富有表现力的衣褶遮住,露出精心雕刻的脚趾,给人以无尽的遐想。庄严而崇高的姿态,典雅优美,躯干、肢体和多重衣纹的对比产生了一种微妙流动的韵律。雕像厚重的下半身,给人以稳定之感,对比之下袒露的上半身显得更加秀美多姿。她的美似乎是无限的。所以,有人说她像一座纪念碑,有人说她像出自深渊的明珠,有人说她是一本关于什么是美的大书……

这尊雕像是由希腊人雕刻的,却被珍藏在法国卢浮宫博物馆,为何爱情女神要移居法国呢?

1820年春天,在希腊的米洛斯岛一座剧场遗迹旁边约500步的山坡上,一个名叫波托尼斯的农夫和他的儿子正在田里耕作。令人惊奇的场面出现了:地面突然崩了,露出一个不小的洞穴。他们出于好奇,走了下去,想看看里边有一些什么东西。他们发现洞穴里面有座神坛,还有一些大小不一的大理石雕像,其中就有断臂女神维纳斯雕像。当时希腊有一个不成文的规定,如果一个人幸运地发现了一件有价值的古代雕刻品,他不仅有权据为己有,还可以在民间市场上买卖。所以,发现一件珍贵的雕刻艺术品就等于获得了一次发财的大好机会。

农夫发现了上半身石像后,随即告诉他的邻居,当时法国在米洛斯的领事布莱斯特,布莱斯特叫他尽量小心搬动

▲ 米洛斯的维纳斯

▲ 维纳斯诞生

石像，农夫就将这座石像搬进他的草房里。布莱斯特立刻开始各种活动，设法使这件艺术品及早运回法国。

当时几个强国为了增加美术馆的收藏，都在努力争购艺术品。这对法国尤为重要。因为当时正是拿破仑战败之后，以往被拿破仑从各国收集来的许多艺术品都被送还原主，卢浮宫博物馆为了补充艺术品，正在尽力收集艺术品。所以，法国不惜一切代价购买这件珍贵的艺术品。

当时停泊在米洛斯岛的法国军舰舰长曾力劝布莱斯特赶紧收购这件不可多得的艺术珍品，布莱斯特对这件价值连城但又价格昂贵的艺术品不敢贸然行事，打电报回国，希望批准汇款以便收购。同时，布莱斯特加紧行动，和农夫波托尼斯以及岛上长老等人签订了合同，要求在法国政府正式命令未到达之前，雕像不能卖给其他人，布莱斯特拥有优先购买的权利，以保证万无一失。

在雕像发现的第三天，法国巡洋舰"拉蓬狄号"进港，舰长托立雅克看到发掘出来的雕像后，马上向驻斯弥尔奈总领事大卫通报了有关事情。随后,法国军舰"拉雪夫莱特号"抵达米洛斯岛,麦特雷尔中尉和候补军官杜维尔二人就在这一军舰上。

对考古学有极大兴趣的杜维尔从未见过如此传神的作品,两人认为它是生平所见古希腊雕刻中最美的。两人对这座雕像凝视半响,情有独钟,心情特别激动。只是他们所在的军舰没有安置雕像的设备,否则二人可能立刻购买下来,运回国内。

第二天,"拉雪天莱特号"出航到达君士坦丁堡,杜维尔立即向总领事大卫写报告。当时驻斯弥尔奈的总领事大卫接到托立雅克的报告后,马上转报给君士坦丁堡的公使馆,并请示是否以政府的款项购入。法国公使里维埃尔侯爵接到大卫总领事的报告的同时,也接到杜维尔的报告。他毫不犹豫,立刻决定自己出钱买下,并派书记官马赛留斯乘"列斯达佛都"号船赴米洛斯岛。

这艘船5月30日出航,离发掘日期已经过了足足六个星期。这时,为这件刚出土的艺术品展开的争夺战已经渐趋白热化。米洛斯岛上暗中进行着各种活动,大家想尽办法来争夺这件艺术品。岛上一些有势力的人士想将这件艺术品赠送给当时在希腊诸岛中有相当权威的君士坦丁堡炮兵工厂的事务官尼

▼ 月光女神卢娜

古拉。布莱斯特很快阻止了这一非分的想法。后来有位希腊传教士凡尔琪因挪用寺院公款而被告发，想购得这座雕像作为礼物送给莫路齐，以获得他的庇护。这位教士巧言相劝，软硬兼施，向发现者以及岛上的长老们高价买下。

教士请工人将雕像从卡斯特罗扛到海岸，传说是用麻绳捆绑石像，拖曳着它经过漫长的海岸，以致使雕像的肩部、背部和衣服褶纹部受到了程度不一的破损。然后把雕像装载到悬挂着土耳其国旗的船上。就在该船将要离开时，因风向的原因不能驶出港口，只得停靠在码头。英国当局打听到了这些情况，立即派出了开赴米洛斯的军舰，想抢先买下雕像。这时候，法国船只"列斯达佛都"号抵达这个港口。代表法国公使来的马赛留斯到达米洛斯岛后，马上和布莱斯特会面商议，立刻宣布该买卖无效，命令将雕像归还给法国人。马赛留斯登陆后，立刻拿着布莱斯特最早和农夫所签的合同，并说服长老，最后以约550法郎的价格购得了这件称得上是无价之宝的艺术品。

1820年5月25日，马赛留斯将雕像和若干断片一起装载在"列斯达佛都"号上。第二天，这只船离开米洛斯岛。马赛留斯在船上便写好目录，把雕像上半身和下半身，头发上部，左足的一部分，握苹果的手掌，不完整的胳膊上部断片，以及三根石柱等，都放置在中间甲板上的船舱内，船经罗德斯、塞布德斯、萨伊达、阿历山多利亚、比抗埃斯、雅典等地，环绕着地中海各地而到达斯弥尔奈。维纳斯雕像在这里又被装到"拉利翁奴号"上，并于10月24日到达君士坦丁堡。

11月15日，装载了雕像的"拉利翁奴号"在环绕地中海各地路过米洛斯岛时，里维埃尔公使重新造访米洛斯岛，一方面他要支付布莱斯特先垫付的款项，另一方面想看看是否还有新发掘出来的雕像。后者是他此行的最大原因。1821年2月中旬，经过漫长的旅程，维纳斯雕像最后到达了巴黎，并收藏于卢浮宫博物馆。同年5月1日由里维埃尔侯爵在阿波罗厅呈献给法王路易十八，法王认为是稀有珍宝。这件雕像现收藏在巴黎卢浮宫。

PART 24 雕塑之谜

 裸体雕塑之谜

第28届雅典奥运会让我们欣赏到了运动健儿的风采，体验到了运动的激情，同时也让我们领略到了希腊文化的独特魅力。不论你漫步于雅典街头，还是在公园、古迹都会看到姿态各异的裸体雕像。人们每每大饱眼福之后，都不禁生出一个疑问：为什么几乎所有的古希腊雕塑都是裸体的呢？

其实，这个问题已经被人们关注了了几个世纪，也困扰着众多的国内外学者，他们的回答

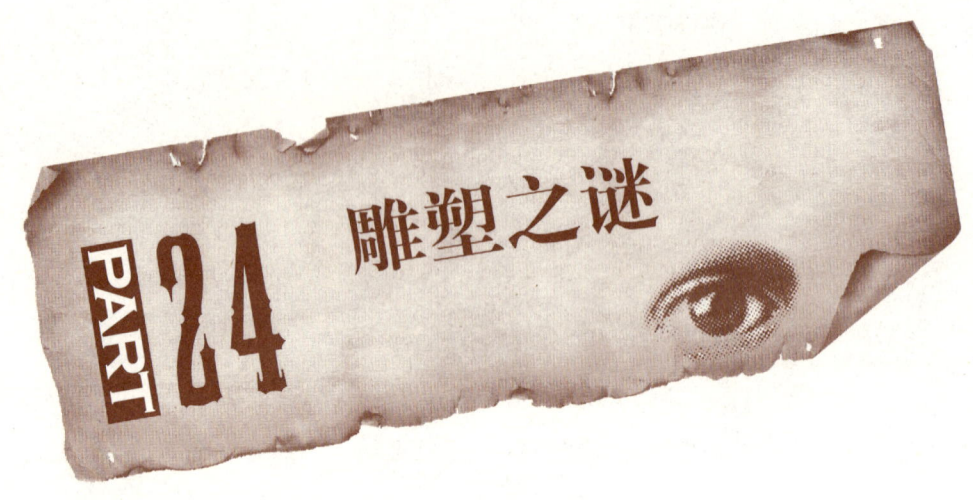

▲ 拉奥孔（公园前1世纪末）

也是仁者见仁，智者见智，各不相同。在众多的解释中，居于主流的一种观点认为：古希腊以裸体为表现对象的人体雕塑艺术特别发达，主要与当时战争的连续不断和体育运动的广泛开展有关。古希腊时期还是奴隶社会，是一个弱肉强食的时代。为了征服另一城邦和不被别的城邦征服，统治者规定当时的希腊人有两个义务，那就是公共事务和战争，而当时的战争全凭肉搏，因此每个士兵都要锻炼好身体，越强壮越矫健越好。选拔士兵时，不论男女，在竞技场上都要裸体进行比赛。

古希腊法律中有这样在今天看来极不人道的律令："体格有缺陷的婴儿一律处死。"甚至为了达到一种"优生优育"，还有这样的规定："老夫有少妻的，必须带一个青年男子回家，以便生养体格健全的孩子。"

这在客观上造就了希腊人崇尚裸体的民族风俗。

战争带来了体育的盛行，当时几乎没有一个自由民不经过练身场的训练，也因此练就了一大批体格健美的青年人。每逢节日庆典，个个城邦都

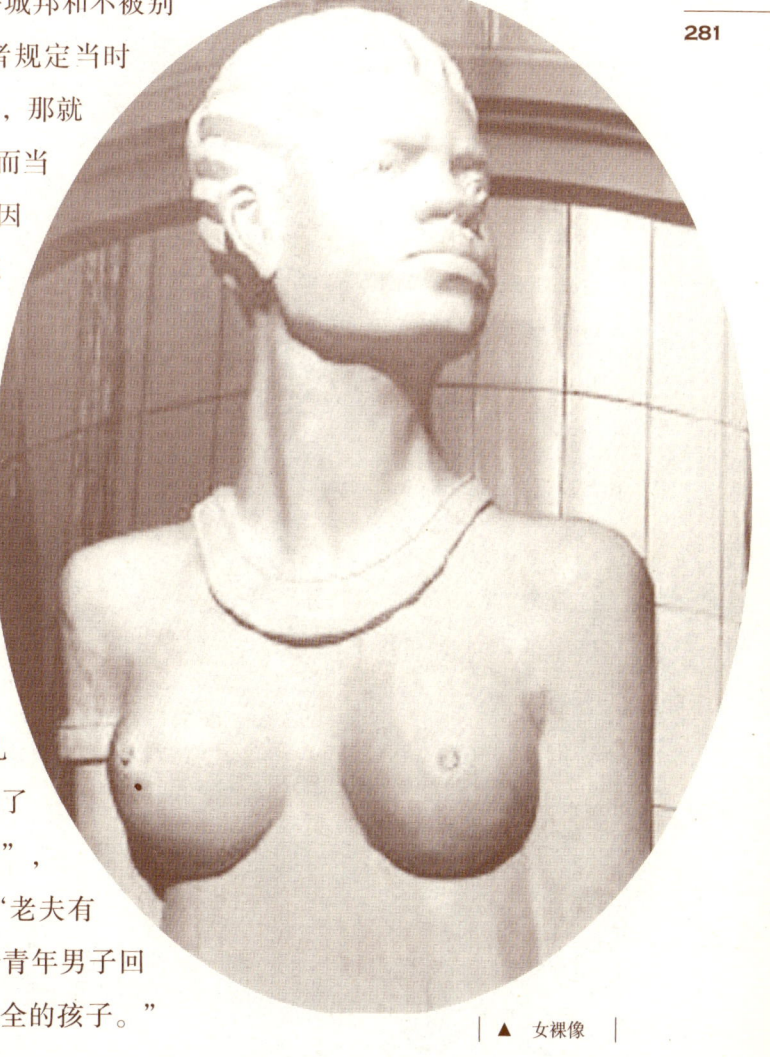

▲ 女裸像

要举行体育竞赛。在运动会上,人们并不以裸体为耻,青年男女为显示自己健美的体魄,常常把衣服脱光。在古希腊人眼中,理想的人应该是血统好、发育好、比例匀称、身体矫健、擅长各种运动的人。基于这种思想,裸体雕塑自然而然就成了当时的主流艺术。从艺术规律来看,作为三维空间的雕塑,其最理想的模特应该是运动场上的优胜者和那些健壮美丽的机体。

古希腊人认为,"健康的精神寓于健康的躯体之中"。据史料记载,不仅民间崇尚裸体美,而且上层官员也有这种倾向。公元前4世纪,亚历山大王在特洛伊城曾率领士兵围绕英雄阿喀琉斯的墓裸体赛跑。专家认为,正是这些方面为希腊大量裸体艺术雕塑的产生创造了的社会环境,裸体艺术作品到处可见。

但是近来,有些学者对这一观点进行了反驳,认为希腊裸体雕塑是当时盛行性自由和性快乐主义的产物,我国学者潘绥铭的解释很有独到之处。他认为人类的裸体有三种性的特征。第一特征是男女生殖器外形的不同;第二特征是男女体形和体表的不同,第三特征是男女心理、气质的不同。这三种特征构成

▲ 古希腊的裸体雕塑掷铁饼者

性吸引和性审美的三个层次：生理的、心理的和习俗的。

古希腊的裸体艺术之所以发达，并非来自于体育竞技，而是由于当时普遍流行性快乐主义的缘故。它的表现原则有三个方面：第一，不隐藏自己的生殖器管，常常裸露在外。第二，身体结构理想化，以健壮挺拔为美。例如把女性乳房塑造为圆锥形或高耸的形状，臀部往往前后突出，第三，以动态和神态表达人物的内心感受。

有一个著名的传说可以作为古希腊性快乐主义流行的证明。荷马史诗《伊里亚特》曾经描写为了争夺美色绝伦的女子海伦，希腊人与特洛伊人进行了十年大战的故事，希腊各城邦在战争中耗费大量的屋子，死伤了大量的士兵，人们难以忍受战争带来的灾难和痛苦。于是召开了各个城邦首领参加的元老会，讨论是不是继续战争。元老院在讨论中认为，为了一个女人，长时间的打仗实在是不值得，应该马上收兵回国。但是没想到海伦突然出现在他们面前，讨论者马上闭口不言，全都被海伦的美貌惊呆了，于是立即改口说，哪怕再打十年也值得。还有人认为古希腊的

▲ 玩童雕塑

▲ 舞蛇者

裸体雕塑起源于原始社会时的裸体风俗。农业社会之前的原始人，特别突出男女外形气质的表达，如太平洋和南洋的一些岛屿上以及非洲的原始人，都刻意的装饰和显示自己的外生殖器。原始人把性看作大自然赐予的生命和快乐的源头，他们都以性为美，以裸体为美。

早在旧石器时代的欧洲"奥瑞纳"文化里，就出现了法国鲁塞尔洞的浮雕裸体和奥地利委连多尔夫的圆雕裸女。在这些作品中，女性乳房被夸张的表现，这是同原始社会生产力落后，人们渴望生产力旺盛离不开的。到了古埃及的壁画和雕刻作品中，他们对裸体有了进一步的刻画。到了古希腊罗马时代，裸体艺术则达到了一个高潮，著名的断臂女神维纳斯雕塑就是其中的一个杰作。而希腊人显然继承了这一风俗，他们不仅以男性裸体为美，更以曲线柔和的女性裸体为美。

古希腊有众多裸体雕像的原因是什么，还没有一个准确的结论，至今还是一个谜，但古希腊的裸体雕像是西方裸体雕塑和绘画艺术的源头，它以其独一无二的完美，将永远为世人所瞻仰。

狮身人面像之谜

在今天接邻埃及哈夫拉金字塔的广场上，巍然耸立着一座高大雄伟的狮身人面像，它高有22米，长约57米，仅耳朵就长有2米，实在是鬼斧神工，令人啧啧称赞。传说这是古埃及著名法老胡夫的儿子，也就是埃及古王国时代第四王朝法老哈夫拉建造的。哈夫拉在修建他的陵墓金字塔时，不敢超过他父亲金字塔的规模，但是内心又很不舒服，一天，他在巡视金字塔修建工作时，显得很不高兴，觉得实在显不出自己的威严。正在郁闷时候，一个工匠建议将工地上一块重2000吨的巨石雕刻成一尊象征法老威严的石像，这样既维系了新法老的面子，又不至于伤了已经去世的父亲的脸面。于是他就采纳了这个工匠的意见。一座举世无双的狮身人面像就建成了。所谓狮身人面，是指身子是狮子的身体，而脖子以上则为人头的形状。那么狮身人面又是

▼ 威武的狮身人面像斯芬克斯

怎么设计出来的呢？这个奇迹又是谁来完成的呢？长期以来人们纷纷猜测，除了认为是法老哈夫拉所修建之外，还存在着各种各样看法。

有人认为，这与一个民间神话有着密切的关系，这就是著名的关于俄狄浦斯杀父娶母的故事。底比斯国王赖亚的儿子俄狄浦斯降生那天，一个巫师赶来说，这个孩子将长大之后，有一天突然听说了关于自己将来会"杀父娶母"的言。他当时并不知道自己的身世，一直把科林斯王夫妇当自己的亲生父母。他是那样爱着他们，担心预言会变成现实，就偷偷离开了科林斯，决定一个人到底比斯城内默默度过一生。

在路上，俄狄浦斯碰到一大群随从簇拥着一个人乘着马车迎面过

▲ 埃及的狮身人面像

来要杀父娶母，于是他的父亲就让牧羊人把他扔到山谷里喂狼，可是善良的牧羊人不忍心，就把婴儿送给了科林斯王的牧羊人，科林斯王的牧羊人又把他送给自己的主人。科林斯王很喜欢这个孩子，就把他当作亲生儿子抚养长大。俄狄浦斯来，要他让路，可是俄狄浦斯作为一个王子，又血气方刚，就和对方争吵起来。那个人就用马鞭抽打俄狄浦斯，而俄狄浦斯力大无比，一怒之下把那个人打死了——他并不知道，这个人就是他的亲生父亲赖亚。然后，俄狄浦斯继续上路，在

底比斯城外遇到了一个狮身人面的女妖,从脸部和胸部看,她真算得上是个美女,但是却长着狮子的身躯,还有一双大翅膀。她自称名叫"司芬克斯",天天在这里拦住行人,问他们一个谜语,如果回答不出,就立刻把他撕碎吃进肚子里!结果很多人都回答不出,底比斯城外已是白骨累累。这天,司芬克斯拦住了俄狄浦斯,就对他说:

"我出一个谜语,如果回答不出,我就杀了你!"

俄狄浦斯回答说:"如果我答对了呢?"

"那我就自杀!"女妖很骄傲地说。

于是女妖出了一个非常难猜的谜语,除了智慧女神雅典娜,从来

▼ 神秘的狮身人面像

没有人能够猜得出来。谜面是这样的：什么动物早晨用四只脚走路，中午用两只脚走路，晚上用三只脚走路？俄狄浦斯马上回答说："这是人。"司芬克斯感到无地自容，就跳悬崖自杀了。底比斯宰相也就是王后的弟弟克瑞翁，就推举俄狄浦斯做了国王，并且把老国王的寡妻也许配给他。后来上天连降灾难到底比斯城，通过神谕俄狄浦斯得知了自己杀父娶母的罪行，万分悲痛下他就自毁了双目赎罪。

后人为了纪念俄狄浦斯除去妖魔的功绩，就在司芬克斯女妖经常出没的地方，也就是今天哈夫拉金字塔的广场上，塑造了这么一个巨大的雕像。但是很多人不同意这种说法。他们认为狮身人面像是自然风化而成，并非是有人发明创造。这里面也有个传说大约3400年前，埃及年轻的王子托莫到一处地方狩猎，晚上在一处沙丘搭了帐篷休息，由于太累了，一躺下就酣然入睡，梦中他见到一个狮身人面的怪物对他说："我是万能的神，被埋藏于沙石中已经万年，如果你能让我重见天日，我将赐福于你，封你作全埃及的王，然而倘若你不能解除我的烦恼，我将让烦恼伴你一生！"托莫王子惊出了一身冷汗，立刻调集人昼夜挖掘，果然挖出了一个巨大的狮身人面像。这个传说反映了这样一个可能：狮身人面像可能根本就不是有人刻意雕塑的，而是由于地壳运动的关系，一座山的一角经年累月受风沙打磨，就成了今天这个模样。

最近考古学家又有了新的发现。他们考证出，这座人面狮身像，已经有1万多年的历史了。而哈夫拉是公元前2500年的帝王，所以不可能是由他建造的。有关狮身人面的修建情况应该是这样的：1万年以前，狮身人面的外形一头部和身体已经建成，5000多年后，法老哈夫拉利用了这座雕塑，将脸部改为自己的面容。

其实，这种新的说法并没有解决问题的关键，即谁首先发现了"狮身人面"这个造型？这个造型又是什么时候开始出现的？埃及本来就是个谜团重重的地方，金字塔旧谜未破，又添新谜，关于狮身人面之谜，人们还将长久地谈论下去。

复活节岛雕像连环谜

1722年4月,由荷兰探险家罗格文率领的三艘战舰,在东南太平洋的狂风巨浪中颠簸了数月之久。暮色中,他突然发现前方出现一个小岛。在兴奋和猜度中,他们靠近了这个航海图上没有标记的岛屿。然而,它们简直不敢相信自己的眼睛,这个小岛上迎接他们的竟然是一排排站立的参天巨人。再走近一看,原来那是数百尊硕大无比的巨人雕像。

这一天是复活节,所以他们把这个小岛命名为复活节岛。复活节岛独处地球偏僻的一角,远离其它岛屿。西距皮特凯恩岛1900公里,东距智利西海岸面700公里。岛长22.5公里,呈三角形,面积在17平方公里。岛的中部是风沙横行的沙漠,树木稀少,只有杂草。岛民靠挖池塘蓄存雨水生活。除了老鼠,岛上再没有其他野生动物。居民用简陋的木制工具栽种甘薯和甘蔗,艰难度日。

▲ 复活节岛全貌

然而就是这样一个干旱、荒凉,只有少数土著居住的孤岛上,却遍布着1000多尊巨大无比的巨人石像。这些巨人石像最重的可达90吨,高9.8米,就连最普通的也有二三十吨重。更加令人惊异的是,这些巨大石像还大都顶着巨大的红石帽子。一顶红石帽,小的也有20吨,大的重达四五十吨。人们不

▲ 海边大型石雕像群

禁要问：岛上的土著做这些石人像干什么？又是如何建造的呢？专家们感兴趣的是，这些石像是怎么加工的？历史学家感兴趣的是，石像是什么时代完成的？人类学家感兴趣的，则是这批石像应归属何种文化、又有何切实的涵义，难道是一种文明的象征吗？

当专家们向复活节岛上的居民请教，居民并不知道这些石像的来历，他们之中没有一个亲身参加过石像的雕凿。也就是说，他们对这些石像一无所知，还不如我们知道得多。

这些石雕人像一个个面容呆滞、脸形窄长，造型一致，在其他地方是看不到的；说明它是未受外来文化影响的本岛土著作品。可是，有些学者指出它们的造型与远在墨西哥蒂纳科瓦的玛雅——印第安文化遗址上的石雕人人像存在着许多相似之处。难道是古代墨西砖艾化影响过它，但墨西哥远离复活节岛数千公里，这几乎是不可能的，也是不现实的。

不可能的奇迹还表现这批石雕人像小的重约3吨，重的达98吨，它们究竟是怎么被制作者从采石场上凿取出来，又如何加工制作，又采用什么办法将它们运往远处安放的，并把它牢牢地竖立起来的呢？前几个世纪，岛上居民还未掌握铁器，这一切太令人不可思议。

问题一个接一个的出现了：谁是岛上巨石人像的制作者？是当地人吗？显然这不太可能，难道是外星人吗？

人们调查了这些巨石人像的分

布，在诺拉库山脉发现了数十处采石场。采石场上坚硬的岩石，像切蛋糕似地被人随意切割分离，几十万立方米的岩石采凿出来。到处是碎砾乱石，加工好的巨石人像被运往远处安放起来，采石场上仍躺着数以百计未被加工的石料，以及加工了一半的石像。有一尊石像最

▲ 海边石雕像

奇妙，它的脸部已雕凿完成，后脑部还和山体相连。其实再需几刀，这件成品就可与山体分离，然而，它的制作者却不这样做，好像他忽然发现了什么，匆匆离去。

大批石匠不约而同地匆匆离去。采石场上零乱的碎石，好像是逃离时混乱的脚印，纷飞四布的石屑以及那些碎弃的石料上的深深的凿痕，又在向人述说当时充满热情与欢乐的劳动氛围，以及欢快的场面。进度不一的件件作品，就像凝固了的时针，突然指在同时停工的时间上，小岛到底发生了什么？令人如此不可思议。

是火山爆发吗？地质学家告诉我们，复活节岛固然是座火山岛，但是座死火山，在人类来到岛上居住以前，情况一向是稳定的，已经不会再有大的喷发。或许是狂风海啸等灾害造成工地停工，但是，岛上居民理应对海岛常见的这种自然灾害司空见惯，大可不必惊慌失措。再说灾害过后随时可以复工，但他们却没有这样做。

那这到底是为什么呢？为什么雕刻这些巨石人像，已经是个谜了。而采石场突然停工，又是谜中之谜，简直令人费解。

许多学者研究了分布于小岛各处的众多雕像，以及几处采石场的规模等情况后，认定这些工作量需要6000个身强力壮的劳动力才能完成。他们做过一项试验，雕刻一尊不大不小的石人像，需要十几个工

人忙一年。利用滚木滑动装置似乎是岛民解决大型运输问题的惟一途径，同时，这种原始笨拙的搬运办法，的确可以将这些庞然大物搬运到小岛任何一个角落。但是，这无疑又要占用很多的劳动力。这暂且不说，而且令人困惑之处还在于，岛上几乎没有树木，这就不存在利用滚木装置运送巨石人像的问题了，那么，这些石像是怎么被搬运的呢？

岛上这些石人像不少头戴石帽的，小的有2.5吨，大的重约十几吨。这又给我们带来一个问题，要把这些石帽戴到巨石人像的头上，需要有最起码的起重设备和吊装设备。可岛上树木不生，连滚木滑动这种最原始的搬运设备都不可能存在，吊装装置就更不要提了。

再说那6000个强壮的劳动力吃什么？靠什么生活？在那个遥远的时代，小岛上仅生活着几百名土著人，根本没有能力提供养活1000个强劳力的粮食和衣食住行。小岛上的植物、耕地所提供的食物，以及沙滩上偶尔漂浮而来的鱼虾，更难以满足如此众多人口的最基本的生活需求。

难怪大不列颠博物馆考察队的队长斯科斯贝·鲁特里奇女士，会用一种极为迷茫而激动的语调在她的回忆录中写道："岛上的气氛仍能使我们感到一种过去曾存在，而今已经消失的宏大规划和无限精力。又是为什么？这一切太神秘，太不可思议了。"

▼ 神态严肃的雕像群

第 8 章

漫步迷雾重重的考古世界

青少年不可不知的

Weijiezhimi
Quanji

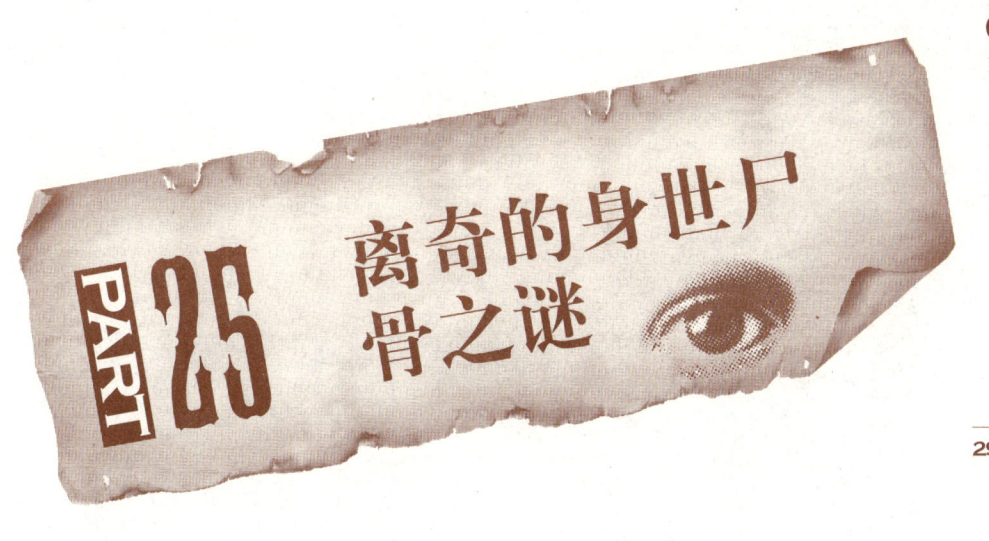

PART 25 离奇的身世尸骨之谜

 刘备尸体葬于何处之谜

刘备遗体葬于四川成都还是重庆奉节？这是若干年来众多三国迷关心的一个问题。奉节县永安宫负责人高应生认为，凭借当时的条件，要把刘备遗体从奉节运回成都是极不现实的，而且当时战况对蜀极为不利，蜀国没有精力处理这件事。考古专家袁东山也认为，从文史资料记载来看，刘备葬于奉节的可能性极大。但是不同意社会上流传的刘备葬于奉节县城一座宾馆下的说法。他认为三国时没有把墓地建在城里的习惯，诸葛亮也不会把刘备的遗体安放在人群集中的县城里。所以刘备墓有很大可能在奉节，但肯定不在奉节县城里。

唐僧尸骨之谜

唐僧，法号玄奘。公元627年，他离开长安，开始西域之行。17年后，行程5万里，从印度取回了经卷。回国后，又用20年的时间进

▲ 玄奘寺

行翻译，直到去世。而奔波一生的唐僧，死后也没有能够真正安息。在后来的1000多年中，这位高僧的遗骨遭受了数不尽的劫难。

唐朝末年，大军阀朱温为了把政治中心转移到洛阳，下令拆除长安所有建筑物，保存唐僧尸骨的兴教寺也未能幸免。由于有僧人抢出了唐僧的部分遗骨，才使这位高僧的遗物没有在世界上彻底消失。

宋朝仁宗年间，南京天禧寺有位叫可政的和尚去陕西终南山紫阁寺，得到了唐僧的头顶骨，迎回南京。他在天禧寺建了一座石塔，把唐僧的头顶骨安葬在塔下。到了明朝，又在后山土堆上修了座三藏墓塔。

到清朝末年，寺和塔一起被毁。而满清政府风雨飘摇，内忧外患弄得民不聊生，人们都无心过问唐僧的遗骨了。1942年，《申报》突然登载了一条消息："日本高森部队于南京中华门外建筑稻垣神社时，发现报恩寺旧址内埋有玄奘法师遗骨及佛像铜匣等，并有宋天圣五年和明洪武十九年两部葬志。"事实上，唐僧的头顶骨确实落到了日本人领军稻田大佐手里，并且打算立即运到日本。南京市民读了《申报》，一时群情激愤，要求汪精卫"政府"出面干预此事。此时，日军在太平洋战争中屡屡失利，已开始走下坡路。而汪精卫也正在为自己的前途惴惴不安，于是想利用此事笼络佛教徒，就派人和日军交涉。日本人勉强答应把头骨分给汪伪政府一半，汪精卫随后就装腔作势地在南京九华山上建了一座三藏塔，把半块头顶骨安葬在塔下。而另外半块头骨的下落，一说是抗战胜利后，由国民党中央博物院筹备处接收。解放后收藏在灵谷寺玄奘法师纪念堂里。另一种说法是：半块头顶骨被运到日本，1956年送到台湾，如今在台湾日月潭玄奘寺三藏塔中供奉着。

▲ 玄奘雕塑

西夏王朝之谜

消失的神秘王国

在古老的丝绸之路上，除了被黄沙埋没的楼兰，还有另一个曾经辉煌、却迅速消失的神秘王朝：西夏。今天的银川西边，有一大片西夏陵园，残存的陵台高大雄壮，加上形制奇特的108塔等佛教遗存，零星地展示着神秘的西夏王朝的盛世威风。

西夏文物因历史原因绝大部分流失海外，在国内仅存145件。这些文物从文字、金属铸造工艺、陶瓷器皿、佛教文化、建筑石雕等各个方面，展示了西夏独特、神秘的文化和艺术内涵。

曾经的辉煌，今日的谜语

当年，这个与宋、辽、金鼎足而立了189年的国家，自称为"大夏"。从公元1038年李元昊立国，到1227年被成吉思汗灭国屠城，10代西夏王统治期间一幕幕的生动历史剧，竟在很长时间里被遗忘得干干净净。这是因为成吉思汗亲率强兵劲旅六征西夏，均遭到顽强抵抗。在最后一次征讨西夏时，还曾被蒺藜掀下马，因此心情郁闷身罹重病而逝（一说为中毒箭而死）。临终前，他怀着对西夏的恨，下了三道灭绝西夏的诏令：灭绝西夏王、西夏族人、西夏文化。西夏陷落后，蒙古大军不光血洗西夏，后来的元朝史家在修史时也有意跳过西夏，使之成了惟一不入"二十四史"的王朝。党项人和西夏文明从此成为中华民族历史长卷中鲜为人知的"神秘古国"。

西夏文物无价宝

西夏文，是开国皇帝李元昊让大臣野利仁荣等创造并在国内推广的。这种文字是模仿和借用汉字笔画，重新创制的全新方块文字，笔画繁琐、结构复杂，每个字都在10划以上，没有汉字常用的竖钩，而喜用撇、捺。50年里，尊奉佛教的西夏人用自己的文字译出了3600多卷佛经，也记下了自己的历史，这种文字在元朝以后消失。1804年，清朝史地学家、武威人张澍，在一家寺院游玩时发现一座封闭已久的碑亭，传说一开就会有风雹之灾。他对天发誓，保证开门造成的灾难由他一人承担，门打开了，里面只有一座完好的石碑，正面所刻字"乍视，字皆可识；熟视，无字可识"，反面刻有汉字译文。这通石碑就是有名的《重修凉州护国寺感应塔碑》。张澍这一偶然发现，使久已死亡的西夏文重为世人所知，

▲ 西夏碑

中，专家们还有两处新发现。第一是在进行纸张纤维检测时，发现了用竹纸印刷的西夏文献。第二是在修复中还发现了一章用来裱糊封皮的卖粮的残片和贷粮帐残片，上面记载了售粮日期、人名、粮食品种和价钱，这是直接反映西夏社会生活的重要史料。

"鎏金铜牛"是宁夏博物馆的镇馆之宝，身长1.2米，重188千克，牛身横卧，头上两角弧度优美，两眼圆睁，全身折射出柔和的金色光芒。制作它需集冶炼、模具雕塑、浇铸、焊接、抛光和鎏金等工艺于一体。在西夏王陵中还发现一红一白两个碑座，上有浮雕男女力士像，人物曲膝跪坐，面形浑圆，双目圆睁，袒胸露乳，可以分得出男女，不少样貌都与中原人迥异。还有一组木雕人物，顶上秃秃，只在脑后或头两侧有切削过的头发分披下来，显然是当年西夏人接受"秃发令"后的模样。

▲ 西夏王宫

他也成了第一个明确识别出西夏文字的学者，也使"大夏人"终于自证了他们的存在。1917年在宁夏灵武县还出土了120多册已经残破的西夏文献，其中包括用活字印刷术印刷的《大方广佛华严经》，它为研究活字印刷术提供了样本。国家图书馆2003年开始对这批文献进行修复，现在已修复完整。在修复过程

耶稣骨灰之谜

法国金石学家安德鲁·勒迈尔在耶路撒冷附近发现了一个距今约2000年的骨瓮,这个石灰石骨瓮长20英寸,有特殊字迹和花纹,上书:"雅各,约瑟之子,耶稣的兄弟。"这被认为是一条能够证明耶稣在历史上确有其人的证据。

根据资料记载,在耶稣受难后,雅各成为耶路撒冷地区新兴基督教团体的领袖,在公元63年被处以石刑而死。勒迈尔认为,这个雅各,就是骨灰装在那个刻有铭文的骨瓮中的雅各,而骨瓮上的耶稣,就是那个让希律王恐怖的屠杀婴儿、在旷野上抵御魔鬼的诱惑、让盲人复明、让麻风病人痊愈、被犹大背叛、在骷髅地走上十字架的上帝的儿子——耶稣。对别人的质疑,勒迈尔解释说,首先,依照犹太风俗,死者父亲的名字会出现在骨瓮的铭文上,但是同时出现其兄弟名字的情况则极为少见。这可能是因为其兄弟是个非常有名的人物,而死者和死者的亲属希望在铭

▲ 传说耶稣诞生在一个马槽中

文中提醒大家这一血缘关系。其次，虽然在那段历史中可能有无数的雅各、约瑟或是耶稣，但从统计学上看，存在这种亲缘关系的几率非常低，据计算不会超过20个人。但是事实上，现在跟勒迈尔争论这个雅各会不会就是那个1/20，恐怕是件永远争不出结果的事情。

 冰川里的男尸之谜

加拿大的狩猎者在渐渐融化的冰山上发现了一具男性尸体，考古学家经过碳元素测试，证明这是一

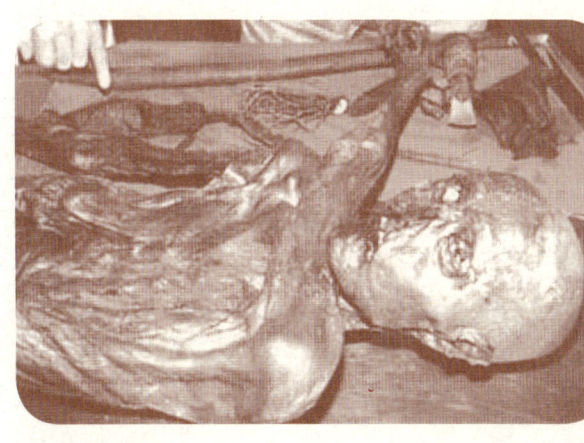

▲ 冰川里的男尸

具550年前死亡的男子。于是考古学家遂用当地的语言给他取名叫克瓦德·丹·茨·英奇，意为发现了很久以前的人。这个人是什么人，怎么会在这座冰山上，又是怎样死去并且一直保存到现在呢？

冰川融化露出男尸

在加拿大不列颠哥伦比亚的塔琴希尼·阿尔塞克省公园一座正在融化的冰川顶上，3个狩猎山羊的男子看到了一根行走用的手杖。在如此高的冰川上有木头这已经不可思议了，但是接着他们又看到一些带皮毛和骨头的东西。发现者之一比尔·汉隆说："它大概距冰峰十五六米开外。雪地里有一大块污迹，看上去就像一只死去的动物。"接下来他们就看到了一些衣服，上面甚至还有补丁。"我朝1米开外的地方瞟了一眼，发现有一个骨盆从冰块上凸显出来。"汉隆回忆道，"我看到双腿插入冰里。"于是他们立即前往

加拿大贝林吉亚博物馆作了报告。专家考证，这具男尸是从"接触前的时期"（在欧洲探险家到达之前的年代）发现的最完整的人类之一。

冰冻人的神秘身世

加拿大贝林吉亚博物馆接到报告后，立即组成一个考察小组乘直升机前往冰川。在那里，他们发现一个只剩左臂的人体躯干，手已化

▲ 清晰可见的尸体

成了木乃伊。他们还发现一个木制的标枪和一个行走用的拐棍。而在那个男人的长袍的兜里却有几条鱼和一些鱼鳞片。小组的人小心翼翼地抬起那具尸体，并收集了一把仍插在刀鞘里的刀子和一只皮袋子。他们还发现了一顶梭织的帽子，几件破碎的衣服和后来被描写成是男人的"个人的药袋"的东西。

这具遗体从怀特霍斯运回到位于维克多利亚的皇家大不列颠博物馆。随后，科学家们日以继夜地编写材料、对克瓦德进行检查，现在还不清楚这个男人究竟是否带有什么疾病。研究人员根据对他的帽子和衣服的放射性碳元素测试，确定他死了550年了。他们没有发现什么创伤、文身以及与其祖先有联系的标志。他们所知道的只是他的尸体是处于一个面朝下的位置，右手臂抬了起来。有关他死亡的情况仍是一个谜。

印加帝国的少女"沉睡"之谜

1999年，一队考察组在阿根廷萨尔塔省尤亚伊亚科火山海拔6715米的山顶上发现了古代印加帝国的神坛，并在那里发掘出3具用作祭祀品的少年儿童尸体，一个男孩子，两个女孩子，其中一个女孩年纪较

▲ "沉睡"的印加少女

大。研究人员分别给这几个孩子起名为"男童""女童"和"姑娘"。通过对尸体牙齿的放射检测,确定他们的年龄分别是7岁、6岁和15岁半。据推测,这几具古尸的年代应当在1480~1532年。除了"女童"因为曾经遭受雷击,受到部分破坏外,这几具古尸完好程度惊人。

印加帝国是南美洲土著人文明最发达的社会组织,势力范围一度扩大到现在的阿根廷北部。西班牙人来到南美前后,这个高度发达的帝国突然衰败消失了。根据研究,这个社会当年还保持着用活人做祭祀品的习俗。用少年儿童做祭祀品,是因为他们代表纯洁,容易被神接纳。用于祭祀的孩子是根据相貌和智力挑选出来的,他们的父母都引以为荣。据认为,被选中的孩子们知道自己的命运。从被选中到送上祭坛,这中间一段时间他们自己为自己做祭祀的准备工作:编织布料,制作陪葬品等。

祭祀仪式在高山上进行。司祭在启明前点起篝火,给即将成为贡品的孩子服用古柯叶和玉米酒。研究人员没有发现尸体有被打击的痕迹，也没有被勒死的痕迹，因此他们猜测，这些孩子在古柯碱、酒精和高山缺氧的综合作用下，已经失去知觉。祭司们就这样把他们活埋在1米见方，1.7米深的墓穴里。用现代人的眼光来看，这是极其残忍的事情。然而，在那个社会里，人们认为被当作贡品奉献给神是幸福，而且他们死后能受到崇敬和膜拜。

▲ 与少女同时出土的祭祀品

PART 26 惊人的神奇发明之谜

火药发明之谜

据史书记载，古代的炼丹家在长期的炼制丹药过程中，发现硝、硫磺和木炭的混合物能够燃烧爆炸，由此诞生了中国古代四大发明之一的火药。公元808年，唐朝炼丹家清虚子撰写的《太上圣祖金丹秘诀》记载的"伏火矾法"是世界上关于火药的最早文字记载，中国学术界由此认为火药的发明不迟于公元808年。但作为火药最主要的原料——硝的熬制地点在哪里？一直困扰着从事此项研究的专家。

由四川省川西北地质工程勘察院、四川省绵阳市文物局等单位组成的"中国古代火药原料科学考察探险队"，对老君山进行了实地考察。发现老君山地区有朝阳洞、天雨洞、高官洞等十几个人工开凿的山洞，洞深不等。考察队在朝阳洞等山洞中，发现了排列有序的用来生产的硝池，以及堆积如山的下脚料、废弃物和生活用的灶台等。通过对山洞内的硝池、灶台、水槽的考察，专家认为当时提炼硝的技术已经相当成熟，并初步推算出一担土可以提取8～12两硝。

专家们发现老君山周围物产有限，交通不便，却汇集了江西、广东、福建、湖北、湖南、陕西、浙江等省的会馆，因此一致认为，极有可能是经营硝的各省客商云集这里，并建起了各省的会馆。专家们还认为，四川是中国本土教道教的发祥地，两汉前后道教炼丹盛行，火药又是道教的发明，而老君山的深山密林中至今有宋代修建的4座道教教观，这其中一定有必然的联系。而作为火药基本原料的硝、木炭、硫磺，在当地也都一应俱全，具备了火药生产的基本条件。如果能够论证老君山就是中国火药的发明地，并且是中国历史上规模最大的火药原料开采地，那将是中国和全世界考古界的重大发现之一。

古代电灯、彩电之谜

亲爱的朋友，我们生活在一个科技高度发达的时代，电灯、电话、电视机、电脑等家用电器已经成为我们的日常用品，如果问你电灯、电视是何时何人发明的，即使你不能马上回答出来，通过查阅科技资料，你也会准确的说出电灯是1879年美国人爱迪生发明的，电视机是1929年英国人贝尔德发明的。假如我说早在4000多年前人类就已经可以收看到电视节目了，你也许会感到不可思议，认为在几千年前的古代绝对不可能有电视这类东西的存在。可是，事实总是胜于雄辩，古代真的没有电视、电灯吗？下面的这件事也许会让你改变你原来的看法。

不久前，一位著名的考古学家勒加博士在日内瓦向新闻界宣布：他在埃及尼罗河畔一座从未有人发掘过的古墓中竟然发现一台完好无损的类似彩色电视机的仪器。这台仪器与时下流行的彩电区别较大。它只有一条线路，只能接收一个电视台的节目。它有4个三角形的荧光屏，屏的四周都镀了黄金，它的机件是由目前最先进的金属钛制造而成的。做工极为坚固，这台机器虽不能工作，但经历4200年，它的太阳能电池仍能正常工作。

由于古埃及人既没有制作电视机的材料,也不可能具备如此高精度的制造水平,所以,专家们认为它极可能是外星人送来的礼物。电子工程师蒙纳花了近一个月的时间细致地检查了这台电视机,并查清了它的线路和工作原理。他准备用当前最先进的技术复制出一台同样的彩电来,用来试验它是否能接收到另一个星球的电视信号。当然,这种被称做古代彩电的仪器是否是外星人的杰作,至今还是个谜。

在古埃及的金字塔建筑群中,规模最大的一座是距今约4600年,在开罗近郊吉萨高原建造的古王国时期第四王朝法老胡夫(古希腊人称之为奇阿普斯)的金字塔,它的内部结构极为复杂和神奇,并饰以雕刻、绘画等做工精湛的艺术品。

但是,令人不解的是在十分黑暗的墓室和过道里,这些精致的艺术作品是怎样被雕刻、绘画上去的

▲ 存放电视机的墓室

▲ 对于出现在黑暗墓道上的精致的雕刻作品，人们一直很迷惑

呢？我们可以想到这理所当然是在利用火炬照明或者是在油灯下才能完成的。但当时如果真的是使用火炬或油灯，就必然会留下一些"用火"的痕迹。可是，现代科学家对墓室和过道里积存了4600多年之久的灰尘进行了全面仔细的科学化验和分析，结果表明，灰尘里并没有任何烟灰和烟油的成分。也就是说根本没有发现一丝一毫使用过火炬或油灯的痕迹。

这是不容置疑的、千真万确的事实。因为，现代科学家是利用目前世界上最先进的现代化仪器来化验墓室和过道里的灰尘的。它能够准确地分析出每一粒灰尘的100万分之一的化学成分，这样看来，古埃及艺术家在胡夫金字塔地下墓室和过道里雕刻、绘制壁画时，根本不是使用火炬或油灯来照明的，而很可能是利用某种特殊的蓄电池或者其他能够发出光亮的电气装置，这种结论令人感到不可思议。

然而，在公元1401年，考古学家在意大利罗马发掘的一座帕拉斯墓穴里，发现整个墓穴被一盏明亮的灯照亮着，这盏灯在墓穴里已经亮了2000多年且不曾熄灭过，直到考古学家把墓穴全部打开后它才自动熄灭。这简直是个奇迹。

无独有偶,公元1845年4月,考古学家在罗马附近发现一位古代年轻女子的石棺,她的全身肌肉一点没有腐烂,像活人一样完好无损,面容栩栩如生,当打开她的石棺时,考古学家被石棺内一盏明亮的古灯吓住了。这盏古灯已经在石棺内亮了1500多年,没有熄灭。

为什么古灯在已经掩埋、密封了的坟墓或石棺里能亮1500多年而不熄灭呢?这些古灯的能源从哪里来?至今仍然是无人揭晓的谜。

但科学家们的努力并没有中断,他们又进行了深入的研究与探索。从这两盏古灯的外表形态来看,它们与现代的电灯并不相同,但其发光的原理可能与现代电灯有某些相似的地方。看来,远在1500多年前,古人就能够制造某种特殊的蓄电池或其他能够永放亮光的特殊电气装置了。但查遍1500年前古代的所有历史资料,却根本找不到有关使用电器的任何记载。而且许多人认为1500年前的古人绝对不可能有这样高超的电气技术,这些古灯不可能是地球上的古人发明的,而是天外来客——外星人遗留在地球上的作品。但是由于这些古灯被考古学家发现时,我们的科学技术还没有达到一定的水平,当时无法对这些古灯进行深入的研究和探索,因而这些古灯就成了千古之谜。

总而言之,无论是古代的彩电,还是千年的古灯。都给人们对历史文化传承的研究提供了最好的脚本。

里耶秦简之谜

秦始皇"焚书坑儒"是中国历史上著名的文化浩劫,而湘西里耶发现的2万枚秦简是怎样逃脱劫难的呢?北京大学历史系教授吴荣曾认为,里耶秦简是官府文书,并不在"焚书"之列,因而在那场文化浩劫中幸免于难。那么,这些秦简有何用途?上面都写了什么?湘西地

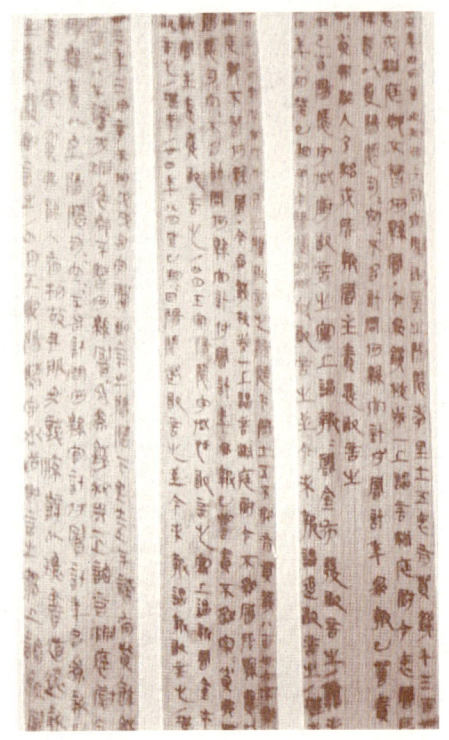

▲ "逃脱劫难"的里耶秦简

处秦王朝西南角,为何会有如此惊人的秦代考古发现呢?40余位考古界权威专家经过讨论,一致认为湘西里耶秦简属秦代当地官署文书,极大地增添和充实了秦代的历史文献和档案资料,是近百年来秦代考古最重要的发现之一。

他们认为,湘西里耶秦简内容丰富,涉及政治、军事、民族、经济、法律、文化、职官、行政设置、邮传、地理等诸多领域,极大地丰富了人们对中国历史上起承前启后作用的秦王朝有关制度的了解和认识,对秦史研究具有不可估量的价值。

▲ 里耶遗址

专家们还指出，湘西里耶秦简所处湘西酉水流域及武陵山区，不仅战国时期是楚秦等国相继开发、对峙、征战的前沿地区，更是历史上多民族生息、繁衍、杂处之地，秦简的发现不仅有助于填补该地区历史记载缺佚的空白，了解和认识该地区一些重大历史事件，更有助于该地区考古学文化与民族文化发展序列与谱系的认识和建立，使该地区在中国历史和民族发展史中的重要性得以提升。

袖珍作弊书之谜

浙江省东阳市一户农家中有上下两册《五经全注》袖珍作弊书，长5.7厘米、宽4.3厘米、厚0.8厘米，每册85页，每页22行，每行38字，全书共14万字。这是古代考生专门用于作弊的全国最小的石印微刻《五经全注》孤本。据了解，目前国内发现的作弊本只有七八种，其中最珍贵的一册珍藏于南京江南贡院，长7.5厘米、宽5厘米，每页540字，共30页，全书1.6万字，被称为"压库之宝"。东阳目前发现的石

▲ 考生想出的"绝点子"袖珍作弊书

印微刻《五经全注》孤本比南京江南贡院的"袖珍书"体积更小，字数更多，内容更丰富。每个字不到1毫米，但看起来十分清晰，可见当时石印技术之高超。该书印行于光绪己丑年，内容依次为《易》《书》《诗》《礼》《春秋》，接下来是《临文要诀》以及格式、避讳等考试常识。

▲ 放大镜下的袖珍作弊书

据有关专家考证，该书籍比特制的靴子后跟略小些，当时朝廷为了防止考生夹带作弊物，规定衣袖袍裤乃至帽子袜子都必须是单层的。于是有考生绞尽脑汁想出了用靴跟夹带小书的"绝点子"。

日本出土的四神镜之谜

▼ 日本出土的三角缘神兽镜

1917年日本在兵库县丰冈市森尾古墓出土了一面约2000年中国制造的方格规矩四神镜。经专家研究鉴定，这面直径12.9厘米、重约390克的青铜镜上除有四神外，还有表示大地的方格和表示支柱的T字图纹等。从青铜镜的铭文和形式判断，是中国西汉末年王莽时代的制品。

经X光鉴定，发现有"言之纪镜"等文字，而且肉眼能看出"苍龙在左白虎右"等文字。

森尾古墓是1917年被偶然发现的，在这座古墓中同时还发现了两面三角缘神兽镜。日本京都大学中国考古学副教授冈村秀典说，日本只有北部九州和北近畿地区发现了《汉书·王莽传》中被看作倭人的"东夷王"朝贡记事中所描写的当时中国制造的铜镜、货币和铁制大刀。森尾古墓中所埋葬的是否是"东夷王"，现在还不清楚，但"东夷王"与北部九州的倭人同中国进行交流是肯定的。

▼ 日本出土的汉代四神镜

古罗马的"化妆品"之谜

考古学家在英国伦敦泰晤士河南岸的一处古罗马神殿遗址进行挖掘时,发现一个直径6厘米的筒状金属盒子,密封的盒子里装有白色膏状物质。由于考古记录上还没有出现过这种类型的膏状物,这很可能是初次发现。有关专家初步认定,这些散发着浓烈硫磺气味的膏状物质很可能是2000年前古罗马时期的"化妆品"。令人惊奇的是,盒中的物质在泥土中埋藏了这么久,居然仍保持着良好的质地。

其后,考古学家又对盒子进行了检测。它是纯锡制成的,在盒子的外部还有一些细小的凹槽。上下两部分结合得天衣无缝,具有良好的密封性。伦敦博物馆馆长弗朗西斯·格鲁说:"这个发现意义非常重大。"他表示,由于目前还没有对盒中物质进行化学鉴定,因此不能确定那是否属于化妆用品。

▲ 古罗马·古罗马化妆品

▲ 古罗马遗址

▼ 古罗马化妆品

PART 27 罕见的遗址考古之谜

轩辕黄帝陵墓之谜

《史记·五帝本纪》载:"黄帝崩,葬桥山",桥山究竟在什么地方?陕西省黄陵县城北一华里的桥山有黄帝陵墓,此陵

▼ 流露着无限神秘的轩辕黄帝城

为古墓葬第一号，但是《魏土记》记载："下洛城东南四十里有桥山，山下有温泉，泉上有祭堂，雕檐华宇被于浦上。"与此相同的还有《水经注》的记载：漫（今桑干河）经过下洛城（今涿鹿）南之后，温泉水注之，水上承温于桥山下。"涿鹿桥山在今河北省涿鹿城东南40里，它以山顶上天然形成的一座拱石桥而得名，海拔981米。桥山附近的山梁上有一个巨大的四方石桌，传说是祭祀黄帝时在此摆设祭品的。石桌右侧的峭壁上布满象形文字样的图案。传说是古人刻石记事而留下来的遗迹。那么涿鹿与桥山有什么联系？现今的涿鹿是否是史书所称的涿鹿？据《史记·五帝本纪》载："黄帝与蚩尤战于涿鹿之野"；北魏著名的地理学家郦道元《水经注·谨水篇》载："黄帝与蚩尤战于涿鹿之野，留其民于涿鹿之阿。"有的史书把"涿鹿"写"浊鹿"。如南宋罗泌《路史·蚩尤传》载："蚩尤好兵而喜乱，逐帝而居于浊鹿。"当代研究古代神话的著名学者袁珂肯定地指出："浊鹿即涿鹿，今河北省涿鹿县。"特别是陈稺常编写、顾颉刚校订的《中国上古史演义》对此也作了有力的回答，该书第二回"千古文明开涿鹿"一篇中记述"黄帝与蚩尤战于涿鹿之野，把蚩尤追杀在贩泉（在今涿县城东）"之后，黄帝"又召集各国，大会于釜山（今涿鹿县城西南）"。

综上所述，涿鹿正是"黄帝与蚩尤战于涿鹿之野"的涿鹿，史书所称的"邑于啄鹿之阿"就是今涿鹿到矾山镇西侧古城又名黄帝城，此城遗址尚存。由此可见埋葬轩辕黄帝的陵墓，很可能是今河北省涿鹿县的桥山。因为黄帝战斗在涿鹿，死后，完全没有理由要将尸体运往千里之外的陕西安葬。但是黄帝葬于陕西桥山的观点也是不易否定的，黄帝到底葬于何处，这就需要进一步的考证。

秦皇陵地宫布局之谜

秦皇陵地宫就在封土堆下?通过最新遥感考古和物探勘查,中国第一个帝王陵园的布局之谜已经解开。对秦始皇陵园第一次全面的考古勘察始于1962年,考古人员绘制出陵园第一张平面布局图,经探测,陵园范围有56.25平方公里,相当于近78个故宫,引起考古界轰动。

墓室约一个足球场大

地宫是放置棺椁和随葬器物的地方,为秦皇陵建筑的核心。

民间曾传说秦陵地宫在骊山

▲ 秦陵地宫内部

里,骊山和秦陵之间还有一条地下信道,每到阴天下雨的时候,地下信道里就过"阴兵",人欢马叫,非常热闹。据悉,考古学家曾根据这个传说作过很多考察,但一直找不到传说中的地下信道。后通过遥感和物探的方法探测,发现地宫就在封土堆下。据专家介绍,地宫位于封土堆顶台及其周围以下,距离地平面35米深，东西长170米，南北宽145米，主体和墓室均呈矩形状。墓室位于地宫中央，高15米，大小相当于一个标准足球场。

宫墙坚固墓室未坍塌

研究人员发现在封土堆下墓室周围存在着一圈很厚的细夯土墙，即所谓的宫墙。经验证，宫墙东西长约168米，南北141米，南墙宽16米，北墙宽22米。专家介绍，宫墙是用多层细土夯实而成，每层5～6厘米厚，相当精致和坚固。超出人们预想的是，宫墙顶面甚至高出了当时的地面很多，整座墙的高度约30米，非常壮观！在土墙内侧，研究人员又发现了一道石质宫墙。探测发现墓室内没有进水，而且整个墓室也没有坍塌。而关中地区历史上曾遭受过8级以上的大地震，秦陵墓室却完好无损，这与宫墙的坚固程度密切相关！

地宫有道"防水大坝"

除了宫墙，研究人员还发现秦陵周围地下存在规模巨大的阻排水渠。阻排水渠其实是堵墙，底部由厚达17米的防水性强的清膏泥夯成，上部由84米宽的黄土夯成，规模之大让人难以想象。秦始皇陵园东南高西北低，落差达85米，而阻排水渠正好挡住了地下水由高向低渗透，有效保护了墓室不遭水浸。

防腐防盗

《史记·秦始皇本纪》记载，地宫内"以水银为百川江河大海"。物探证明，地宫内的确存在明显的汞异常，而且汞分布东南、西南强，东北、西北弱。如果以水银的分布代表江海的话，这正好与中国渤海、黄海的分布位置相符。秦始皇曾到过渤海湾，所以他很可能把渤海勾画进自己的地宫。如果这被证实，可以说明秦代时对中国地理就已经有了调查和研究。秦始皇以水银

▲ 秦始皇像

▲ 秦陵地宫展览馆

为江河大海的目的，不单是营造恢宏的自然景观，在地宫中弥漫的汞气体还可使入葬的尸体和随葬品保持长久不腐烂。而且汞是剧毒物质，大量吸入可导致死亡，因此地宫中的水银还可毒死盗墓者。

地宫中的石质墓室

物探同时还发现，地宫中有石质墓室的存在。但是却只有东、西各一条墓道，其余则是一些陪葬坑。从商周到汉代，帝王的墓道通常都为4条，分别贯穿东南西北4个方向，象征身份和地位的尊贵，而普通官员和百姓的墓道为一条或两条。按常理秦始皇的墓室也应为4条，但目前却仅仅发现了东、西两条墓道。这一发现引起专家的极大关注。

秦始皇脑子里在想什么，谁都说不清楚。这位生前骄横跋扈、性情不定的始皇帝，死后留下的陵墓必然扑朔迷离。

尉迟寺考古之谜

蒙城县尉迟寺史前聚落遗址自1989年考古发掘，先后出土大汶口文化时期的红烧土排房17排84间，各类陶器、玉器、骨器、石器等文物1万多件。经专家鉴定，此遗址在距今5000年左右，已经具备了初期城市的一个雏形和文明时代的基本因素，露出了文明的曙光。但是初步掌握遗址和聚落中心房屋的整个布局，仍不敢说已经划上了圆满的句号，地下可能还埋藏有很多东西，有很多不解之谜。

▲ 尉迟寺遗址

法门寺之谜

据说在阿育王统治印度的时代，把释迦牟尼的"舍利"分成88400份，送到世界各地建塔供养，以弘扬佛法。而世界各地，也同时建了8万多座塔，中国的法门寺就是其中之一。这话并没有人相信。因为阿育王比中国的秦始皇还早。而

▲ 法门寺

▲ 法门寺舍利

那时，佛教还没有传播到中国。

法门寺塔创建于东汉时代，这座寺是先有塔，后有寺，建成时叫"阿育王寺"，据说寺里供奉着印度僧人带来的佛骨。唐朝时改名为法门寺，成了皇帝经常朝拜的场所。1000多年间，法门寺经历了多次重修改建，由原来的木塔变成了13层砖塔。1981年8月24日，天降大雨，塔身裂开，西半边全部倒塌，只剩下一小部分残墙断瓦，一片凄凉景象。1986年4月2日，负责修塔的人员清理现场时发现一个巨大的石盖。1987年1月，考古工作者来到现场，揭开石盖发现是几级台阶，连接着一条黑洞洞的隧道，隧道尽头有石门，打开石门，赫然出现一座规模宏大的地宫!

地宫由前室、中室、后室组成，全用石头砌筑，每座石室间都有石门，一共四道，简直和皇帝陵墓的结构相似。在中国考古史上，还从来没有见过如此规模的佛塔地宫。地宫里的文物琳琅满目，全是唐代的衡世珍宝。其中有120多件工艺精绝的宫廷金银器，400多件珠宝玉石，17件玻璃器皿，16件"秘色瓷"，还有一大批花色绚丽的丝织品。

地宫封闭1000多年来从没有被人动过，简直是"佛祖有灵"了。然而，最惊人的发现是地宫里安放着四个金银宝盒。宝盒重重相套，共有8层。第八层内，装着一个小舍利塔，塔中放置着一段指骨！四个宝盒均是如此。经专家鉴定，其中一段是释迦牟尼真正的指骨，称为"灵骨"；其余三段是仿制品，称为"影骨"。有意思的是，发现第一枚指骨那天，正好是释迦牟尼诞生2530周年纪念日！

▲ 法门寺地宫

尼雅遗址之谜

本世纪初,英国人斯坦因在新疆塔克拉玛干大沙漠的南缘尼雅河畔发现了一座古城遗址,并从这里挖掘出封存了千年的各种珍贵文物12箱之多。当这些文物被带回英国时,西方学者大为震惊,这就是被称为东方"庞培城"的尼雅遗址。有人提出,尼雅遗址就是中国史籍中记载的西域36国之一的精绝国。据《汉书西域传》记载,精绝国位于丝绸之路的咽喉要地,"泽地湿热,难以履涉,芦草茂密,无复途径",由此可以看出精绝国是一片绿洲。然而公元3世纪以后,精绝国突然消失了。

那么,精绝国是如何消失的?它为何被埋没于滚滚黄沙之中?为什么璀璨的绿洲变成了死亡的废墟?为此,历史学家们困惑不解。

为了揭开这千古之谜,1995年10月,中日两国考古学家深入塔克拉玛干沙漠,开始了对尼雅遗址的

▲ 尼雅遗址

大规模科学考察。此次挖掘出土文物之丰富,保存之完好震惊了中国乃至世界考古界。这次考古价值最高的发现是大量保存完好特色鲜明的织锦和写有佉卢文的木简函牍。其中"五星出东方利中国"织锦质地厚实,纹样瑰丽流畅,色彩艳丽,世所罕见。大量的佉卢文档案也让考古学家们欣喜若狂。

佉卢文最早起源于古代犍陀罗,是公元前3世纪印度孔雀王朝的阿育王时期的文字,全称"佉卢虱底文",公元4世纪中叶消失。18世纪末,佉卢文已经成了无人可识的死文字,直至1837年才被英国学者普林谢普探明了佉卢文的奥秘。但是问题在于公元3世纪时,佉卢文在产生它的印度消失了,怎么突然又在异国他乡出现了呢?这着实让历史学家们摸不着头脑。最诱人的当然是佉卢文木牍的内容。解读它们发现,尼雅王国长期受到来自西南方SUPIS人的威胁与入侵。但是在各种史书上从来没有关于SUPIS人的任何记载,这个凶猛好战富于侵略的民族会是些什么人?尼雅王国后裔们的命运如何?这些未解之谜让历史学家们苦思不得其解,而尼雅王国的最后归宿,又令人嗟叹不已。

 白帝城考古之谜

自20世纪70年代以来,白帝城附近的农民深翻土地,都能发现大量的瓦砾、木炭和大条石。也许白帝城遍地是古迹,农民们也没有意识到这些东西的价值,挖出来的大条石大多成了自家建房的地基。

1998年,重庆市考古所

▼ 白帝城

▲ 白帝城内的墙壁画

开始在白帝城进行考古调查、勘探和发掘工作，2000年才初步确定并复原了南宋白帝城的基本面貌：即在瞿塘峡西口，现在仍然保留有7000余米城墙，在5个平方公里范围内封闭为一个整体的山城，以白帝、鸡公两山环抱的山坳和两山山顶平地为历代活动区，并留下了大片的建筑遗迹。

据专家介绍，南宋白帝城依山而建，整个山城前临大江，后靠山岗，地势险要，防御重点在西方之敌。根据调查和局部解剖，整个山城现存城墙是在较短时间内一次性大规模的建设中筑成的，建造方法、城墙风格都较为统一，通过解剖残存的各段城墙填土，内均包含少量南宋影青瓷片，因此专家断定这一山城的建造年代应为南宋时期。

河北梳妆楼之谜

河北沽源境内的元代墓葬建筑"梳妆楼"经考古勘察,确定其墓主为元世祖忽必烈的外孙阔里吉思,从而推出了是辽代萧太后"梳妆楼"的推测(明代《口北三亭志》有类似记载,当地居民也流传着这样的说法)。然而其中又发现了新的不解之谜,据考古专家说,元代墓葬很多,但是元代蒙古人的墓葬却极为罕见,而具有这种墓上建筑物的贵族墓葬更是独一无二。因为蒙古贵族死后墓地一般迁回其民族发源地,并用马牛踏平,不留痕迹。但此墓为何建有祭祀建筑,目前还没有答案。阔里吉思的墓葬何以未被迁回,并且违反祖训,在其墓地上建有建筑物?其主要原因可能是:"蒙古"一词早先只是指蒙古草原的一个部落;自成吉思汗统一各部后才成为各部的共同名称,而阔里吉思所属的汪古部并不是真正狭义上的蒙古人。

▼ 绿草茵茵中的"梳妆楼"

▼ 梳妆楼正面

宋代钧窑之谜

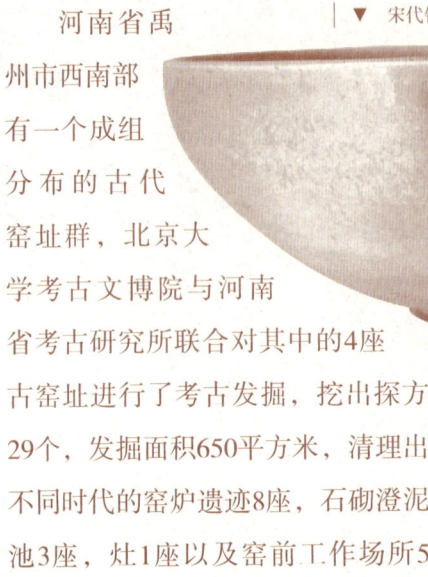
▼ 宋代钧窑碗

河南省禹州市西南部有一个成组分布的古代窑址群，北京大学考古文博院与河南省考古研究所联合对其中的4座古窑址进行了考古发掘，挖出探方29个，发掘面积650平方米，清理出不同时代的窑炉遗迹8座，石砌澄泥池3座，灶1座以及窑前工作场所5处。出土了大批瓷器残件和窑具，总数达数十万片，其中完整或可复原器物数千件，为研究钧窑本身的生产历史和工艺发展史提供了翔实的资料。

此次发掘表明，北宋晚期至金代前期就开始生产早期钧瓷，但主要是小件器物，均制作精良，釉层

▲ 禹州钧窑遗址

较薄。其中部分产品还采用了"裹足支烧"的方法,在器物底部留下了细小的支钉痕迹,这种工艺与北宋晚期北方地区诸多窑场流行的生产工艺相同。器物的品种十分丰富,碗、盘、钵、盒、注壶、盏托、连座瓶、盆等,造型优美精致,此外还发现了内施天青釉、外施紫红釉的器物,釉色秀美娇妍,开钧窑陈设类瓷器之先。

在这里,考古工作者还首次发现一座相对完整的土洞式长形分室式窑炉,填补了北方烧瓷窑炉发展史上研究资料的空白。此窑炉形状独特,既不同于过去北方考古中常见的圆形的"馒头窑";又不同于南方流行的长长的"龙窑"。通过对窑炉的火塘、烟道等部位的考察可以认定,元代在北方地区已普遍采用煤为燃料,但钧窑仍以烧柴为主。

▲ 钧窑陶瓷

青少年不可不知的

未解之谜 全集

Weijiezhimi Quanji

第 9 章 寻找悬疑重重的珍贵宝藏

青少年不可不知的

未解之谜 全集

Weijiezhimi Quanji

第 9 章 寻找悬疑重重的珍贵宝藏

PART 28 惊心动魄的寻宝故事

海盗拉比斯的藏宝图

奥里维·勒·瓦瑟是18世纪上半叶的法国大海盗,17世纪末出生在法国加来,他常用名叫拉比斯。18世纪初,印度洋和东非马达加斯加海域海盗活动猖獗。大凡途经此地的船只,大都难免遇难。而这其中最为凶暴最为显赫的,当然是拉比斯了。

拉比斯心狠手辣,主要抢劫豪华商船和政府"宝船"。1716～1730年,他在印度洋和东非海上称霸14年,统共攫取了54万

▲ 寻宝人从海中找到的物品

公斤黄金，60万公斤白银，其中还有数百颗钻石及各类珍奇宝物。1721年4月，他伙同海盗泰勒狼狈为奸，抢劫了印度洋波旁岛圣旦尼湾躲避风暴的葡萄牙船只"卡普圣母"号，抢走船上价值300亿法郎的金银珠宝，并重新装修一番，取名"胜利者"号。1722年，法国海军将领居埃·特鲁安在波旁岛附近大败英军，占领这一区域，此后法王大赦天下。

1729年，法国海军终于搜捕到拉比斯，经特别刑事法庭审判，他被定为海盗罪而处以绞刑。1730年7月7日下午5时，拉比斯的脖子终于被套上绞索。当他被押向断头台时，突然向蜂拥而观的人们扔出一卷羊皮纸，并吼道："我的宝藏属于那些能真正读懂它的人！"

在他遗留下来的那卷引人注目的羊皮纸上，写有一封密码信，画有17排莫名其妙的图案，这图案代表若干密码，谁能最终译出这密码的内容，谁便能够找到真正的宝藏所在地。这份密码终不得解，至今留在法国国家图书馆

▲ 马达加斯加海域

里。它的一份影印件曾落入英国探险家瑞吉纳·克鲁瑟韦金斯手中。这个人断定拉比斯财富必在印度洋上的塞舍尔岛上,因而他携带毕生的积蓄到塞舍尔岛呆了整整28年,对17排图样作了孜孜不倦的探索,终于破译了16排密码,但对其中的第12排图样却寻求不到答案,直到他因病去世时也未能解开此谜底。

除塞舍尔岛外另6个印度洋岛屿也可能是拉比斯藏宝之地:毛里求斯岛(又名法兰西岛)、波旁岛、马埃岛、圣玛丽岛、弗里卡特岛及罗德里格岛,这些岛屿都是拉比斯一伙海盗当时常来常往之地。后人根据破译出来的密码在毛里求斯岛找到许多宝藏。

从1730年绞死拉比斯到现在,已过去274年,探寻拉比斯密码和藏宝的活动始终不断。最近,一个创办不久的中欧"俄丝乌德旅行社"开辟了到塞舍尔岛寻宝的旅游线路,旅费虽贵,但参加者期期爆满。他们不但可以游览风景名胜,而且可以凭借旅行社发给的一份神秘图案的影印件到岛上寻找拉比斯藏宝,抓住顷刻间变成百万富翁、甚至亿万富翁的机会,因而这旅游生意怎能不红火呢!所有这一切颇具诱惑力,但要识破第12排拉比斯密码并非易事,还得凭知识、智慧、毅力和运气。

寻找海底的"克罗斯维诺尔"珍宝

200多年以来,渴望得到"克洛斯维诺尔"号沉船上巨额财宝的人,始终没有停止过他们的海上探宝活动。因为这个传奇式的海难事故中所提到的财宝之多,实在太吸引人了,请看清单:金刚石、红宝石、蓝宝石和翡翠19箱,价值51.7万英镑;金链,价值42万英镑;金币71.7万英镑;白银1450锭。

故事要追溯到1782年6月15日。那天,有一艘三桅大帆船"克洛斯维诺尔"号离开锡兰(现在的斯里兰卡)港,船上有150名乘客,还有上面所列贵重物品。8月4日,当航

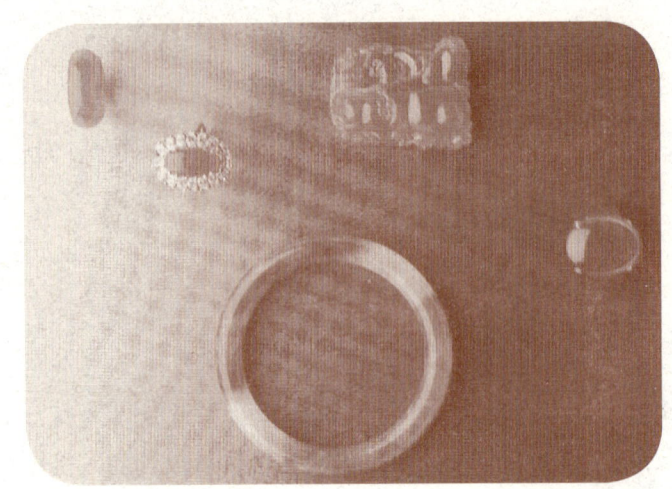

▲ 海底的珍宝究竟有多少

行到非洲东南角沿海时,一阵强劲的风暴把船迅猛地向着悬崖峭壁冲去。于是,这艘被撞得千疮百孔的帆船,便带着巨额的财宝和几个未能上岸的水手,葬身海底。遇难地点距好望角约507海里。

船上的巨额财宝吸引着一批又一批的探宝者前往寻觅。

1842年,一位船长与10位马来亚潜水员合作,在沉船海域寻找了10个月,终于发现了沉船残骸,并踏上了沉船甲板,但未能掀起沉重的货舱盖。他们向英国皇家海军求

▲ 深海中的"沉船"

助,也由于当时潜水技术的落后而无能为力。过了不久,沉船渐渐被泥沙掩埋了。

到了1905年,一些水下探宝者组成"克洛斯维诺尔"号打捞公司,雇用了一批打捞人员前去勘查,用钻机取样法找到了沉船,在钻取的泥芯中有250枚古钱币。他们还从沉船上层的甲板上取下了13门大炮。但埋藏在深处的财宝,由于人们不能长期潜入水下作业,因而无法寻得。

1921年,又有人组织打捞公司。他们足足花了3个月时间,经过艰苦的凿岩作业,才在40米深处开凿了一条210米长的隧道,终点正好在沉船底下9米深处。而当向上开凿时,还未接触船体,比较松软的海底沉积层便塌陷了,海水涌进了隧道。曾有一名勇敢的潜水员进洞,摸到了木质船底,但潜水员也因无法在水下久留而无法捞金。

几十年过去了,许多人寻找海底沉宝的梦并没有破灭。随着打捞能力的提高,那些梦想一夜暴富的寻宝者一次次重整旗鼓,然而,这批传说中的巨宝始终没有浮出水面的消息。"克洛斯维诺尔"号现在究竟在哪里呢?它的货舱里究竟有没有如此巨大的财宝呢?这对渴望寻宝的人们来说,仍然是一个未解的谜。

▲ 寻宝人在深海中搜寻"宝物"

与伯爵夫人同眠的185亿法郎

雷恩堡是法国南部科尔比埃山中的一座小城镇,那里地处荒野,然而奇闻迭起,早在17世纪,雷恩堡有一个叫伊卡斯·帕里斯的牧羊人。一次他丢失一只母羊,只好到山坡寻找。他意外发现地下有一条大裂缝,当他走下裂缝,就看到一条深不可测的地道。帕里斯心里充满惊奇,他开始向前迈步,希望看个究竟。最后他走进一个"尸骨横

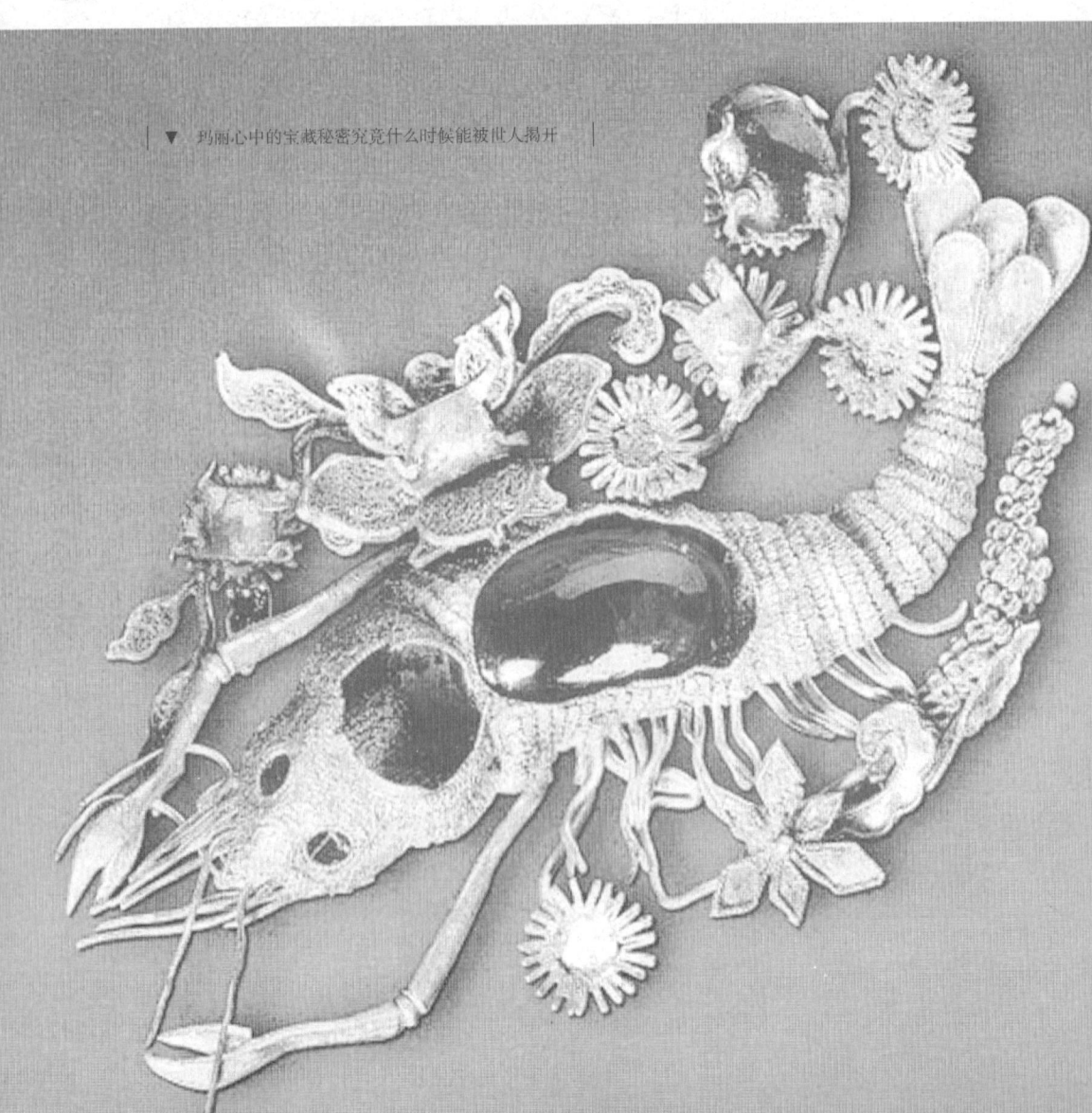

▼ 玛丽心中的宝藏秘密究竟什么时候能被世人揭开

陈、箱子遍地"的墓地。他鼓起勇气打开了箱子，不由得长长叹了一口气：啊！箱里全是满满的金子。帕里斯装满口袋，偷偷跑回家。可是他的暴富却传遍了大街小巷，不久他就被捕下狱，但他始终没有讲出地道的秘密，以致死于狱中。

1892年，雷恩堡教堂神甫贝朗热·索尼埃得到市政府的提拔，拨款以修缮他的教堂和祭台。一天上午9点，神甫做了一些例行的祷告后，开始检查头一天工匠的修缮工作，他在一根圆木中发现了一卷陈旧的植物羊皮纸，纸上写着一些带拉丁文的古法文。他竭力想弄懂这卷羊皮纸上的文字，于是他在1892年冬天动身去了巴黎，求教不少语言学家。当然，出于谨慎，他给语言学家们看的仅是一些残片断简、只言片语。最后，他终于领悟到，仿羊皮纸上写的是有关法国女王隐藏的一笔1850万金币的秘密。索尼埃神甫掌握了足够可靠的资料，在玛丽的帮助下，在公墓中悄悄寻找了好几天，终于在一个墓地底下发现了一条地道，他们顺着弯弯曲曲的地道向前行进，终于走进了一座神秘的地下墓穴，里面堆满着金币、首饰以及其他贵重物品！索尼埃神甫不想让别人知道这个秘密，于是悄悄刮掉公墓中伯爵夫人墓石上的铭文，他精心地消除了所有能使他人发现地下墓室的蛛丝马迹，并且把那卷神秘的羊皮纸也一并藏进了只有他和玛丽知情的地下墓室。

神甫和玛丽从地下室中弄出了不少金币和首饰，之后便封闭了墓穴。不久，到1893年时，索尼埃神甫已经成了腰缠数十万贯的大富翁了。他重新翻修了整个教堂，翻建了住宅，置田买房，还为公墓筑起了围墙，并娶玛丽为妻，迷人的玛丽一下子成了真正的城堡第一夫人。这一切突如其来的变化必然会引起各界的关注。但花言巧语的索尼埃神甫对外宣称，他继承了在美洲的一位叔父的遗产，并贿赂了镇长，从此镇长便不追究此事了。

后来，教皇闻及了此事，要求罗马法庭过问一下。索尼埃神甫被传到了罗马出庭，最后，教庭宣布停止索尼埃的神甫职位。但是，索尼埃并不在意。他继续在自己别墅里的小教堂做弥撒、祈祷。有意思

第 9 章 寻找悬疑重重的珍贵宝藏

的是，几乎所有教区教民也都来他家中做祈祷、弥撒。索尼埃还热心于公益事业，作为一名神甫，他很关心雷恩堡的发展，他拟定了一个美化雷恩堡的新方案。他要修筑一条通往库伊萨的公路，在雷恩堡兴建引水工程、水利设施以及再盖一座塔楼供居民使用，购买一辆汽车来运送镇民等。

1917年1月5日，索尼埃刚在几笔订货单上签完字后就病倒了，病魔夺走了他的生命。痛不欲生的玛丽不久也过起了深居简出的生活，再也不接见任何来客，这笔财宝的秘密就只有玛丽一个人知晓了。

1953年1月18日，玛丽突然病倒后再也不省人事，带着她心中的藏宝秘密永远离开了尘世。

第 9 章 寻找悬疑重重的珍贵宝藏

PART 29 天各一方的失踪宝藏

沉睡在海底的珍宝公墓

在寂静的海底世界里，沉睡着比人们想像中还要多的财宝。这是因为，在历史上，每隔29个小时就有一艘船只葬身大海。在16世纪，每100艘从美洲殖民地运往西班牙的金银船只中，就有45艘被海盗和风暴击沉。统计数字表明，每年沉没在法国沿海的船只就达350~500艘之多，这些船上往往都载有难以估价的稀世珍宝。

▲ 沉船

历史上有名的一艘沉船是1643年沉没在圣多明各北面的大型船舶在当年寻宝史上是最耸人听闻的一件大事。

▲ 金币

"康塞普西翁的圣母玛丽亚"号。这艘沉船吸引着好几代探险家，据说至今它仍沉睡在圣多明各的普拉塔港东北163海里和特克斯群岛东北98海里之间的海底。

第一个企图打捞这艘沉船的是侨居美国波士顿的英国人威廉·菲波斯。1686年，他在加勒比海的一处被称之为"银滩"的海底，发现了一艘被认为就是"康塞普西翁的圣母玛丽亚"号沉船。他从这艘沉船上打捞上来价值20万英镑的财宝，带着32吨黄金返回了伦敦。这

海底沉宝最多的地方据说是在拉丁美洲北部的加勒比海。自1498年哥伦布第三次横渡大西洋时到达这里以来，被风暴和海盗击沉的各种满载金银珠宝的船只少说也数以千计。除加勒比海外，南非的好望角海底也沉睡着数百艘各种沉船，其中大多数都是当年荷兰人运载财宝的船舶。

第二次世界大战的档案使人们找到了"阿波丸"号沉船的确切方位。"阿波丸"号是一艘日本货轮，满载着日本人在其占领下的港

第 9 章 寻找悬疑重重的珍贵宝藏

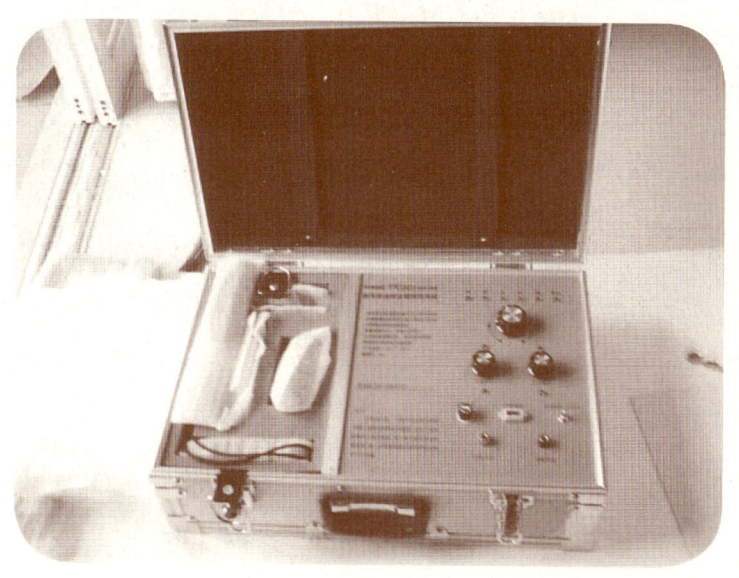

▲ 人们已开始用现代化的仪器寻找宝藏

的维拉库鲁斯附近海湾的浅海中,当地的一位渔民发现了金质护胸、金条以及宝石等50多件文物。墨西哥的考古学家们认为这些财宝很可口里掠夺来的珍宝。另外,在第二次世界大战期间沉没在北海和斯卡格拉克海峡(丹麦和挪威之间)里的德国潜艇中,也有不少装载着黄金、白银以及国家机密等珍贵物品。

在威廉·菲波斯时代,人们派当地的潜水员去寻找海底沉宝。现在,人们则是用精密的尖端科学技术装置,其中有通过回声来测量海底地形的声呐,有探测是否有金属物品的质子磁力仪,有挖掘泥浆的水喷管,以及吸扬式挖泥船,海底微型摩托车和微型定位潜水艇。

1976年10月,在面临墨西哥湾

▲ 热衷于海底寻宝的人

能是古代阿斯泰加帝国传说中门泰斯玛财宝的一部分，从而引起了极大的轰动。

在墨西哥，传说古代阿斯泰加帝国的门泰斯玛王在1519年对西班牙科尔泰斯进行残酷征服时，把财宝密藏于某处。科尔泰斯为了找到这批财宝，曾拷问该帝国最后的统治者查乌泰茅克，逼其供出藏宝之处，但该王至死不从，这一秘密也随着他的死亡而成为一个历史之谜。

现在，一个为保护海底文化遗产的国际法律方案已经提交给了世界海洋法会议，但是，近期看来是不会有什么结果的。因此，在这期间，海底沉宝和其他许多海洋资源一样，仍然都会是你争我夺的对象。

克里姆林宫地下的宝藏

在世界上其他地方恐怕很难找到一个比克里姆林宫更令人瞩目的建筑群。克里姆林宫的古老教堂式建筑，以及那些辉煌的金色穹顶，是俄罗斯首都莫斯科中心的一大亮点。现在的克里姆林宫在以前是一座城堡，建于1156年，据说克里姆林宫的宝藏就是从那个时候开始积累起来的。

在克里姆林宫地下宝藏的种种传说中，最吸引人的是关于俄罗斯历史上赫赫有

▲ 大隧道里的神秘宝藏

第 9 章 寻找悬疑重重的珍贵宝藏

名的伊凡雷帝在克里姆林宫的地下室藏有大量珍贵书籍和重要文件的故事，这一说法既流传于民间，也记载在书本上。但遗憾的是，亲眼见过的人却很少。虽然从16世纪起就开始有人进行探索，然而时至今日，所谓伊凡雷帝"书库"仍是欲穷底蕴而不能的一个谜。

1533年，年仅3岁的伊凡雷帝即位。1547年1月19日，在克里姆林宫乌斯宾大教堂举行了隆重的加冕仪式，成为俄国第一个沙皇。

伊凡雷帝收藏了大量的书籍，据说这是一大批非常宝贵的古代抄本，其数量之多，足以抵得上一个图书馆。伊凡三世想把所藏的书籍编个目录，就叫马克西姆·克里柯来完成。而对图书的编目工作是否完成了，大量书籍究竟藏在克里姆林宫的什么地方，则没有更为详细的说明。

使人感到不解的是，在同时代的其他文献或记录中，都没有提起伊凡雷帝"书库"之事。这是什么原因？是藏书已散失了，抑或是本来就不存在呢？

到了19世纪，有两个德国人对"雷帝书库"之说很感兴趣。其中一人为了弄清藏书的来龙去脉，还特意来到莫斯科。他在古代记录保管所里查遍了有关这方面的材料，也没有找到所需要的线索。后来，他又对克里姆林宫的地形进行了调查，也无法确定书库的下落。尽管如此，他仍然坚信伊凡雷帝的书库还沉睡在一个不为人所知的地方。解开这个谜，对世界的文化而言是一个非常重要的发现。

对书库的命运，专家们的意见也是不一致的。有人说，克里姆林宫发生火灾的时候，这批藏书可能被烧毁了；有人说，这些书全移放到莫斯科大主教的图书馆，后来好像都散失了；还有人认为，伊凡雷帝的藏书确实存在，有必要对克里姆林宫进行进一步的探索……这些看法暂且不谈。而关于克里姆林宫的地下室，还有如下一段传闻：

在20世纪30年代，作为反对宗教行动的一部分，克里姆林宫地区的一座修道院在斯大林的命令下，被夷为平地。在拆毁修道院的过程中，有人发现了埋葬在地下的17世纪的金高脚酒杯。之后在装修克里姆林宫时，人们还发现了13世纪的珠宝、15世纪的军火，以及16～17世纪的3000多枚硬币。这似乎为克里姆林宫地下宝藏的存在提供了更为可靠的证据。

2002年，俄罗斯总统普京批准了挖掘克里姆林宫地下宝藏的行动。当年俄罗斯的首任总统叶利钦入主克里姆林宫时和前苏联领导人一样，不愿意对克里姆林宫进行考古挖掘，但是现任总统普京希望俄罗斯人对俄罗斯的历史遗产感到骄傲。考古学家认为，在克里姆林宫的下面埋藏着在若干个世纪中遗失或隐藏的财宝。不知道这些克里姆林宫地下的珍贵宝藏何时才能冲出重重迷雾，展现在世人眼前。

大隧道里的神秘宝藏

作为一名学者，50岁的莫里斯1965年来到厄瓜多尔，准备深入研究一下当地各部族和人种等课题。令人意想不到的是，在6月的一次调查研究中，他却因为意外地发现了一条来历不明的大隧道而名噪一时。

1972年3月4日，由厄瓜多尔考古学家法兰士和马狄维组成的科学考查小组，在莫里斯的带领下，再次对大隧道展开调查。

隧道入口由一块大岩石凿通而成，考察小组刚接近岩石洞口，几只夜鸟就忽然冲飞出来，更增添了这个人际罕至的僻静之地的恐怖气氛。此地是一支骁勇善斗的印第安人部落聚居区。这条神秘的隧道在厄瓜多尔和秘鲁的地底延绵好几百公里。

考查队员钻进了神秘莫测的地

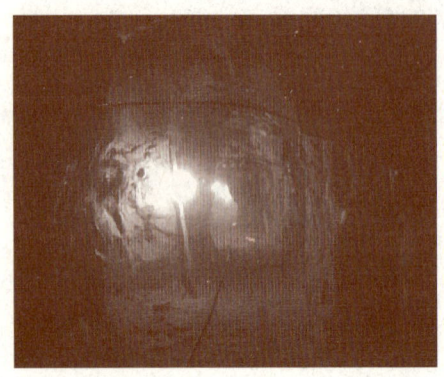

▲ 幽暗的隧道

下世界。进洞后是一段狭长的通道,伸手不见五指,他们开亮手电筒和头盔上的射灯,小心翼翼地前进。没走多远隧道便垂直向下,他们把一条绳子垂到下面75米的第1个平台上,然后沿绳而下。随后他们又沿绳垂直下到第2平台和第3平台,每个平台的间距高度都达75米。下到洞底,莫里斯领头摸索前进。法兰士注意到隧道的转角处都呈直角形的严谨设计,有些很窄,有些又很宽,所有洞壁都很光滑,洞底也非常平坦,很多地方像涂了一种光滑的涂料。法兰士和马狄维原先对隧道是否存在所持有的怀疑顿时烟消云散。接着他们来到一个宽敞的大厅,它很像一个配给中心或仓库,并有许多通道。

法兰士试图用罗盘测量这些通道的方向,但罗盘指针不会动。"这里有辐射,所以罗盘失灵。"莫里斯解释说。在其中一条通道的入口处,有一副骸骨被精心地摆放在地上,上面洒满金粉,在考查队员灯光的照射下闪闪发光。于是,队员们就决定从这条通道进入他们的神秘之旅。洞里出奇的静,只有脚步声、呼吸声以及雀鸟飞过的声音。没过多久,眼前豁然开朗,他们目瞪口呆地站在一个巨大厅堂的中央。

这个大厅的面积约为140米×150米。大厅中央有一张桌子,桌子的右边放有7把椅子。椅子既不像用石头或木材做的,也不像用金属做的,它摸上去好像是一种塑胶,但却像钢一样坚硬和沉重。在7把椅子后面毫无规律地摆放着许多动物模型,有蜥蜴、象、狮子、鲸鱼、豹、猴子、美国野牛、狼、蜗牛和螃蟹,这些动物竟然都是用纯金做成的!在桌子的左边摆放着金属牌匾和许多金属箔。金属箔仅几毫米厚,65厘米高,18厘米宽。法兰士仔细检查仍无法知道这些牌匾在制造时使用的是什么原料,因为那些金属箔看起来很薄很脆,但却能竖起来且不弯曲。它们像一本对开本的书那样摆放着,一页连着一页。每块金属箔上都整齐地排满了像用机械压上去的文字。

法兰士估计金属箔至少有2000~3000块,这些金属牌匾上的字体无人知晓,他认为这间金属图书馆的创立者肯定想把一些重要的资料留传给遥远的未来。这个金属图书馆的制作者似乎想让它永垂不朽。

莫里斯在大厅找到一个石刻，11.43厘米高、6.35厘米宽，正面刻着一个身躯为六角形，头为圆形的人，右手握着一个半月，左手则拿着太阳。令人惊奇的是他的双脚是站在一个地球仪上。这石刻是在公元前9000～公元前4000年做成的，这说明那时的先民就知道地球是圆形的。

法兰士认为这个隧道系统在旧石器时代已经存在。他拿起一块刻着一头动物的石刻，它有29.21厘米高，50.32厘米宽。画面上所表现的动物有着庞大的身躯，正用它粗大的后腿在地上爬行。法兰士认为石刻画的是一条恐龙。法兰士不敢再想像下去：难道有人曾经见过恐龙？！

在庙宇的圆顶上，还绘有一些人像在空中翱翔或飘浮着。这个庙宇的模型，可能是圆顶建筑最古老的样本。此外，一些穿太空服的人像，更是让人不可思议：一个有着球状鼻子的石刻人跪在一根石柱下，他头戴一顶遮耳头盔，像极了现在我们用的听筒；一对直径5厘米的耳环安在头盔前面，耳环上钻有15个小洞；一条链子围住他的脖子，链子上有个圆形牌子，上面也有许多小孔，很像我们现在的电话键盘。

这个隧道和它里面收藏着的稀世奇珍，可以说是见所未见。那些1.8米高的石像有的有3个脑袋，有的却是7个头颅；三角形的牌匾上刻写着不为人知的文字；一些骰子的6个面上刻着一些奇异的几何图形……

莫里斯、法兰士和马狄维一路上发现了很多令人惊叹的东西。没有人知道这个隧道和这个隧道系统是谁建造的，也没人知道这些稀世奇珍是谁遗留下来的。据莫里斯讲，这个隧道的入口由一个野蛮的印第安部落守卫着，这些印第安人和他们的3位酋长都把莫里斯当成可靠的朋友。每年3月21日，酋长都要下到隧道的第一个平台进行祈祷。酋长的面颊两边都要贴上一个和隧道口岩石上的记号一样的象征吉祥的装饰物。但酋长以外的人却不会进入隧道，他们认为隧道里住着鬼魂。

在这曲折迷离隧的道中行走，法兰士莫名其妙地担心会触动隧道里的机关，使隧道自动关闭。为了确保安全，调查队沿原路退回洞口。当他们得知基利斯贝神父收藏着许多来自隧道的珍宝后，便立即赶往位于厄瓜多尔古安加的玛利亚教堂，希望能得到更多关于这条神秘隧道的信息。

基利斯贝神父在古安加住了45年，在过去的20年里，他从印第安人那里收集到大量石刻、金银制品等。神父带考查队参观了他的收藏宝物，第1号房间收藏着石刻；第2号房间是金、铜和其他金属艺术品，据说是印加帝国的；第3号房间则全是纯金制品。

法兰士注意到一块金板，52厘米高，13厘米宽，1.3厘米厚，上面有56个方格，每一格都刻有一个不同的人像。法兰士在隧道的金属图书馆的那块金箔上，曾见过一模一样的人像。看来制造者似乎要用这56个符号或字母组成一篇文章。

尤其吸引人的是一个纯金制成的女人像。她高30厘米，头像两个三角形，背后焊接着一对细小的翅膀，一条螺旋形的金线从她耳朵里伸出来。她有着健康、发育完美的胸部，两脚跨立，但没有手臂，穿着一条长裤，一个球形物浮立在她的头顶上面。法兰士感到她两边的星星透露了她来自何处。那是一颗陨落了的星球吗？她就是从那颗星球来的吗？

接着，马狄维又看到一只直径21.25厘米的铜饼，上面图案清晰，刻着2条栩栩如生的精虫，2个笑着的太阳，1个愁眉苦脸的半月，1颗巨大的星星和2张男性三角形脸孔。铜饼中央有许多细小而突出的圆状物，其含义没有人能理解。

基利斯贝神父收藏的大量金属箔上面均刻有星星、月亮、太阳和蛇。其中一块金箔的中央刻有一个金字塔，两边各刻有一条蛇，上面有两个太阳，下面是两个太空人似的怪物及两头像羊的动物，金字塔里面是许多带点的圆圈。在另一块刻有金字塔的金属箔上，两只美洲豹分别趴在金字塔两边，金字塔底刻着文字，两边可以见到两头大象。据说大象在1.2万年前即在南美出现，那时地球上还没有产生文明。

最让法兰士震惊的是，他在基利斯贝神父这里看到了第3架史前黄金模型飞机。第1架他是在哥伦比亚的保华达博物馆见到的，第2架则仍放在大隧道里。多年来，一些考古学家认为这些模型代表一条鱼或一只鸟，而这种猜测显然站不住脚。从模型几何形的翅膀、流线型的机头及有防风玻璃的驾驶舱看，很像美国的B—52轰炸机，它的确是架飞机的模型。

难道史前便有人能够构想出一架飞机的模型？一切都无定论，一切都是谜团。至今为止，人们仍无法确定或找出这隧道系统究竟是谁建造的。而在隧道里面，又存放着那么多无从稽考的壁画、牌匾、黄金制品和雕刻品，这一切意味着什么呢？

黑萨姆的宝藏

1717年春天。一艘装备精良的大商船——"维达"号，缓缓驶离牙买加口岸，踏上了返回欧洲的漫长归程。船上满载沉甸甸的珠宝与黄金。

没想到"维达"号途中遇上了海盗船，还未等船员们各就各位，海盗的炮火已经如雷雨般猛砸过来。"维达"号乱作一团，没过多久，

▲ 被发掘出的宝藏

船长就投降了。

"海盗王子"黑萨姆

"维达"号的新船长是年轻的萨姆·贝尔拉密,外号"黑萨姆"。在加勒比海,他被誉为"海盗王子"。

▲ 海盗

就像其他的许多海盗一样,黑萨姆的身世笼罩着传奇的色彩。据说,他出生于英格兰南部的戴维恩希尔州。18世纪初,少年萨姆大胆豪放,热爱冒险。他只身来到新大陆寻求自己的梦想,不久就加入了英国商贸缉捕舰队,专门追捕、截获对手国——西班牙的大商船。

1715年,萨姆住在科德角。正是那一年,一场罕见的飓风暴席卷过加勒比海域,至少12艘满载黄金珠宝的西班牙大商船葬身海底。知情人都知道,任何一艘沉船上的珠宝都能让一个穷光蛋一夜之间成为巨富,因此,无数双眼睛盯紧了这个发财的机会,黑萨姆也不例外。他说服了当地的一个叫帕尔格瑞夫·威廉姆士的金匠,出资购备了一条探险船,出海寻找失落的黄金珠宝。然而,他们并没那么幸运。几经搜寻,却没有结果,探险船巡游至巴哈马群岛时,黑萨姆与合伙人决定,不再耗时间在沉没的财宝上,而是追踪大多数人追踪的海面上的财宝。他们自称这是探险事业的延续,而事实上,他们加入了海盗的行列。

黑萨姆显然具备领导的天分。他很快就被推举为一艘单桅海盗船——"伯斯特立恩"号的船长,不久,又成为"玛丽安娜"号的头儿。

黑萨姆的小舰队大胆而且幸运,据说仅一年多时间,他们就在加勒比海域劫掠了50多艘船只。而其中最大的收获,当然是"维达"号:象牙、染料、糖、珠宝、金条,还有不计其数的西班牙银币。

第 ⑨ 章 寻找悬疑重重的珍贵宝藏

▲ 潜入海底探寻宝藏

不过，对于黑萨姆来说，除了一船的金银财宝，"维达"号本身就是头等的战利品：宽敞的船身、一流的装备，比起他们的单桅船可气派多了。于是，他们从自己的船上又搬来10门大炮（加上原有的装备，共28门大炮），将"维达"号作为新的旗舰。

截获"维达"号之后，黑萨姆带领他的5只船继续北上，前去科德角，探望心爱的情人。

4月26日，萨姆从科德角再次启程。他的舰队兵分两路，威廉姆士带着2艘船离开舰队，黑萨姆则带着"维达"号、"玛丽安娜"号和另一艘船继续前行。

谁也没料到，一场暴风雨在等着他们。威廉姆士离开不久，天气骤然变坏，暴雨倾盆，风速达到70MPH。海浪将"维达"号和"玛丽安娜"号掀到距海岸100码的硬石滩上，船搁浅了。船上的人们还未来得及逃生，"维达"号就断成两截，迅速沉入海底。"维达"号上146名船员仅有2人逃回了岸边。黑萨姆却不在其中。

寻找"维达"号

贝瑞·克利福德还是个孩子时，就从叔叔比尔那里听到许多有关科德角海域上海盗沉船的故事。叔叔告诉克利福德，许多无价之宝静静地埋藏在神秘的海底，只有那些幸运和勇敢的人才能得到它……

克利福德一直希望有朝一日，亲自揭开这个海盗沉船之谜。

1984年的一天，一名潜水队员被一块突起物绊倒，突起物被蹭去厚厚泥沙后，露出一段发锈的金属，那是一门大炮！同时还发现了一枚锈黑的标着"1684年"的铸

▲ 影视作品中的"海盗"

币！1985年，克利福德和他的探险队又发现了刻有"维达号1716"的船钟。此后，不断有新的发现：数千枚西班牙铸币、大炮、航海工具、用来磨刀剑的砂轮、手枪、餐具等等。

直到几年之后的一个夏天，7月中旬的一天，在离海岸1/4英里、水下25英尺处，克利福德和队员发现了一条木质梁。当他们铲除上面淤积的沙土后，"维达"号的船体终于展现在眼前。

不仅仅是宝藏

克利福德探险队的发现，不仅仅是价值连城的宝藏，这些沉寂百年的铸币、器具同样是艺术品，对历史研究有着不可估量的价值。

船钟

这是勘测中最有价值的发现，它证明这些残片的确来自黑萨姆的旧旗舰。船钟是1985年9月被发掘出来的，上面刻着"维达号1716"。

根据船钟在船上的摆放位置，一些专家推测，黑萨姆与当时大多数海盗船长一样，倾向共和党派。船钟是权利象征，通常会挂在船尾——船长休息室里，而共和党倾向的海盗船长们，却愿意将它摆放在船员的活动场所。

黄金与铸币

传说中，"维达"号载有5吨重的银币与金条。克利福德在发现船身前，已经找回大量的金条和2000多枚铸币。大部分铸币是西班牙银币，也有些是西班牙金币。看起来，其中多数金币是在墨西哥铸造的，还有一些则来自秘鲁。

专家推测，如果后者真的来自秘鲁，那将具有特别的价值，因为这些金币很可能是用印加金器物重熔铸造而成的，被黑萨姆截获时，正在运返西班牙的途中。

珠宝

在"维达"号遗船内发掘出的珠宝大都来自非洲，因为在黑萨姆截获它之前它曾是一艘贩运奴隶的商船。专家发现一些大块的宝石被砍成小块，这表明，海盗们的确想要公平地分配他们的战利品。

PART 30 没有谜底的离奇珍宝

满载希腊艺术珍品的玛迪亚沉船

1907年,一位希腊的海绵打捞工人,在北非突尼斯东部的玛迪亚海水深40米的海底,发现了像军舰大炮般的文物。自此,潜水工人们又在附近海底发现了很多双耳陶瓶和青铜制品的碎片。工人们立即向当时法属突尼斯的海军司令官杰·拜姆海军大将做了报告并将打捞上来的文物移交给官方。不久,拜姆派遣潜水员进行调查,结果发现被看成海底大炮的文物并不是大炮,而是希腊浮雕的大理石伊奥尼亚式圆柱。

这一发现在欧洲的学术界引起了极大的轰动,为20世纪初考古学研究提供了一个非常难得的实习机会,同时开创了考古学研究的新方法,积累了新经验。在法国海军的帮助下,突尼斯当局集中了

▲ 海底的沉船

希腊、意大利的一流潜水员,从1908~1913年共进行5次调查。

这次海底调查作业进行得异常

艰难。沉船距陆地6公里，在水深40米的海底，那里海流非常急，而且沉船完全被埋在海底的淤泥中。由于当时技术的种种限制，发掘的工作变得极为困难。

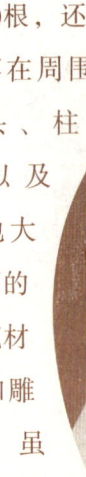
▲ 大理石圆柱

沉船中，报告说的像大炮的大理石圆柱，共6排约60根，还有凌乱地散落在周围的柱头、柱基以及其他大理石的建筑材料和雕像。虽然打捞上来了双耳陶瓶等文物，但大部分物品仍然留在了海底，调查没能最后完成。

当时的潜水技术和调查方法不能绘制出将船体复原的实测图，也不能将船体打捞上来。尽管如此，潜水工人们仍然打捞出了各种文物，在海底淤泥的清除过程中，搞清了下面厚约20厘米的木材堆积层和其分布范围，并确认了这是船的甲板，还了解到打捞上来的遗物是甲板上的货物。在甲板下的船舱里装满了大量的细小贵重物品，在更下面的船舱中贮藏着很多大理石艺术品，其中主要有希腊雕刻家加尔凯顿的刻有"波埃特斯"铭文的"海尔梅斯"青铜像等。此外，还有烛台、家具等日用品和希腊阿提加工精美的酒杯。

据推测，这艘沉船是满载着罗马从希腊掠夺的艺术品

▲ 希腊的酒杯

及其他货物的大型运输船。船从雅典的皮莱乌斯港出航,在驶往罗马的途中,向南漂流而沉没。该船长36米多,宽10米多,恐怕是无桨的椭圆形帆船。

随着对遗物的文化性质机体构造的研究,据有关专家考证,该船是公元前86年征服雅典的罗马执政官鲁希阿斯·斯鲁拉有组织地将掠夺品满载运回罗马,而在途中遇到暴风,漂流到玛迪亚海域沉没的货船,在以后漫长的岁月里安眠在海底厚厚的淤泥之下。估计至今仍有大批珍宝沉睡在海底等待打捞。

法国王冠钻石失窃之谜

1789年,法国爆发资产阶级革命,历时1500多年的法国封建王朝从此崩溃。

几天之后,法国制宪议会一位议员向公众提出了警告:内外敌人正在试图夺取王冠上的钻石。巴黎人民不会忘记法国王冠上有世界上最美丽的钻石与珠宝,每逢圣马丁复活节的星期二,在保安警察的监护下,巴黎人民才可在陈列柜前匆匆走过,观赏珍宝。

自从路易十六执政以来,这些珍宝就交给忠诚可靠的克雷西看管。制宪议会组成了专门委员会,负责清点保存法国王室的稀世珍宝。经过3个月的紧张工作,共清点出钻石9547颗,总值达3000万法郎之巨。

1792年9月,路易十六因阴谋复辟而被废黜。此时,法国处在危机之中,外部面

▲ 富丽堂皇的皇冠

▲ 迷人的法国风景

临欧洲联盟的入侵；国内山岳派与吉伦特派争斗激烈，到处是失业与饥荒、恐怖与暗杀。在这严峻的时刻，珍宝贮藏室贴上了封条，但令人惊奇的是，这么多奇珍异宝，竟无人看守。

9月17日，内务大臣罗兰在国民议会突然宣布："珍宝贮藏室门被撬，钻石全部丢失！"

9月21日，刑事法庭审判了抓获的两名盗匪，并判处他们死刑，次日执行。但在囚车上，临死的囚犯向庭长供出了藏在他家厕所的一袋钻石，共有100多颗。

不久，珍宝贮藏室守卫长、警察分局局长之一的塞尔让收到了一封匿名信，指出在弗夫大街的阴沟里有一大堆珍宝。塞尔让前往取宝，并明目张胆地将一件美丽的玛瑙工艺品据为己有，他因此赢得了"塞尔让·玛瑙"的诨号。

在珍宝失盗的1792年9月，法国正处于内忧外患、形势危难之际。

事实上，当双方军队打仗时，举行了某次秘密会议，法国得花一大笔钱，以换取敌方撤军。8月11

日，法国特使就已答应付给从杜伊勒利宫掠夺来的3000万法郎。贪得无厌的敌人，说钱数不够，法国议员帕尼斯知道这笔交易后，就建议从珍宝贮藏室找差额部分。

罗兰宣布珍宝贮藏室失盗的一周后，敌我双方举行了瓦尔密会议，于是出现了瓦尔密战役神秘的胜利。有人认为，国防大臣丹东秘密策划了9月11日夜间的入室盗窃，然后让普通的盗贼进行后几次偷盗，以便把事情搅混。

那么，丹东后面是否还有更强有力的对手呢？后来，另一起奇案揭开了真相。

1805年，一伙伪造钞票的人面临死刑的判决，其中有一个名叫巴巴的人公然宣称："如果我被判死刑，我将请皇帝（拿破仑）宽恕。没有我就没有拿破仑的皇位！"

法官和观众都吓得呆若木鸡，为巴巴的欺君之罪捏了一把汗。可他还继续说："我是珍宝贮藏室的盗匪之一，我帮助同伙把雷让钻石和我熟悉的其他珍宝，埋藏在弗夫大街，这些珍宝的所有权已被出卖。根据给我特赦的诺言，我提供了埋藏珍宝的地点。雷让钻石已从那里取出。先生们，法国雾月18日政变之后，当时的首席执政官（拿破仑）为了得到急需的资金，就把这颗漂亮的钻石，典押给荷兰政府了。"巴巴没被处死，而是关在比塞特尔，受到了良好的待遇。那么，他的这番意味深长的话是真是假呢？恐怕这又是一个难解之谜。

圆明园宝藏的灭顶之灾

世界园林的典范圆明园位于北京西部海淀区北部，是清朝皇帝的一座别宫。1709年，清康熙帝把明朝贵族的废园赐给当时的四子胤禛（即后来的雍正帝），着手修建并赐名圆明园。之后，雍正、乾隆、嘉庆、道光等诸帝用了150余年，耗费大量精力对其不断进行修缮、扩充，把它精心营建成为一座规模宏伟、景色秀丽的离宫，雍正、乾

▲ 如今的圆明园

园、清漪园、静宜园及熙春园等。这些以圆明三园为中心的园林建筑，连绵20华里。全园面积合计5000多亩，是人工创造的一处规模宏伟、景色秀丽的大型山水园林。不仅汇集了江南若干名园胜景，还创造性地移植了西方园林建筑风格，集当时古今中外造园艺术之大成。园内水面占三园总面积五分之二，大中小水面由环流的溪水串联成一个完整的河湖水系。园内又缀叠大小土山、假石山250余座，与水系相结合，使整个园林比烟水迷离的江南更加迷人，被人们

隆、嘉庆、道光、咸丰各帝每到夏秋，多在这里避暑听政，处理军国政务。

圆明园是由圆明园、长春园、万春园（同治朝前称绮春园）三园组成，所以又称圆明三园。此外在它的周围又有许多属园，如畅春

誉为"万园之园""世界园林的典范"。

圆明园不仅以园林著称，而且也是一座收藏相当丰富的皇家博物馆，堪称人类文化的宝库。园内各殿堂内装饰有难以计数的紫檀木家具，陈列有许多国内外珍世文物。上等的紫檀雕花家具，精致的古代碎纹瓷器和珐琅质瓶盏，织金织银的锦缎，毡毯，皮货，镀金纯金的法国大钟，精美的圆明园总图，宝石嵌制的射猎图，风景人物栩栩如生的壁画，以及我国其他各种艺术精制品和欧洲的各种光怪陆离的装饰品，应有尽有。

园内珍藏有极为罕见、丰富的历史典籍。文源阁是全国四大皇家藏书楼之一，园内各处藏有《四库全书》《古今图书集成》《四库全书荟要》等珍贵图书文物。

圆明园为中华民族赢得过殊荣，曾经是我们的骄傲。然而，就是这座举世无双的园林杰作，中外罕见的艺术宝藏，竟遭到外国侵略者极其野蛮的摧毁和破坏。他们不仅将整座宝库洗劫一空，而且还兽性大发，将其纵火焚烧，对中国人民犯下了不可饶恕的罪行。

▲ 圆明园的"残垣断壁"

野蛮的劫掠

英法侵略者在1857年12月悍然发动了对中国的第二次鸦片战争。经将近3年的作战，于1860年10月兵临北京城下。由于在3年战争中，侵略者遭到了中国军民的英勇抵抗，付出了沉重代价，所以到达北京后，他们穷凶极恶地声称要中国政府和中国人民为他们的"损失"做出赔偿，并很快把视线盯上了宝藏充盈的圆明园，决意十八日焚烧圆明园。

▲ 牛首铜像

在大规模的焚烧前，侵略者开始了对圆明园的野蛮抢劫。10月8日，英法侵略者闯入只有很少护园官兵守护的圆明园，开始疯狂地进行抢劫。

强盗们把能拿走的东西全部拿走，拿不动的或来不及拿走的，就粗暴地将它们全部摧毁。同时由于抢劫时间很短促，因而不能仔细地抢掠，许多金质东西都被误认为黄铜而摧毁。

自1860年圆明园被劫掠、焚毁后，圆明园旧有的陈设、收藏和稀世珍宝现存国内的已不多，大量的旷世瑰宝流落国外。其中最集中的流散地就是英国大英博物馆和法国枫丹白露宫。

圆明园这座"世界博物馆"的珍宝，就这样在一场浩劫之后，被来自英、法、美和其他国家的侵略者们瓜分了。虽然有一些已经回到祖国，但

▲ 猴首铜像

是，除了我们已知的这些之外，还有更多的圆明园珍宝下落不明，它们是葬身火海？还是静静地躺在世界哪个角落？现在还是一个无法解开的谜。

失落的金山

多年以来，淘金让无数的男男女女为之痴迷。1849年，在Sutter磨房厂的黄金被发现的第二年，淘金热达到了它的最高温度。这批黄金的发现引发了美国加州淘金潮，一时间，即使是最循规蹈矩的人也为之疯狂。

有关金山的传说在探险者的脑中盘桓不散，驱使他们进入这充满危险的荒蛮之地寻找金子。对这种发光矿物的渴求是如此强烈，人们由此表现出对饥饿、脱水，甚至死亡难以置信的忍耐力。

美国的沙漠地带是许多著名矿产和金子的所在地。由于采矿业对劳动力的需求，来自美国各个地方的寻金者蜂拥而至，促进了矿区城镇Tumco、Bodie、Oatman和Randsberg的繁荣。但当矿厂关闭后，小镇也随之衰败，除了鬼之外，只有旅游者偶尔光顾。遭人遗弃的建筑物和矿厂、杂草丛生的墓地，静静地向人们诉说着逝去的辉煌；历史书中的只言片语提醒人们它的确曾经存在。

今天，有些矿山依旧在开采，但大多数为繁荣旧矿山所做的努力都没能成功。即使在今天，有关失落的黄金的故事，依旧吸引着不少探险者。许多人认为，找寻旧址比探索新矿容易得多。问题是，"那些失落的金山真的存在吗，有关失落财宝的传说可信吗？"

确有那么两个传说在探险者、医生、律师、巡逻兵和许多普通人中辗转流传，经久不衰。坚信传说的人们，甚至不惜花费毕生的生命去寻找有关失落金山的一切资料，将纸上的数据和传说中的细节一一对照，秘密一天没有揭开，就一天无法停手。他们满怀希望，希望自己就是那个幸运儿，找到多年来许多同自己一样狂热的人没能找到的金山。

看来，向沙漠迈进的每一步都意味着与财富更近了一步。切记要把眼睛睁大，说不定你会发现Pegleg Smith找到外表乌黑的天然金块的地方，或是让Peralta一家在最后一次探险中满载黄金而归的地点。这两个失落的金山就是亚利桑那州的"荷兰人山"和南加州的"Pegleg Smith山"。今天,这两地依旧是寻金者的朝圣之地。

Pegleg金山

在众多失落的金山中,Pegleg山的黑色天然金块最让人瞩目。

Pegleg本名是Thomas Smith,是一名马背上的商人,以贩卖动物毛皮、马和日用品为生。在1827年的一次探险中,他失掉了一条腿,由于装了木腿,他的朋友们从此称他Pegleg。

这段传说以1820年末或1930年初沿着科罗拉多河的探险开始。在旅途中,Pegleg和他的队友们收购了大量毛皮,为了将毛皮运到洛杉矶出售,Pegleg和几个同伴担当了穿越沙漠的任务。在穿越沙漠的途中,在科罗拉多沙漠一个小山丘的丘顶,Pegleg捡起几个小圆石。这个山丘是3个山丘之一。当时他以为这些黑色的小石头是铜,等到了洛杉矶才发现,这竟然是黄金!

传说在洛杉矶Pegleg喝了个酩酊大醉,在小酒馆中与人大打出手,被当地政府撵了出来。离开加州时,他偷了300~400匹马,赶着它们往新墨西哥进发,打算在那儿卖掉。许多探矿者和历史学家对他为什么没再回到找到金子的沙漠疑惑不解。在19世纪30~40年代,Pegleg安顿下来,在俄勒冈州开了间卖马的贸易行为生。

当1849年的淘金热过后,Pegleg重返加州,组织了一个探险队,寻找他曾找到"黑石头"的地方。但这个队伍无功而返,Pegleg遂解散了队伍又回到洛杉矶。1853年,Pegleg再次组队寻找"三丘",又空手而归。第三次则是去寻找Virgin河旁的一座失落的金山(曾有名狩猎者称遇到过一座满是黄金的矿层),当然又是空手而归。

Pegleg颇受争议的性格和酗酒、说谎的坏名声,让人对他的话将信将疑。由于流传的故事的版本很多,所以这里也不乏相互矛盾之处。在有些传说中,发现黄金的山丘不是位于科罗拉多沙漠地区,而是在科罗拉多山附近。也曾有人称找到了Pegleg丢失的金矿。一个故事是,一个被释放的士兵曾踏着Pegleg走过的路从尤马(一印第安部落）往洛杉矶去，在他穿越沙漠的途中，发现了Pegleg传说中的"三丘"。当他到达洛杉矶时，向朋友们展示了他找到的金块，并组织了一只探险队希望带回更多的金子。但这个队伍一去不复返，后来曾有人在圣Ysidro山的山脚下发现了这些倒霉蛋的尸体。

对于能够说明Pegleg传说真实性的故事，人们一直津津乐道。在另一个故事中，一个矿工在穿越尤马和华纳牧场的沙漠地段时，发现了"三丘"。当他爬上三丘顶时，发现散落的黄金到处都是。他将马上的鞍囊装满，带着价值7000美元的黄金往洛杉矶继续他的旅行。谁知到了目的地便病了，面对给他治疗的DeCourcy医生，矿工说出来了自己奇特的经历，并计划病好后与医生一起重返沙漠。但谁知他一病不起，到死也没能再回到给了他财富但没能给他健康的黄金之地。随后DeCourcy医生找了好多年，也没能找到他的病人在病榻上描述的金山。

有关Pegleg碰大运的传奇，在印第安人中有3个版本。美洲印第安人认为，这块藏金之地不可对外人说，否则就违背了部落的信仰与法律。由于这个神圣的信念，他们牢牢守护着宝藏的秘密。

第二个传说的主人公是名印第安妇女。在一次沙漠之旅中，疲惫不堪的她处于脱水状态，当她爬上三丘之一想辨别一下方位时，愕然发现了黑色金块，同时还看到了远处一个铁路建筑队的营地。她蹒跚着来到营地，当吃饱喝足后向筑路工讲述了她困境中的奇遇，并在继续赶路前留下一块金子作为酬谢。

第三个故事讲的是一个名叫Yaqui的印第安人，当他手头紧时，就到沙漠中走一趟，每回都能带些黑色的金块回来。没有人能跟踪他，以发现藏金之地。当他在一次战争中死去后，人们在这个印第安人的床榻下发现了价值4000美元的金块。

荷兰人的宝藏

与Pegleg金山享有同等声望的另一座金山是"荷兰人山"，同前者一样，多年来让无数的探险家不能安寝。

这座失落的金山据传说位于亚利桑那州的神秘山中。在很早以前，神秘山就是各类传说的发源地。这个地区星罗棋散布着许多古老的洞穴，有些是人类的住所。但究竟是什么人在这里居住过，人们并不能确定。有人说几个世纪前，这是Salado或Hohokam印第安人的家，后来Pimas和美洲印第安人占领了这儿的部分地区。这样神秘山就同美洲印第安人联系在了一起，在19世纪，这座山也成了美洲印第安人的要塞。

在19世纪40年代，北墨西哥的Peralta家族光顾过这里开采金矿。在1848年一次往墨西哥回运金子的例行旅途中，被埋伏的印第安人袭击，大部分人丧命黄泉，家族中只有几个有幸逃脱。据说，印第安人将金子埋了起来，这个地区也因此得名"屠杀之地"。

有些人，包括Peralta家族的人都知道藏金之地，于是有无数的藏宝图流传于世，但当人们按照它的指引寻找时，却都一无所获。有些自称已找到了藏宝地的人却无法再次找到它，另一些在他们要说出秘密的时候，却遭遇了不幸。这些故事愈发为这座失落的金山蒙上一层神秘又诱人的面纱。

到了19世纪70年代，荷兰人（其实是德国人）Jacob Waltz称他在一名Peralta后裔的帮助下找到了金山的所在地。Waltz和他的同伴Weiser挖出了一些金子，将它们藏于山上的另一个地方。后来Weiser被印第安人杀了，也有人说是Waltz干的。据说Waltz独吞的金子价值在25.4万元左右，并且没有在当地卖掉或送给家里人及朋友。

此后Jacob Waltz移居凤凰城，于1891年去世，享年83岁。他死后，人们在他的床垫下发现了价值1.5万元的金子。在死前，他曾向多年来一直照顾他的邻居Julia Thomas透露了藏金地，但无论是Julia本人还是以后的许多探险者，都没能发现失落的"荷兰人山"。

前仆后继的寻金人都多多少少地遇到这样或那样的不幸，有些甚至丧命，人们将这一切归因于神秘山的超自然力。到了1916年，两个矿工在"屠杀之地"附近发现了一个西班牙马鞍袋，里面装着价值1.6万元的金子。这一发现和Waltz运出金子的传奇一起，更肯定了"荷兰人山"的存在。

这两座让无数寻宝者魂牵梦绕的金山真的存在吗？如果传言是真实的，它们到底在哪里？也许当有一天人们面对宝藏不那么贪婪时，我们才有可能知道事件的真相。

 北京猿人化石在谁手中

1918年春，瑞典籍地质学家安特生在北京西南郊50公里处的周口店首次发现哺乳动物化石。此后，

▲ 北京猿人头盖骨

在周口店陆续发现数枚人牙化石。经解剖学家研究，这些化石属于古人类的一个新种属，被命名为"北京猿人"。

10年以后，1928年12月2日，北京大学裴文中教授在周口店发掘出一个完整的猿人头骨。这是一个重大的发现，是古人类学、石器时代考古学、古脊椎动物学和第4纪地质学研究中一件划时代的大事，它为研究人类的起源及其发展，为再现早期人类的生活面貌，提供了极其珍贵的第一手资料。

1928年12月～1937年7月卢沟桥事变前，在周口店经过11年挖掘，先后发现了代表40多个"北京猿人"的人骨化石及大量石器。

中国猿人化石是一批无价之宝，当时集中珍藏在北京协和医院的保险箱里，由著名的德国籍（后加入美国籍）人类学家魏敦瑞负责保管并研究。

1941年初，日美关系趋于紧张。魏敦瑞提出，珍贵的中国猿人化石继续留在日军统治下的北平很不安全，建议将化石暂时转运至美国纽约历史博物馆保存，待战后再

运回中国。

经多次交涉，中美双方就此事达成协议。11月中旬，美国驻华大使馆自重庆来电，指令美国驻北京公使馆负责转运事宜。11月20日，北京协和医院奉命将中国猿人化石秘密装箱。

装箱的化石有：头盖骨5枚，头骨碎片15枚，下颌骨14枚，锁骨、大腿骨、上臂骨、牙齿等147枚。全部化石分装在两只大木箱内，由美国公使馆运送至美国海军陆战队总部，指令美军上校阿舒尔斯特负责押运。

阿舒尔斯特上校命令士兵将两只木箱改装到美军专用标准化箱里，等待装船。按照原定计划，12月11日有一艘"哈里逊总统"号轮船将由上海抵达秦皇岛，然后由秦皇岛驶往美国。美国海军陆战队军医福莱受上校之命，将标准化箱连他个人的行李共24箱由北京押运至秦皇岛霍尔坎伯美军兵营，福莱将要护送这批化石安全抵达美国。

意想不到的事情发生了。12月7日，珍珠港事件爆发。秦皇岛霍尔坎伯军营被日军占领，美国海军陆战队队员全部成为俘虏。不久，这批俘虏被押送到天津战俘营。过了10来天，美军战俘的行李由秦皇岛转运至天津，福莱医生的行李大部分还在，其中包括装载中国猿人化石的美军专用标准化箱。

福莱医生将他的剩余行李，包括标准化箱在天津就地疏散了：一部分存放在瑞士商人在天津建筑的仓库里，一部分存放在法租界巴斯德研究所，一部分存放在中国友人家里。疏散前，福莱医生没有打开过标准化箱子。

战争结束以后，装有中国猿人化石的标准化箱子下落不明。中国的无价之宝经美国海军陆战队之手，由北京至秦皇岛，由秦皇岛至天津，最后在天津失踪。

中国猿人化石到哪里去了？

一种说法是，标准化箱在秦皇岛被装上了"哈里逊总统"号轮

▲ 北京猿人头像

船，但该船不幸在赴美途中沉没，中国猿人化石沉入了海底。有人说，轮船没有沉没，而是中途为日军所截获，化石落入日军之手，后来下落不明。

一种说法是，中国猿人化石根本就未出北平城，它被埋在美国驻京公使馆的后院里。一个在美国海军陆战队总部门口担任过守卫之职的卫兵回忆说，珍珠港事件爆发前夕，他看到有两人将一箱东西偷偷地埋在院子里，他估计有可能是中国猿人化石。当年埋宝的地方，现在造有建筑物，因而无法挖掘。真假如何，尚是未知数。

一种说法是，标准化箱被福莱医生在天津疏散后，最终落入了日本人之手。1942年8月，有两个日本考古学家到北京协和医院寻找中国猿人化石。得知化石被转移的消息，日军司令部指派专人进行跟踪搜寻，关押、拷问了许多人。两个多月后，有消息说在天津找到了中国猿人化石。但后来又有消息说，在天津找到的东西与猿人化石无关。孰真孰假，不得而知，日军搜索化石的行动就此中止。有关人员被释放却是事实。从种种迹象看，日军不见真宝岂能善罢甘休？抗日战争胜利后，有关通讯社报道，中国猿人化石在日本东京被发现，东京帝国大学已清点交盟军总部保管，即将由盟军总部转交中国云云。然而中国政府日后从盟军总部接收的物品清单中却没有为世人所瞩目的中国猿人化石。为此，当时中国驻日本代表团顾问李济曾多次在东京寻找化石下落，盟军总部应中国政府之请亦动员驻日盟军广泛搜寻均未果。

曾进行过调查，1949年瑞士商人在天津开设的伯利洋行曾伙同北京总行进行过走私活动，走私物品不详。

1972年，美国巨商詹纳斯悬赏15万美金，寻找化石下落，世界各地提供了300多条线索，但一一被否决了。

青少年不可不知的

Weijiezhimi Quanji

第 10 章

令人毛骨悚然的水怪野人

青少年不可不知的

Weijiezhimi Quanji

PART 31 罕见的水怪野人

尼斯湖水怪

尼斯湖水怪是全球最著名的传说之一,从公元565年起,就有人宣称在尼斯湖上看见水怪出没,到1933年有公路修到湖边后,人们看到水怪的次数就更多了,仅在2000年,就有12次。数百年来已经有无数次的搜捕水怪行动,尽管最后都是失败了,但搜捕行动仍然源源不断。

尼斯湖位于英国苏格兰高原北部的大峡谷中,湖长39公里,宽2.4公里。尼斯湖面积并不大,却很深。平均深度达200米,最深处有293米。该湖终年不冻,两岸陡峭,树林茂密。湖北端有河流与北海相通。关于水怪的最早记录是在公元565年,爱尔兰传教士圣哥伦伯和他的仆人在湖中游泳,水怪突然向仆人袭来,多亏教士及时相救,仆人才游回岸上,保住性命,自此以后,十多个世纪里,有关水怪出现的消息多达一万多宗。但当时的人们对此并不在意,认为不过是古代的传说或无稽之谈。

直到1934年4月,伦敦医生威尔逊途经尼斯湖,正好发现水怪在湖中游动。威尔逊连忙用相机拍下了水怪的照片,照片虽不十分清晰,但还是明确的显出了水怪的特征:

长长的脖子和扁小的头部，看上去完全不像任何一种的水生动物，而很像早7000多万年前灭绝的巨大爬行动物枣蛇颈龙。

蛇颈龙，是生活在1亿多年前~7000多万年前的一种巨大的水生爬行动物，也是恐龙的远亲。它有一个细长的脖子、椭圆形的身体和长长的尾巴，嘴里长着锋利的牙齿，以鱼类为食，是中生代海上的霸王。

这张照片在报纸上刊登后，很快就引起了轰动，伴随着20世纪的"恐龙热"，人们开始把水怪与蛇颈龙可能仍然生存着联系起来，密切关注着事情的进展。1960年4月23日，英国航空工程师丁斯德在尼斯湖拍了五十多英尺的影片，影片虽然模糊不清，但放映时仍可明显地看出有个黑色长颈的巨形生物游过尼斯湖。有些原来对水怪持否定态度的科学家，看了影片后改变了看法。皇家空军联合空中侦察情报中心分析了

▲ 到目前为止，尼斯湖水怪让科学家无法做出任何解释

丁斯德的影片，结论是"那东西大概是生物。"

进入20世纪70年代，科学家们开始借助先进的仪器设备搜索水怪。1972年8月，美国生物研究院利用水下摄影机和声呐仪，在尼斯湖中拍下了一些照片，其中一幅显示有一个两米长的菱形鳍状肢，附在一个巨大的生物体上。同时，声呐仪也寻到了巨大物体在湖中移动的情况。

1975年6月，该院再派考察队到尼斯湖，拍下了更多的照片。其中有两幅特别令人感兴趣：一幅显示有一个长着长脖子的巨大身躯，还可以显示该物体的两个粗短的鳍状肢。从照片上估计，水怪长6.5米，头额长2.7米，确实像一只蛇颈龙。

▼ 尼斯湖水怪近照

另一幅照片拍到了水怪的头部，经过电脑放大，可以看到水怪头上短短的触角和张大的嘴。这一次的结论是"尼斯湖中确有一种大型的未知水生物。"

1972年和1975年的发现轰动一时，使人感到揭开水怪之谜或者说捕获活的蛇颈龙已迫在眉睫了。此后英、美联合组织了大型考察队，派24艘考察船排成一字长蛇阵，在尼斯湖上拉网式地驶过，企图将水怪一举捕获。但遗憾的是，除了一些拍摄的资料之外，一无所获。

由于追捕水怪的失败，持否定的观点又流行起来。有人发表文章说：尼斯湖水怪并不是动物，而是古代的松树。他说，一万多年前，尼斯湖附近长着许多松树。冰期结束时，湖水上涨，许多松树沉入湖底。由于水的压力，使树干内的树脂排到表面，而由此产生的气体排不出来。于是这些松树有时就会浮上水面，但在水面上释放出一些气体后又会沉入水底。这使在远处的人看来，就像是水怪的头颈和身体。

但这种观点无法使那些声称亲眼目睹了水怪的人们信服。而且在20世纪70年代后期，又有人几次拍

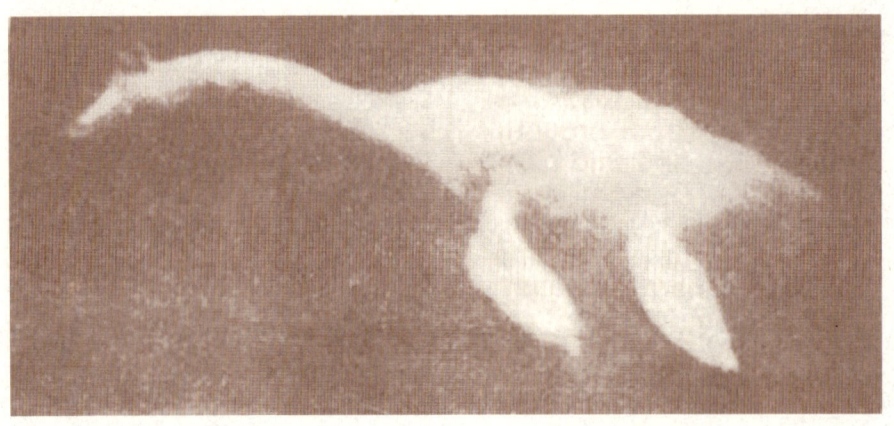
▲ 尼斯湖水里拍到的水怪

下了水怪的照片。

2002年，瑞士科学家探险小组出发前往尼斯湖，他们带着一张巨大的网、新型多波声呐定位仪和声控摄像机，开始了他们为期12天的命名为"彻底清查"的搜捕尼斯湖怪兽行动。按常规来说，他们所能得到的也许只是少数媒体的关注，

最多也就是在报纸上登出一些模糊不清的照片而已。但这次他们却遇到了对手!

英国白人巫师协会的大祭司卡龙声称:自己向这个小组的船以及尼斯湖下了咒语,诅咒他们此行不会成功。他这么做的目的只是要保护尼斯湖怪兽不会受到伤害,也许有一天,他会来解救尼斯湖怪兽。尼斯湖水怪迷俱乐部经理加利·加姆贝尔说,"他们也许会抓到一只海豹或其他一些玩意儿,但绝不会是尼斯湖怪兽,因为他们的网太小了!"

那么,为什么人们至今还不能捕获水怪呢?

这要从尼斯特殊的地质构造谈起。原来尼斯湖水中含有大量泥炭,这使湖水非常混浊,站在岸上,只能看见水下三四尺的深度。而且湖底地形复杂,到处是曲曲折折像迷宫一样的深谷沟壑。即使是体形巨大的水生动物也很容易静静地躲藏在里面,避过电子仪器的侦察。湖中鱼类繁多,水怪也不需要外出觅食,而且尼斯湖又与北海相通,水怪出入方便,因此,想要捕获水怪,不是一件容易的事。

但只要没有真正找到水怪,这个谜就没有揭开。直到现在,人们对于水怪是否存在的依然争论不休,谁也不能下定结论。对此,英国作家齐斯特说道:"许多嫌疑犯的犯罪证据,比尼斯湖水怪存在的证据还少,也就绞死了。"这倒是对水怪之谜的一个幽默而又巧妙的评价。

神农架发现的"野人"

2000年9月初的一天清晨7时45分,在湖北省神农架国家自然保护区内的凉风垭,两个直立行走、高150～160厘米、弯腰驼背、毛色棕黑的怪物,与八名十堰市电信局来神农架采风的游客相遇,目击者怀疑它们是"野人"。

他们八人准备到保护区拍摄日出。当面包车行至白水漂至凉风垭一左转弯处时,十堰市电信分公司的

▲ 神农架古人遗址

韩黎辉看到前面50多米的公路上有两个棕黑色的"人",每人背了一个背篓走了过来。车还没完全转过弯,两"人"一前一后突然跳下公路。龚洪看到后面一个身上有棕黑色毛,正夹着双臂,弯着身子向公路边的沟下跳,他立即说:"是野人。"市电信局宣传干事彭玉能细心地看了一下手表:早晨7时45分。

他们赶紧停车,发现两"野人"从相距约2米的地方分头跳下,在离公路20多米远的一块大石包下会合后逃走,留下的脚印十分清晰。

他们对脚印进行了拍摄和丈量,这几十个脚印都是32厘米长。左右脚印清晰,趾印都明显,特别是从两米多高的坎上跳下处的后脚跟印深约5厘米,一步能走1.5米还多。

神农架保护区干部袁裕蒙在事后对脚印再次进行丈量后表示:"从7日起将进行跟踪,期望能发现新的有价值的东西。"

"野人"之谜已引起了越来越多

人的关心。无论是美国的野人,澳大利亚的野人,英国野人,还是中国野人,人们除了见到大量的可疑脚印、粪便、毛发,或者亲眼目睹"野人"的身影外,谁也没有拿出一个切切实实的真实标本。那么,世界上究竟有没有"野人"呢?

第一种看法是"没有野人"和"不可能有野人"。这些科学家认为,现代动物学已经研究到了很深入的阶段,不可能再有新的种类发现,"野人"当然也不例外。

第二种看法恰恰相反,认为"野人"的存在是不可否认的。他们的理由是,世界各地有关"野人"的传说一直长期存在,绝不是偶然的,这些传说至少有一定的根据,不然的话,为什么这些传说只限于某几个地方,而不是到处都有呢?

还有一种是折中的看法。这些科学家认为,"野人"可能存在,但还要进一步查实。他们举出大熊猫为例。在许多万年以前,中国华南地区生存着剑齿象——巨猿——大熊猫动物群。后来,这个动物群中的不少种类,已经在华南地区灭绝,但仍有少数的幸存,其中最著名的就是大熊猫。既然大熊猫能够延续到今天,那么巨猿的后代也可能有幸存者。

▼ 神农架原始森林

美国野人

1978年6月6日上午8时,两位年过50岁的高级地质考察工程师肯德尔和哈撒韦,他们二人都是长期从事户外工作的科学家,有丰富的野外工作经验。当天他们下了中途搭乘的卡车后,便登上华盛顿州喀斯特山北面的高峰,这座山的高度是1200米左右。当时天气晴朗,气温很低。两人根本没想到有野人会出现在他们眼前。

突然,对面伐倒的灌木后有一个大黑影很快地闪现过去,引起了两人注意。起初,他们以为是个人。后来才想到,此处没有伐木工厂,不会有伐木工人。再看时,他们发现那家伙皮肤棕黑色,全身长毛。他们看到了它的头、双臂和宽肩膀,但仅一两秒钟它便跑掉了。由于太突然,两人惊得目瞪口呆,一时说不出话来。等他们明白过来,才快步到野人消失的地方去找脚印。地面太硬、石头又多,什么也看不出。他们说,那一带他们非常熟悉,也曾听说过有野人出现,如今他们才相信,他们眼见的那个家伙就是野人。

英国的野人

1955年,在英属哥伦比亚米加山区,也有一次更有意义的发现。一位名叫威廉·罗的筑路工人(他还是一个有经验的猎手和看林人)见到一个女性野人。这个野人高约1.9米,个头大,全身棕黑色,头发银色,乳房很大。有两支长臂和一双大脚。罗还注意到,她行走时像人一样,后脚先着地跨步,头的后部稍高于前部,鼻子扁平,两个耳朵长得像人耳朵,小眼睛。她的脖子很短,几乎看不出来。还未等他仔细端详完,这个女野人已发现他就在其身旁,便赶快走开了。

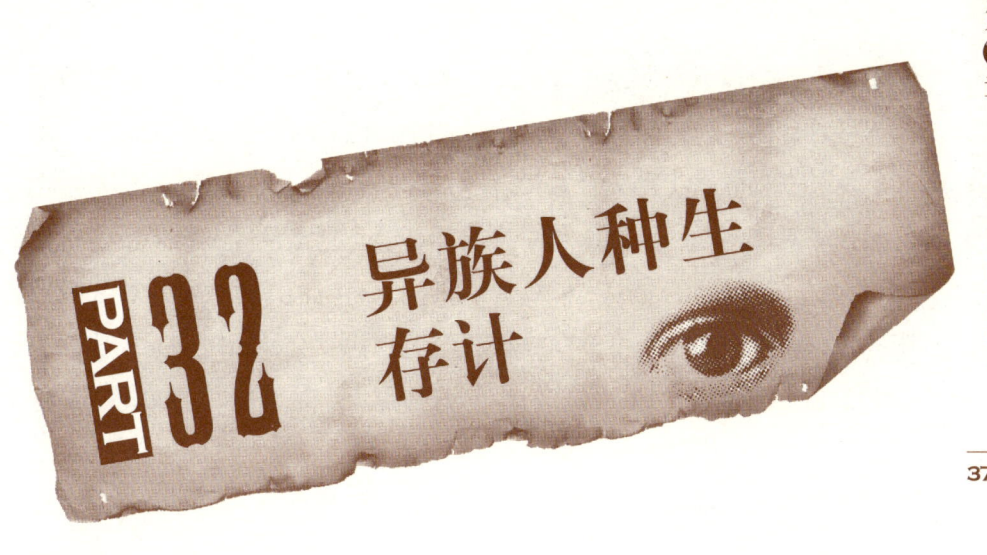

PART 32 异族人种生存计

第 10 章 令人毛骨悚然的水怪野人

 **矮人国**

很多人一定看过或者听说过小人国和大人国的故事。那么你见过小人国的人吗？大人国的人又是什么样子呢？下面我就来告诉你世界上的矮人国和巨人岛的事情。这可是真人真事噢！

世界上最矮的人种就是生活在孟加拉湾内安达曼群岛上！他们平均高度不到1.20米，一般成年男子的身高不超过1.5米，成年女子的身高不会超过1.30米。他们的生活习惯很特别，不管男人

▲ 矮人

还是女人,全都不习惯穿衣服,而是赤裸着身体。他们的脸长得比较大,鼻子直直的,头发又黑又长,皮肤像煤炭一样黑。他们张开嘴笑的时候,白白的牙齿显得非常刺眼。一位叫曼尔高·帕洛的探险家层到过安达曼群岛,在他的著作《东方见闻录》中这样是描写他们的:"这些人长着狗一样的头、牙齿和眼睛,模样非常特别。他们非常残忍,不能吃树叶和果实,还要吃人的。"因此,这个世界上最矮的民族也叫"狗面民族"。

历史学家通过研究认为,2000多年前这些黑人曾在东南亚的一些海岛上过着流动的生活,大多数岛屿上都他们的足迹,有1万多人,可目前只有500人左右了。他们是现在居住在地球上的唯一的旧石器时代的残存者。由于地处偏远,几乎不与其他民族交往,因此无论他们的身体形态,还是他们的文化都没有随着时间的推移而发生明显的改变。他们嚼草根、吃野果,不会耕作,和他们长相酷似的狗是他们唯一的饲养动物。他们打猎使用的武器是原始的方箭,捕鱼时用四个齿的鱼叉,射猎野猪时用临时捆绑的箭杆。有时候,他们还从失事遇难的船只上弄些铁下来,做成箭头,

▲ 矮人原始部落

小刀和锛子。

很早的时候，人们就知道孟加拉湾有安达曼群岛。公元9世纪，阿拉伯旅行者和13世纪马可·波罗都曾谈到安达曼群岛。当时马可·波罗称"安达曼"为"安加曼尼"。15世纪又有人叫它"金岛"。1789年9月，布莱尔大尉受孟加拉政府的指令在安达曼群岛东南湾的南安达曼岛上建立犯人流放地。这个流放地当时叫做康沃利斯港。两年后，孟加拉政府将流放地连同"康沃利斯"港的名字转到安达曼群岛的东北部。1844年，"布里顿"号和"鲁民蒙德"号两艘军舰在群岛附近失事，土著居民以为军舰是要向他们进攻，就将船上人员全部杀死了。为了制止这样的事情发生，英国决定占领群岛。1855年，他们制定了一项殖民地和囚犯流放地计划。但由于1857年的印度兵变，这项计划被打乱了。为了惩罚兵变中的俘虏，英国1858年初又在布莱尔港附近建立了一个新的流放地。1942年3月，日军侵占了安达曼。1945年10月，印度将其收回。随着孟加拉、缅甸和英属圭亚那的移民涌入，群岛上的人口越来越多，渐渐地繁荣和发达起来。

 巨人岛

在浩瀚无垠的加勒比海上，有个神奇小岛，名叫"马提尼克岛"。从1948年起，在十年左右的时间内，岛上出现了一种令人们迷惑不解的奇异现象：岛上居住的成年男女都长高了几厘米，成年男子平均高达1.90米，成年女子平均身高超过1.74米。岛上的青年男子如果身高不到1.80米，就会被同伴们耻笑为"矮子"。

更为奇特的是：不仅是岛上的成年居民，成年的外地人到该岛居住一段时间后也会很快长高。例如，64岁的法国科学家格莱华博士和他的助手57岁的里连博士，在该岛上生活两年后，分别长高8厘米和

7厘米；40岁的巴西动物学家费利只在该岛做了3个月的考察，身高就增长了4厘米；英国旅行家帕克夫人已经71岁，年过花甲，在该岛旅行了一个月就长高了3厘米。由于该岛上的成年人甚至老年人身材都能长高，所以被称为"巨人岛"。其

▲ 巨人

实，不仅是人，就是岛上的动物、植物和昆虫也是增长迅速。岛上的蚂蚁、昆虫、甲虫、蜥蜴和蛇等从1948年起10年左右的时间内，比通常尺寸增长8倍，尤其是岛上的老鼠，长得像猫一样大。

究竟是一种什么样的神奇力量促使岛上生物躯体如此迅速地增长呢？

许多科学家千里跋涉，来到该岛进行探测和考察，提出了多种假说和猜测。有人认为，在1948年，可能有一只飞碟或是其他天外来客坠落在该岛的比利山区，使该岛生物迅速增长的一种性质不明的辐射光，就来自一个埋葬在该岛比利山区地下的飞碟或其他天外来物的残骸。但一些科学家对上述说法持怀疑和否定态度，因为世界上究竟有没有飞碟或其他天外来物，到目前为止仍然是一个难以解答的谜。

一些科学家认为，该岛蕴藏着某种放射性矿藏——正是这种放射性物质使生物体机能发生特异变化，因而"催高"了身体。"巨人岛"的秘密究竟在哪里？有待后人解答。

第 11 章

来自玄奇国度的动物之谜

青少年不可不知的

未解之谜 全集

Weijiezhimi Quanji

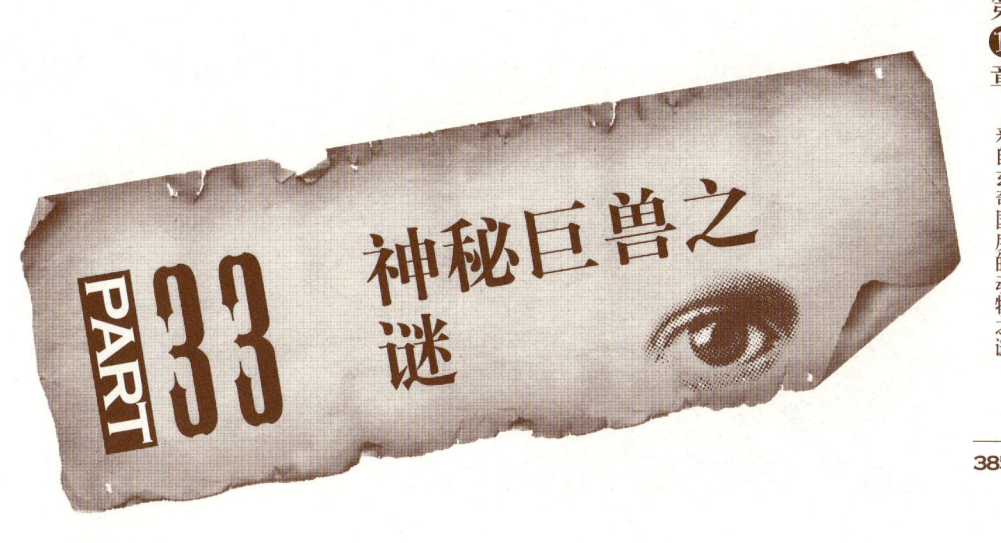

第 11 章 来自玄奇国度的动物之谜

PART 33 神秘巨兽之谜

游走在冰川期的怪兽之谜

在地球的历史上，曾出现过3次大规模的冰川时期，即震旦纪大冰期、晚古生代大冰期、第四纪大冰期。

震旦纪大冰期发生于8.5亿～5.7亿年前的震旦纪，冰川最盛时覆盖了亚洲、非洲、美洲、大洋洲的许多地区。晚古生代大冰期发生于3.5亿～2.5亿年前的二叠纪，南半球的广大地区，包括大洋洲的大部、南美洲、非洲都被冰川所覆盖。第四纪大冰期发生在最近的300万年间。冰川最盛时，地球上32％的陆地面积被冰川覆盖。

▲ 冰川期

在第四冰期结束时，人类到达了辽阔的北美草原，此后不久，生活在这里的大地树懒等动物突然灭绝了。

大地树懒又称巨型树懒，是一种习惯在陆地生活的树懒科动物，一般栖息在美洲中南部的热带地

▲ 箭齿兽

类300万年，但许多生物学家和考古工作者都没有放弃对大地树懒的研究，甚至在冥冥中期待着与大地树懒在文明时代的相逢。事实上，自19世纪以来，世界各地都有对大地树懒的各种传说的猜测。

区，身躯高大，行动缓慢，能直立行走。由于大地树懒离开人类已经300万年，故有关它的详细记录非常有趣。

现在南美和澳洲生活的三趾树懒与大地树懒有些不同之处。三趾树懒与犰狳和食蚁兽一样，同属贫齿目，身高60~70厘米，小脑袋，小耳朵，短尾巴像是有些退化，不能直立行走。三趾树懒依靠在树干上，或者倒挂在树上，绝少下到地面上来。

虽然大地树懒已离开人

1882年夏，美国内华达州卡森城州监狱的囚犯在采石场干活时，发现一层砂岩上有动物的化石脚印，其中除已经绝迹的长毛象的脚印外还发现了类似人的脚印。这

▲ 貘

第11章 来自玄奇国度的动物之谜

"人"的脚印分6个交替从右至左的序列，足迹前后相距在80～90厘米范围，每个长46～50厘米，左右跨度60～70厘米。地质学家约瑟夫·李康特试图将这些"人"的脚印解释为绝迹的大地树懒在中新世留下的。但后来根据相关化石的研

▲ 犰狳

究发现，大地树懒为了能用两脚直立行走，必须用尾巴来平衡，但这里没有尾巴的压痕，而且大地树懒的脚印应有脚趾隆起，以及明显的爪子痕迹，但这些脚印却都没有。因此，科学界不得不否定了约瑟夫的猜想。

1831年，达尔文随英国"贝格尔"号军舰到南美洲进行了一次不寻常的环海考察。他先是在阿根廷的彭塔阿尔塔，挖掘出一大批科学上未知的久已绝迹的古生物化石，包括大地树懒、犰狳、一只样子像河马的箭齿兽、一头早已灭绝的南美象和其他一些动物。达尔文把阿根廷的这些平原叫做"灭绝已久的四足动物的巨大坟墓"。他坚信，貘、树懒、犰狳这些生活在南美洲的现代动物，都源于同一种古代巨兽。达尔文开始苦思冥想这些物种之间的关系，后来发表了重新组合的陆上大地树懒骨骼草图，为科学家研究冰期生物的生活和消失提供了可供借鉴的资料。

据说，20世纪初，有人曾在南美的热带雨林发现了一种巨大的未知怪兽，这是一种比南美犰狳和未知的猿类物种还要庞大和危险的动物。当地林区的人称之为mapinguary，据说这种东西一直在马托哥罗索一带游走。

贝伦的哥尔迪自然博物馆的戴

维·奥伦用了20多年的时间在追寻一种怪兽，收集到一些有价值的资料。虽然早期的神秘动物学家们尝试性地给这种动物取了一种未知猿的名字，可是，奥伦相信，那有可能是一种仍然存活着的大地树懒，跟史前的磨齿兽相似。但是，一般认为树懒是一种动作很慢、无法保护自己的食草动物，而奥伦收集到的叙述表明，mapinguary 有出乎意料的摧残性的防御能力：它的腹部有一种可以放射味道的腺体，释放出来的气体非常难闻，足以使天敌闻风而逃。可是，经过漫长的等待，奥伦并没有找到这种动物。

▼ 三趾树懒

巨蛇之谜

据说，在南美的热带雨林隐藏着巨大的同样引人兴趣的未知动物。神秘动物学家们收集到各自独立的一些叙述，讲的都是一种大型水獭一样的动物——3.6米长的南美犰狳和未知的猿类物种。不过，最让人心动的，却是一种比上述任何一种都更大，也更危险的动物。著名的英国探险家帕西·富塞特

▲ 袋狼

在1907年就做了这么一次观察,当时,他在马托哥罗索的边境地区进行探险活动。他的独木船顺着亚马逊丛林深处的里奥阿班纳河漂流。

"这时候,几乎就在船底下,出现一个三角形的头,还有数英尺波动前进的身体。那是一条巨型森蚺。因为那动物开始往岸上游了,我就跳起来拿步枪,没怎么瞄准就

▲ 袋熊

将点44口径的软头子弹朝它的脊椎打出去,结果打中了离它那摆来摆去的头3米远的脊椎,此刻,一阵大浪汹涌,船底受到撞击,剧烈震荡起来,就好像船已经开到某种障碍物上一样。

我踏上岸,小心地接近那条巨蛇。蛇已经不在向前爬行,可是,身体还在动,就好像一阵阵风在湖面上刮过一样。经测量,总身长18.9米。对于如此硕大的长身动物来说,其身体倒不粗,不到30厘米粗,可是,它有可能很久没有吃到东西了。我想去割下一块皮,它的身体突然间地隆起使我们吓了一大跳。一阵极浓烈的气味从它身上冒出来,也可能是它的呼吸,有人相信,那种气体具有麻醉效果,先是吸引猎物的注意,然后使猎物瘫痪。有关这条蛇的一切都是令人不快的。"

富塞特的报告如此不同寻常,当时竟引起人们的批评,可是,他消失了,在1925年的一次探险活动中神秘而且永久性地消失了,现在就无法再去证明什么东西了。1947年,一位法国人塞尔日·波纳卡斯支持他的报告,那年,他参加了一支探险队,探索中阿拉爪亚河,并与沙万特印第安人建立了联系。波纳卡斯的探险队横穿两条支流,在里奥曼索和里奥克里斯达利带河之间的沼泽地,发现了一条在草丛中睡着的森蚺。成排步枪一齐开火,打死了那只怪兽,用绳子测量后发现,它身

长为21～22.5米。不幸的是，当时没有人意识到他们所杀死的东西的意义，也没有人想到要保存它的

▲ 张开血口的巨蛇

一小块骨头或者一小片肉，更没有人去拍它的照片。

来自亚马逊湿热内陆的这些纷乱的报告，的确向人们表明，地球上每个未曾探明的荒野都有可能藏着极其丰富的动物学宝藏。比如澳大利亚的内地，就曾有过一些报告，不仅仅有袋狼，而且还有未知的袋类虎猫，3.6米长的巨型袋鼠，巨型史前袋熊，身体跟河马差不多大，甚至还有怪兽样的巨蜥，长可达9米。而且，毫无疑问，在人迹罕至的林区，还有大量空间可以让这样的一些动物生存，有很多食物供给它们，在很多情况下还没有任何捕猎活动危及它们的生存。

的确，尽管神秘动物学家们很少承认，不过，真正的问题在于，不是说神秘动物能

▼ 巨蛇的头骨

不能够存在的问题，而是要解释为什么看起来还有那么多神秘动物，是不是有很好的历史记录证明它们的存在，它们为什么还能够被人所看见、听到，而且一年接一年还有人拍到它们的照片，而又没有任何实在的、无可争辩的证据来证明它们的存在。

长毛象之谜

在西伯利亚东部的布列佐夫卡河岸上，两个猎人发现了一庞然大物形状十分怪异，身上长着长毛，一对长长的牙齿肆无忌惮地伸出嘴外。这显然是一只形状怪异的大象。

俄国科学家受科学院之托从圣彼得堡启程到西伯利亚，设法把那只称为"长毛象"的庞然大物运回科学院。

这三位科学家用了一个半月的时间切割了庞大的骨架。他们把它分成若干块装进袋子里，在冰雪中进行速冻处理，然后声势浩大地用10辆雪撬装运回圣彼得堡。这头巨象的肉、骨头、内脏共有1吨重。

这是现代人亲眼目睹的第一只长毛象。

长毛象是生

▲ 长毛象化石

▲ 长毛象

活在30万~1万年前的一种大型动物，大约在3700年前才灭绝。一般身高2.5~3.5米，重约6吨，适合极度寒冷的气候。它的背部的毛最长可达50厘米。长毛象

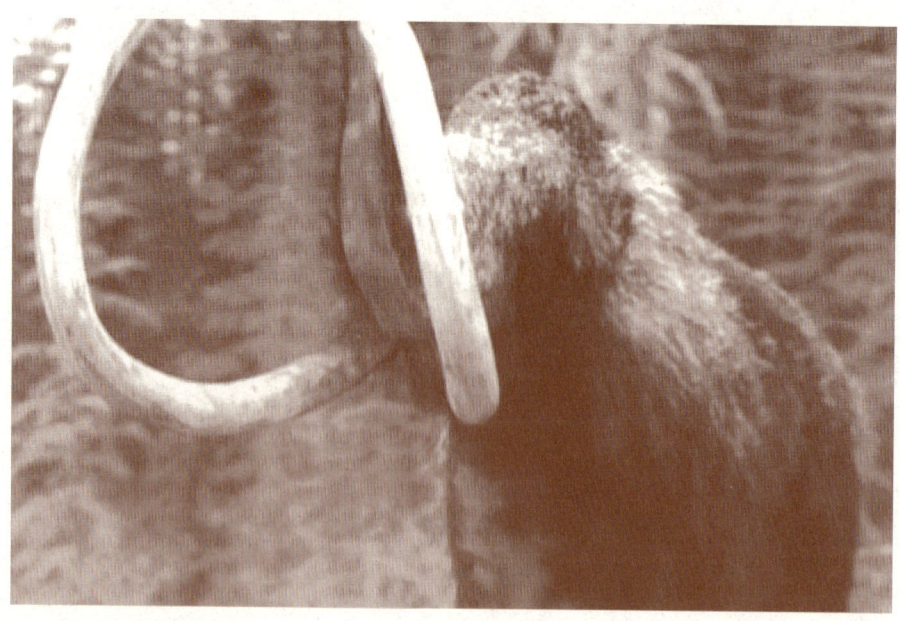

▲ 形状怪异的长毛象

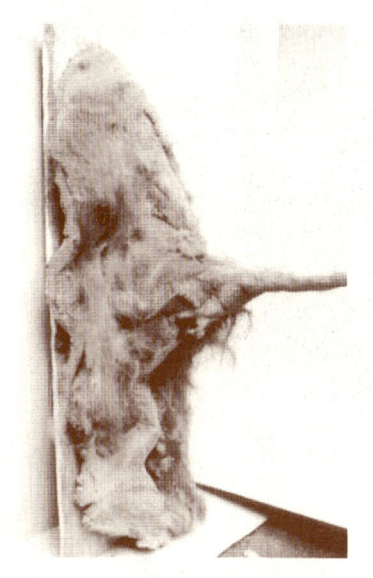

▲ 西伯利亚最完整长毛象的臀部

的头顶部分还有高耸的大驼峰，可以储存大量的脂肪，这些都是对生活在寒冷、食物较少的地区的适应。

长毛象一般由有血缘关系的成熟雌象与所生的小象组成象群，构成母系社会，象群由数头至数十头组成，最年长的雌象任象群领袖。雌象通常一胎产一仔。

 水底古兽之谜

玻西葛木克湖中发现了不明巨兽，在加拿大已家喻户晓。尽管现在有人公开承认当年是他们伪造了尼斯湖怪兽那张经典照片，但早在苏格兰民间传说中就有这样的警戒：尼斯湖中的"邪灵"，能诱使粗心的旅人葬身湖底。有关大洋大湖深底生活着巨兽的记载甚至可以追溯到200年前，19世纪，太平洋上就曾打捞到触手达21米的乌贼。

英国布里斯托大学古生物学家班顿长期钻研水底史前巨兽。1.5亿年前的侏罗纪时代，横行海上的主要是三种重量级巨兽。

第一种是鱼龙，它泳技高超，以各种鱼类为食；第二种是沧龙，这种蜥蜴长达12米，有特殊的颚骨，可与任何动物搏斗；第三种是庞大的蛇颈龙，游速缓慢，但感觉灵敏。

班顿相信，因为某种原因，少数远古生物存活下来，就像今天与我们共生的许多活化石生物一样。

2亿年来，英国南海岸的来姆利

▲ 蛇颈龙

吉峭壁上一直隐藏着不为人知的史前世界。1814年的一天，年仅12岁的玛丽在海边寻找可变卖的贝壳化石。她和家中的妈妈相依为命。虽然没有受过正规的训练，她却能辨识岩壁上的骸骨。偶然中，她发现了世界上首座完整的鱼龙骸骨！玛丽的发现使她一夜成名，成为化石研究创始人之一。

鱼龙即是鱼形蜥蜴，嘴部圆长、牙尖、双眼硕大，身形很适合在水里高速行进，很像今日的海豚，它们在世界几大洋徜徉了1.5亿年。英国古生物学家班顿说："它们是流线型的游泳健将。"

鱼龙公园有一个鱼龙集体"坟墓"，又名为"方舟"的建筑保护者，9～10条鱼龙化石紧贴在一起，就像巨无霸鲨鱼塞在罐头中。这群鱼龙为何丧命？又为何挤在一起？直到今天依然是个谜。有一个假设是它们像鲸鱼一样搁浅，它们太靠近岸边，最后搁浅而亡。但是，珍妮说："此处并没有海岸沉积岩，估计这里的水深至少30米，并且远离大陆架边缘。所以这种假设是不成立的。"

最新的观点是，这里是鱼龙的孕育所，如同现代生物一般，它们

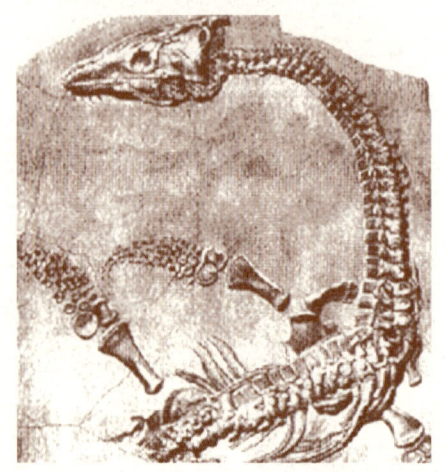

▲ 蛇颈龙化石

▲ 蜥蜴

偶尔会大量聚集来繁衍后代。珍妮说："化石分析证明，鱼龙分娩时会像海豚一样，幼仔尾部先出世，防止幼儿溺死。"英国伦敦自然博物馆有一座特殊化石，保存了分娩中的鱼龙，分娩的紧张压力造成母子双亡，一同葬身海底，化石得以保存了下来。

珍妮说："这个传说中的巨鱼假设是鱼龙，那么4000年前，鱼龙仍然存在。灾变的原因很可能是巨大陨石撞击湖泊，使鱼龙的身躯四分五裂。"

在19世纪画家的笔下，鱼龙在充满奇特生物的大海中随意地吞食猎物，血盆大口加上尖牙利齿，鱼龙仿佛是地狱来的掠食者。在水中捕食，因为水浮力的影响，难度很大。鱼龙这样的庞然大物，又是如何捕食的呢？科学家解释说，鱼龙急速地张开大嘴，造成真空，吸入猎物。遇到大型猎物时，就像今日的大鲨鱼一样，牙齿嵌入猎物身体内，身体像螺丝锥一样打转。

沧龙颅骨被发现后，拿破仑为此发动了玛斯垂克之战。它的价值在于：把地球历史向前推进了几亿年。200年前，荷兰的采矿工人发现了大型的动物颅骨，曾引起轩然大波。这就是沧龙的头骨化石。

在美国北达科塔的仓房中，古生物学家崔波从100多年前的历史博物馆的地下室中抢救出大批沧龙骸骨，成功地拼组出沧龙整体骨架。这是一副世界上最大的沧龙骨骸，

只巨兽，正从前方走过。他声称，目睹高约1.4米，8米长的驼峰巨兽，腹部拖地而走，头颅与身躯相连，颈部十分窄短。

这是一则荒诞的故事，还是克鲁尚确实看到了巨兽？

沧龙是科莫多龙的始祖，据说沧龙会登陆产卵，就像海龟一样，鳍状脚无法支撑全身站立。虽然沧

▲ 鱼龙公园

长达14米。崔波说："从鼻尖到颚底有1.9米，我塞它们的牙缝都不够。"

1934年夏日傍晚，英国司机克鲁尚正行驶于尼斯湖北岸的危险地段，当车开过山峰时，车灯照到一

龙威武有力，但幼龙却可能小而无助，所以沧龙可能会到隐蔽的海岸产卵。假设沧龙要跑到岸上产卵的话，它可能就是司机克鲁尚在1934年目击的"怪兽"。

蛇颈龙骸骨的首次发现，使玛

丽名声大噪。

1927年12月某个严寒的清晨，25岁的英国女子玛丽一如往常地走在风雨初歇的海岸上，她无视崖壁的危险，手拿锤子敲敲打打。这次她有了第二次重大发现：完整的蛇颈龙骨骸。她为此声名大噪。泰洛说："我认为她的成就超过了儿时的发现，这是科学界首度发现的蛇颈龙化石，当时轰动了伦敦。"

蛇颈龙的绘图被送到当时人才荟萃的巴黎，法国专家却称是伪造的。最后证实：劳工阶层的女孩战胜了一流的科学家。玛丽为此赢得了不朽的信誉，因为她证实了古爬行生物的存在。

蛇颈龙是奇妙的长颈水栖爬行类动物。玛丽目前是南达科塔麦斯学院的首席古生物学家，钻研古生物的行进方法，她相信："蛇颈龙前肢如船桨形很窄很长，前肢适于水中滑行。就像企鹅一样，它们的速度比企鹅慢得多，就像是身藏不露的伏击手，而不像是敏捷的掠食者。"

蛇颈龙的另一特别之处，是它要吞食大量的石头。马丁说，通过研究化石发现，蛇颈龙胃里有超过250颗拳头大的光滑的石头。石头有许多种功能，一是当作配重，使游动时能保持笔直，二是有助于磨碎食物。它的长颈也很奇特，头的一举一动，都会使身体偏离方向；但它也有优点，头部可以看到远处小型的猎物而不会被猎物发现，因此，没有鱼类可以逃过它出奇不意的突袭。

蛇颈龙没有嗅觉，但像鲨鱼那样能察觉水中极少量的血气。鼻孔下方有一个器官能够锁定目标，能准确地感应到猎物的位置，同时还能感测到被追踪目标的运动速度。颅内的其他两个器官能帮助它直线行进。蛇颈龙很适合原始的海洋环境。

传说中最骇人的生物，它们真的繁衍了1亿多年生存至今吗？这还有待科学的论证。

神秘巨猫之谜

英国的荒野中不断出现一种神秘的动物——巨猫。最典型的是一只大黑猫,也许有纽芬兰猞猁那么大,是在中等距离内看见的。如果这种动物发现有人在看着它,就会立刻跑掉。

这个神秘事件最令人困惑的一点是,它好像是相对而言很现代的一个现象。最早也只是在1962年才有这类事件的报告。当时,第一次、最有影响的异形巨猫就是萨雷狮。

比较起博德明、德汉姆和艾克斯莫尔来说,萨雷、汉普郡和萨塞克斯的边境地区,似乎不太可能成为一大群大型野生猫的家园。这是因为伦敦是一个经常有人往来的地带,从伦敦还很容易就能到达那些地方。在这几个地方人口也很稠密,有很多田野和森林,并且经常有农夫出没此地,还有周末远足的人到这里来。可是,就在这些人口稠密的地区,竟然会有数百例巨猫目击记录,还有很多照片、遗留物、一些死动物和一些踪迹石膏模型作证,其中一些还被人明确地标明为美洲狮留下来的。

1962年夏天之前,萨雷狮又在哪里呢?它的出现绝对不是一个单纯的现象。在澳大利亚,也有类似但更古老的一些巨型猫

▲ 神秘"巨猫"

的传说,自1880年以来就一直不间断地出现此类目击记录。还有更多的报告——老虎和狮子,出现在20世纪30年代,新南威尔士艾姆威尔的农夫们报告说,1956~1957年之间,有340多只牛羊被一只"豹"咬死了。

研究者认为:由于1960年以前没有令人满意的数量的报告出现,而自1980年以来所发现的死体的数量和在英国发生的目击记录的数量增长太快,因此,对这个神秘问题

的解决关键在于要把抓到的动物放回自然,特别是1976年的危险动物法案实施以后。该法案让一些热心此事者很难将大批陌生的动物保留在家中,因此有可能有意促使一些现在又开始制造麻烦的巨猫到英国乡间去。

这种假设有很多值得赞许的地方,特别是当人们

▲ 正在"观察"的巨猫

意识到，一只大型猫科动物要消费掉多少肉类的时候。像狮子那样大小的动物，每周必须吃掉相当于5只成年鹿那么多的肉才能存活。尽管有时候看起来，神秘之猫每年靠吃掉数千只羊来慢慢存活，可是，很少有证据证明，真的就有那么多动物被吃掉了。而这个数量又是大群未知猎食者存活所必须的。一份英国政府的报告讲到大型猫科动物在康沃尔——那是传说中的博德明兽的家园——中心地带的证据时总结说："没有可检验的证据表明有'大型猫科动物'出现。在近6个月的时间里，只有4例受怀疑的家畜被咬死的报告，其中没有任何一个报告指明有除家畜和狗以外的任何动物牵扯在内。

巨猫到底是怎样的来历，它的生活习性又是怎样的，仍然是一个没有揭开的谜团。

▲ 黑猫

PART 34 动物杀生之谜

"雷兽"之谜

在云南的高黎贡山,沿中缅边境由北向南延伸,有个叫青河村的小村子,平均海拔在4000米以上,全村有400多人。

村里住着一名姓伍的村民。1965年3月的一天,他辛辛苦苦养大的3头肥猪一夜之间不见了。他逢人便说,他那3头肥猪一定是被"雷兽"给叼走了。

"雷兽"到底是一种什么动物呢?据村民们描述,它全身发着金光,好像是把金片贴上去似的;样子像马,不过四肢要比马短了很多;额头上有一只独角,叫起来就跟猫头鹰一样;嘴角上还长了两颗獠牙。

姓伍的村民有个儿子,名叫伍宗诚,在村里负责保安工作。他安慰父亲说:"爹,您别着急,我已经派人进行调查,同时关闭了村里对外的联络道路,猪一定会找回来的。"

到了晚上,为了保证村里的安全,伍宗诚带着几个人在村里巡逻。青河村虽然只有400多人,但住得很分散,巡逻一圈也得大半夜。这天晚上乌云密布,连一颗星星也见不到,他们走在伸手不见五指的小道上,心里直发毛。

他们巡逻了大半个村子,已经是后半夜了,大家都有些精疲力竭。这时,突然黑暗里金光一闪,把他们吓了一大跳,那个金光闪闪的东西径直朝他们冲了过来。人们不知道那是个什么东西,但从奔跑的声音来判断,类似于牛或马之类的猛兽。伍宗诚大喊一声"快躲开"。话音刚落,那个怪物已冲到眼前,有个来不及躲开的小伙子,一下子被撞倒了。肚子被怪物的獠牙给豁开了,肠子流了一地。

那个"雷兽"一看捕到了猎物,低下头来准备美餐一顿时,伍宗诚和他另外三个伙伴不约而同地开了枪,怪物身中数弹,嚎叫一声,倒在了地上。

人们赶紧把受伤的伙伴送到医院,但已经晚了。

天亮以后,人们都来看这个怪物,大家不约而同地说:"这就是'雷兽'。"事后,伍宗诚把"雷兽"的皮剥了下来,卖给了皮货商,把所得的钱送给了死去的那位伙伴的妻子。

这个故事在当地引起了轰动,有人猜测,所谓"雷兽",可能是一种毛色变异的野猪或者犀牛。可"雷兽"究竟是什么,仍然需要等待研究证实。

▲ 动画中的"雷兽"

杀人蟹之谜

在日本大阪海域里出现了一种恐怖的怪兽：杀人蟹。

日本青年井太郎和真惠子是一对恋人，一天，他们在大阪美景如画的海面上划船游玩，突然，海鸥发出了一声声尖叫，惊恐地向高空飞去，在船两边嬉戏的沙丁鱼也惊慌地四下逃散。这可是危险即将来临的信号，他们却全然不知，继续陶醉于轻舟荡漾之中。灾难一步步向他们逼近，在不远处的海面上，有一对潜望镜式的眼睛，像幽灵一样窥视着这条小船，当它发现这条小船上的确有猎物时，便悄悄地从水下潜游过来，迅速逼近了小船，霎那间，一只巨大的怪物从井太郎背后的船舷边"嗖"地一下伸出一双巨爪，牢牢地钳住船舷，然后又伸出钢钳般的大螯，以迅雷不及掩耳之势袭向井太郎。真惠子正巧抬头，看见井太郎后面有一个大怪物，吓得大叫起来"海怪来了"，还没等井太郎反应过来，怪物的大螯已牢牢夹紧了他的双臂，另一只尖锐的爪子也深深地扎进他的体内。原来，这是一种特大海蟹，体长10多米，呈尖梭形，它有八条腿和一对强大有力的蟹螯，蟹爪伸展开时，其长度可达3米以上。这种大蟹不但身躯巨大，而且动作灵敏，性情凶恶。无论在水中还是沙滩上，它都能向人类发起攻击，被渔民们称之为"杀人蟹"。小木船在剧烈地摇晃，然后向一边倾斜，井太郎被"杀人蟹"拖下水，惊恐万分的真惠子大喊"救命——"，附近的游客闻声过来相救。他们透过幽蓝的海水看到令人心悸的一幕：巨大的杀人蟹用钢钳般的爪子缠住井太郎，不停地猛戳井太郎的头部和颈部。

井太郎全身是血，除了脚还在乱蹬之外，他已经丧失了反抗能力。而在数米深的水下，许多只杀人蟹正在向这里快速游来，准备分享这顿丰盛的人肉餐。游客们束手无策，谁也不敢跳下去救井太郎，就急忙划船强行拉真惠子离开这危险之地。当他们回头张望时，这一片海水都成血水了。

几个月后，横滨沿海的一个海滩上又发生了更为惨不忍睹的血案，这次杀人蟹袭击的是一个年仅8岁的女孩儿。那天，山木夫妇从广岛带女儿芳子来横滨避暑。中午，芳子趁父母不备，悄悄溜到海滩。这时已开始退潮，芳子万万没料到死神就在她最愉快的时候降临了。浅水滩上有一对正在交配的杀人蟹，由于芳子打扰了它们的好事，被激怒了的雄蟹，突然举起令人生畏的大螯凶狠地扑向芳子，芳子大叫着转身就跑。但为时已晚，才跑出十多步，就被杀人蟹追上。雄蟹的大螯凶残地钳住了芳子细嫩的小腿，芳子发出阵阵的惨叫声。

刚刚靠岸的渔民闻声赶来。只见杀人蟹拖住一个小女孩，正使劲往海里拖，他们虽然拿着铁钩、木棒却不敢下手，怕伤及小女孩，只得依仗着人多势众，赤手空拳地与杀人蟹展开肉搏。他们有的抓住巨蟹，有的去抢夹在蟹爪里的小女孩。杀人蟹面对众人的进攻，反抗愈发强悍凶猛，它仗着八条利爪和两只大蟹螯，不仅拖住小女孩不放，还向接近它的渔民发起猛攻。

好几位渔民被蟹爪扎得到处是伤。渔民们齐心协力，硬是从蟹爪下抢出这位可怜的小女孩，但此时芳子已经皮开肉绽，血流如注。人们一摸，才发现她早已气绝多时。

杀人蟹不仅在海滩上攻击人，而且还向小船上的渔民进行偷袭。1993年因受厄尔尼诺海洋气候的影响，千岛群岛附近洋面浅水区的大马哈鱼都往深水区迁移。7月的一天，千岛群岛的渔民井三本出海捕鱼，他和掌舵的伙计在浅水区白忙了一上午，连大马哈鱼的影子都没有见着，于是决定到深水区捕捞。

船进入海水有点发绿的深水区后，井三本叫伙计放慢航速，他站在舱前，把身体倾出船舷，弯腰向海里投放流网。突然，海水中蹿出一个怪物来，两只巨大的螯钳准确无误地钳住了他的双臂，井三本惊叫着"哎呀"一声，便被拉入水中。掌舵的伙计还不明白到底发生了什么事，一抬头发现井三本不见了，他深感大事不妙，连忙向附近的4艘渔船呼救。4艘小船立即聚拢在一起，渔民们看到海水中一只巨蟹紧紧拖住已丝毫不能动弹的井三本，并慢慢向海底沉去。一个眼尖的渔民发现巨蟹被流网缠了个正着，尽管杀人蟹紧抱着井三本，它却无法脱身。机不可失，这位机智的渔民立即拉起流网的一端，在其他渔民的帮助下，迅速把流网拖了上来。渔民们用力剖开流网，想救井三本时，只见杀人蟹仍然死抱着井三本不放，掌舵的伙计操刀朝杀人蟹砍去，直到坚硬的大蟹螯被砍断，负痛难忍的杀人蟹松开井三本之后，又剧烈挣扎着，一个翻身扑向海面，极不情愿地潜往海底。井三本虽然得救了，但却被巨蟹折磨得奄奄一息，这种死去活来的感受令他终生难忘。

人们以前从来没有发现过这么巨大的螃蟹。已知世界上最大的蟹有两种，一是高脚蟹，又名日本大螃蟹。这种蟹产在日本东京湾以南的深海中，两只蟹足伸开有3米多长，最长的达5.84米。而它的头胸骨（即甲壳）只有40厘米宽，体重只有65千克。因此它并没有多大力气，也没有攻击人的能力。日本渔民对高脚蟹很熟悉，他们说杀人蟹绝不是这种蟹。

另一种是产在大洋洲的巴勒海

▲ 凶残的杀人蟹

峡巨蟹，这种蟹重达13.6千克，比较粗壮，但体长不过1米左右，也和杀人蟹形状不同。据日本生物学家们调查分析，杀人蟹似乎是一种蜘蛛蟹。

蜘蛛蟹平常个头并不大，体长不过0.5米，通常生活在3600米以下的深海里。它们怎么突然变得这么庞大凶恶了呢？有人认为它们可能是受到深海中核废料的刺激，体态发生急剧变异，才变得如此巨大。但这也只是猜测而已。在真正捕捉到一只杀人蟹的实体之前，这种可怕的巨蟹对人们仍然是个谜。

食肉蚁之谜

蚁患是令所有亲身经历过的人毛骨悚然的事情。下面便是100年前发生的真实场景。

在亚马逊河畔的一个农场，有300多个农业工人在那里辛勤地劳作着。一个夏日早晨，场长站在他办公室的窗前，正在欣赏窗外的风景。就在这时，有人敲了几下门，进来的是一位态度和蔼的警察。

"我通知您，根据邻近地区来的消息，有一个长约10公里、宽约5公里的褐色蚁群，正对准你们这个农庄开过来，最迟在3天后就可到达！"

送走警察以后，场长马上把各个耕作队的队长叫来，要他们立即组织工人家属们撤离。同时叫每个工人也做好撤离的准备，要随时能够撤走。

队长们走后，场长烦恼地在办公室里来回踱步。他清楚地记得，40年前，在离这里320公里的故乡也发生过一次蚁患。在他的心灵里，深深地印下了一幅蚁群过后的图景——家没有了，庄稼没有了，甚至连荒草、树皮也没有了，在地平线之内几乎看不到一点绿色，看不到一只动物，连老鼠也没有，四处是死一般的寂静……比战后的凄凉景象还要可怕得多！

下午，场长和各耕作队的队长们拟定了详细的作战方案。首先，妇女和儿童得在今天之内撤到河那边，牲畜也得立即撤走。其次，马上加深加宽环绕居住区并和亚马逊河相连通的各排灌沟，检查所有的抽水机和各个控制闸，保证都能随时投入使用，并立即在泵房和各控制闸建立24小时的值班制度。最后，为了防备万一，又以办公室为中心，立即建立一条和储油库相连通的，周长400米、深1米、宽2米的耐火材料沟，准备在必要时发动火攻，把蚂蚁挡住。这一切，都得在24小时内完成。

准备就绪，已经整整过去了一天的时间。旷野里充满了蚁群迫近的先兆。大群的鸟儿惊慌地鸣叫着，然后一直向亚马逊河对岸飞去。有些鸟儿因为惊慌，甚至跌进亚马逊河的急流中。兽群也惊慌地乱窜着，凶猛的美洲豹和成群的猴子一起狂跑。在亚马逊河上，各种动物正在泅渡，鳄鱼和森蚺（美洲大蟒蛇）游在相距不远的河面上。这两个死敌现在却丝毫也没有斗意，只是在急流中用尽全力向对岸游去……

第三天早晨，勘测员发出了警报。人们都涌到居住区的边缘，站在注满了水的排灌沟旁，望着突然出现在森林边缘的挪动着的大片黄褐色。

一只怀了孕的母豹子突然从森林里拼命地跑出来。浑身上下已经盖满了蚂蚁。大概它因为怀孕而无法过河吧，今天是劫数难逃了！它跑到离排灌沟只有30米的地方倒了下来，在蚂蚁的啃咬下挣扎了几下就不动了。不一会儿，大群的蚂蚁赶到了，那只看来有60千克重的豹子很快就只剩下了一堆白骨。有细心人计算了一下，仅仅

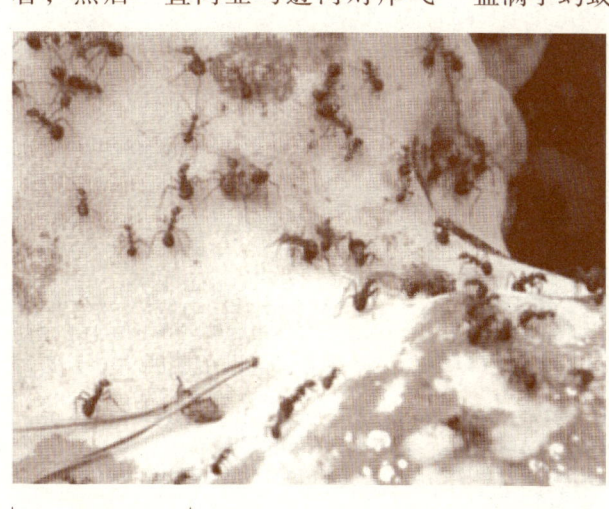

▲ 南美食肉蚁

用了4分半钟。

　　1小时以后，蚁群走近了。人们清楚地看到那是一种有半个拇指大的褐蚁，空气中充满了它们移动的沙沙声。当蚁群走到注满了水的排灌沟前，就迅速向两边散开，很快，它们就以沟为界把居住区包围了起来。排灌沟外是望不到尽头的蚁群，排灌沟内的居住区就成了"褐色海洋"中孤悬的"半岛"。由于居住区的一面是亚马逊河，所以人们虽然面对着使万物死亡的"褐色魔鬼"，但心里仍然是有恃无恐——总会有一条退路。

　　隔着只有20米宽的排灌沟，人和蚁对峙着。没有人叫喊，也没有蚂蚁移动的沙沙声。这是战前的寂静。但没过很久，蚁群开始进攻了。它们突然一只叠一只，叠起了近2米高的蚁墙，然后上面的蚁就像要跳过沟似的，居高临下地跳下去。但它们都落在沟中的水里，在水里挣扎着，失去了方向，大批大批地被抽水机抽上来的强力水流冲进亚马逊河。蚁群就一直这样地进攻着，但它们所得到的只是死亡。

　　到快近中午的时候，蚁群停止了进攻，也不叠蚁墙了。又过了一会儿，它们竟然全部后退，一直退到来处的那片森林里。

　　太阳刚刚往西偏了一点儿，蚁群又卷土重来，而且拖来了无数片的树叶。这些蚂蚁竟然懂得把树叶当作"登陆艇"来使用。一些蚂蚁爬上树叶，另一些蚂蚁就把树叶拖下水，让树叶在水中漂着。一时间，无数的树叶向居住区这边漂过来。尽管强大的水流最后都把这些"登陆艇"掀沉，但这些大褐蚁的顽强精神，却使每一个和它们战斗的人不寒而栗！

　　场长在紧张地指挥着战斗，看到成堆成堆的蚂蚁被水冲走，他感到很惬意。晚上，场长把人们分成三班，在关键地方装了强电池灯，彻夜提防着。而蚁群在晚上却停止了进攻，场长趁此时间命令停开抽水机，并关上一些排水闸，让排水沟里保持一定的水量。

　　热带的晚风是很猛烈的，尤其是在亚马逊河边。天快亮时，给抽水机供电的电线竟然被风刮断了。人们还来不及检查故障，蚁群又开始进攻了！场长命令打开排水闸。

最先涌下河沟来的几批蚂蚁随着排水又被冲走了。但由于抽水机断电，水抽不上来，一段排水沟竟然迅速干涸了。蚁群就像决堤的洪水一样，从这段沟涌过来。守卫的人被逼后退。当场长得到消息时，已经是无法补救了！

人们迅速退到耐火材料沟后面，马上把汽油灌进沟里并点起火来。蚁群跟着涌过来，但又被大火吓退了。

这时，天已大亮。人们猛然看到，他们是隔着火沟被蚂蚁四面包围起来了。储存的汽油尽管颇为可观，但要这样连续燃烧，按最节约的方法计算，顶多也只够用两天的时间。而天知道蚂蚁要在什么时候才能移向别处呢！想到这里，每一个人都开始认识到必须撤退。但是现在为时已晚，居住区和亚马逊河已经被蚁群所隔断！看着火墙外随时准备冲过来的蚁群，那只仅在4分半钟就被啃成一堆白骨的母豹，又在人们的头脑中清楚地浮现。个别软弱的人开始嚎啕大哭，而更多的人则是麻木地看着燃烧着的火焰！

在这紧急的关头，场长想到应当把阻挡着河水的大水闸打开，让亚马逊河的水像决堤似的灌进来。虽然这样做会使拉脱维娜农场变成一片汪洋，但那无情的蚁群也将被无情的大水淹死。300多条生命就能得以保存下来。但控制大水闸的开关却在火墙外300米的地方，现在已置于蚁群的包围之下。谁出去扳动开关，谁就得冒死亡的危险！

这时场长想，为了消灭蚁群，救活大家，他应该冒这个风险！

于是他下令把储藏室里的小木船和橡皮艇都拿出来，并把放水淹地的决定告诉大家。一时间，愿意为集体而牺牲自己的工人纷纷站出来，要求让自己去完成这危险的任务。场长很受感动，但还是决定自己冒险。因为他是场长，牺牲自己挽救大家的责任首先应该落在他的身上。与此同时，他在极力要求承担责任的人们中，挑选了3个身强力壮的小伙子，要他们在必要时挺身而出。随后，他们4个人就迅速地武装起来，里面穿上紧身衣裤，外面再穿上密封服装，戴上头盔和手套，穿上几层袜子，再穿上长统靴子，然后把所有的衣、裤的开口都紧紧地扎住。

一切准备妥当后，人们用土在火焰中压出一个小缺口。场长正要冲出去，却被两个后备人员抓住了胳臂。跟着，另一个后备人员，跑得最快的劳斯就迅速冲出了火墙，在"褐色海洋"中飞奔向前。场长挣扎着，但他的手臂却被紧紧地抓住，两个小伙子深情地对他说："让劳斯去吧，他跑得比你快，也比你灵活。"

人们都紧张地看着劳斯。只见他迅速地奔跑着，只用了2分半钟就跑到了控制大水闸的开关那里。虽然是2分半钟，但蚂蚁已经盖满他全身了。他稍微喘了口气，就开始扳动控制枢纽，直至把闸门全都打开。1小时后，这一带就会变成一处泽国了。劳斯迅速地往回跑，跑了一半距离时，却猛然感觉到有一只蚂蚁不知怎地已经钻过了防护衣，并隔着内衣狠咬。劳斯知道现在对那只蚂蚁是没有办法的了，只有迅速跑回人群里才能消灭它。还剩下30米了，但蚂蚁却咬穿了几层内衣，并狠狠地往他背上咬了一口。痛彻心肺的疼痛使劳斯眼一花，几乎摔倒。他用巨大的毅力坚持着，刚一定神，蚂蚁的第二下、第三下啃咬……使他晕倒在地。就在这时，场长和另外两个穿上防护衣的小伙子同时冲出去，把劳斯救了回来。

勇敢的劳斯被救醒了。他和伙伴们坐在木船上，看着淹在大水里的千千万万只蚂蚁，感慨地说道："我们终于战胜了它们，虽然代价巨大，但毕竟是胜利了。"

这种蚂蚁，就是著名的南美洲食肉蚁。每过一段时间便会繁殖成片，浩浩荡荡，势不可挡。然而，人类终是有办法整治它们的。

 ## 杀生蜂之谜

非洲蜂凶猛习性的产生

蜜蜂最早起源于亚洲。然而随着岁月的流逝，一部分蜜蜂迁移到欧洲和非洲。抵达欧洲的蜜蜂找到了温和的气候和充足的蜜源等理想的自然条件，从此在欧洲大陆采花酿蜜，繁衍生息，为当地人民增添了欢乐，养蜂业随之产生了。

然而，到达非洲的蜜蜂不仅受到了严酷的气候折磨，而且还时常遭到野生动物和人类的不断偷袭。为了生存，它们同所有的入侵者展开了漫长激烈的搏斗。在保卫自己和蜂巢的过程中，非洲蜂日益变得顽强凶猛。天长日久，它们养成了一种好斗的性格，而且一代超过一代。也许正因为如此，非洲的小蜜蜂才得以活到现在。

非洲蜂的扩张

1956年，巴西圣保罗大学的遗传学教授沃里克·埃斯特克·克尔，从国外带回了35只非洲蜂王，准备做遗传试验。他想通过让欧洲蜂和非洲蜂交配，培育出一种具有两种蜂优势的理想蜂种。为了防止非洲蜂飞逃，他采取了各种严密的措施。

然而，生物学家的一位粗心的新助手犯了一个可怕的大错误：他敞开了喂养非洲蜂的巢箱盖，26只蜂王飞逃。不久，凶恶成性的非洲蜂开始在巴西以惊人的速度繁殖起来。

进入20世纪60年代后，成群的非洲蜂每年以500公里的速度飞向南美其他地区。对此，一些国家十分恐惧，各自建立了观察研究中心，全力以赴监视非洲蜂的活动。各国生物学家潜心研究非洲蜂的生活习性，以期找出控制蜂群蔓延的方法。然而，他们至今仍然一筹莫展。非洲蜂越来越多，日益猖獗。现在，大批蜂群已经到达法属圭亚那，进入委内瑞拉、秘鲁和阿根廷的部分地区。

无穷的危害

非洲蜂给人类带来的灾难，实在骇人听闻。目前，南美已有几百人被蜇伤中毒死去，数以千计的家禽和牲畜遭难而亡。蜂群所到之处，所有生灵全部消失无一生存。非洲蜂已成了可怕的"杀生蜂"。

1984年的一天，委内瑞拉米兰达州的图伊·德尔·奥古马莱机场的候机室突然骚乱起来。只见黑压压的数千只蜜蜂向候机的旅客们俯冲过去。霎时，非洲蜂的嗡嗡声、人们的哭喊声和桌椅的碰撞声响成一片。谁也不知道为什么"杀生蜂"发怒竟然向人发起进攻。结果，有1人死亡，36人受伤。

同年，在委内瑞拉一个叫萨尔多的村镇，村民们先是听到从远处传来一阵嗡嗡声，渐渐地声音越来越大。大家纷纷跑出来眺望，只见无数只非洲蜂遮天蔽日，如同一块巨大的乌云迅速飘来。人们惊恐万状，立刻四散奔逃。顷刻间，蜂群死离群的非洲蜂。可是，所剩的蜂群仍然不计其数，人们还是奈何不得它们。大部分村民认为，非洲蜂以后可能还会光临，用普通的方法无法消灭它们。于是，他们纷纷舍弃家园，远走他乡。

云游四方的非洲蜂

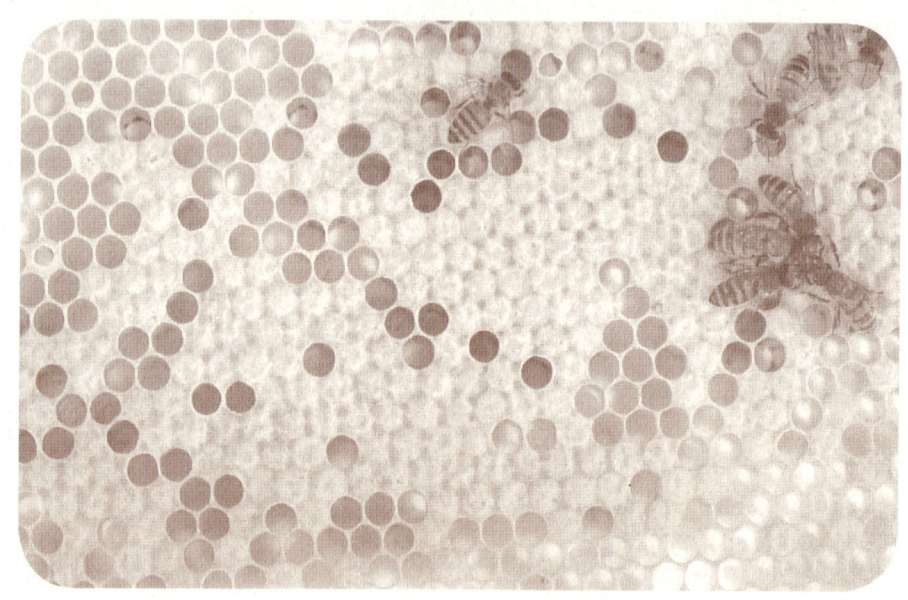

▲ 蜂巢

降临。几秒钟内，100只鸡死亡，无数的家畜受伤，奔逃者的手脸红肿不堪，痛痒难忍。

幸好，这群蜂的突袭发生在黄昏，从而挽救了许多村民的生命。当时，藏在屋里的人们为躲避蜜蜂的攻击，都熄了灯，紧蒙头脚，瞪着眼过夜。灾难过后，村民们想打

非洲的各种恶劣气候，迫使凶猛的非洲蜂尽量提高产蜜的能力。此外，为了保障生存，非洲蜂学会了贮藏大量蜂蜜的技巧。

非洲蜂有着极强的繁殖能力。春夏之季，工蜂开始造蜂巢。完工后，蜂群中的一部分工蜂与蜂王飞出另造新巢，把原来的巢让给即将

出房的新蜂王和留下的另一部分工蜂。在此期间，非洲蜂的活动不仅受各种气候的影响，而且还面临着其他动物的袭击和食物不足的威胁。因此，非洲蜂的分群极为频繁，一群蜂在一年时间内，竟能建造100个"小殖民地"。如无控制而任其发展，非洲蜂将会以惊人的速度遍及整个美洲。

非洲蜂喜爱游荡，它们为寻找新的蜜源，并非长期栖息在一个地方，而总是云游四方。

非洲蜂的超强攻击力

经过测试，非洲蜂嗅到异味

▲ 杀人蜂

后，23秒钟便可以做出反应，而欧洲蜂则需43秒。因此，人们面对非洲蜂的攻击往往在劫难逃。

除此之外，非洲蜂的攻击力强，伤害性大。它们遇到入侵者时，一般都是大批出动，穷追狠叮，常常把对方驱逐到200米以外方才罢休。整个攻击的时间可长达1.5小时，受害者往往多处被蜇伤。相比之下，欧洲蜂的攻击就比较弱。它们一般只把敌人赶到30米外便凯旋，全部攻击时间不到3分钟。

科学家们想要利用欧洲蜂和非洲蜂杂交，使得非洲蜂变得不似以往那样凶猛。但是实验证明：非洲蜂同欧洲蜂杂交的后代同非洲蜂一样凶猛。所以，用此法矫正非洲蜂那种极其强烈的好斗性的设想，已经彻底破灭。尽管许多生物学家为此而忧心忡忡，但他们还是在小心翼翼地监视着非洲蜂的活动，跟踪它们的去向和研究它们的飞行速度及活动范围，以便寻觅出对付这些顽敌的办法。

吸血蝙蝠之谜

吸血蝙蝠是蝙蝠的一种。蝙蝠由于其貌不扬和夜行的习性，总是使人感到害怕。外文中它的名字的原意是轻佻的老鼠，不过在中国，由于"蝠"字与"福"同音，所以在民间还能得到人们的喜爱，将它的形象画在年画上，说是可以给人们带来好运。

世界上有许多关于吸血鬼的传说，在美洲有一些以吸血为生的蝙蝠使这个传说成为事实。当地曾流传着一种迷信的说法，认为它们都是无恶不作的巫婆，在夜里脱了皮，变成一个火球，躲在僻静的角落里，一有机会就飞到人和动物身上来吸血，真可谓是残忍的"吸血鬼"！

吸血蝙蝠在分类学上隶属于吸血蝠科、吸血蝠属，共有3种，即普通吸血蝙蝠、白翼吸血蝙蝠、毛腿吸血蝙蝠，均分布于美洲热带和亚热带地区。吸血蝙蝠的身体都不大，最大的体长也不超过9厘米，没有外露的尾巴，毛色主要呈暗棕色。它们的相貌看起来非常丑恶，鼻部有一片顶端呈"U"字形沟的肉垫，耳朵尖

▲ 倒挂在树上的普通蝙蝠

为三角形，唇部很短，形如圆锥，犬齿长而尖锐，上门齿很发达，略带三角形，锋利如刀，可以刺穿其他动物的突出部位而饱食。由于吸食流质的血，食道短而细，并且有狭长的胃。它们的前后肢和指尖都有宽大的翼膜相连，形成一个强有力的翅膀，以利飞行，后肢之间生有蹼。吸血蝙蝠的眼睛比其他蝙蝠的眼睛更大，但是在漆黑的山洞里却没有什么作用。它们的嗅觉和听觉很灵敏，跟其他蝙蝠一样具有"回声探测器"。它们发出的高频声波，超出人类的听觉能力。只有当这些声音被放慢到原速的1/8时，人类才能听到。像其他蝙蝠一样，吸血蝙蝠有尖钩般的利爪，可以紧紧攀附着岩石的裂缝，或粗糙的边际。虽然大多数蝙蝠在地上都无能为力，但是吸血蝙蝠有细长的腿和前臂，这使它们能够毫不费力地在地上移动。睡觉的时候，吸血蝙蝠则通常用一条腿吊着。

吸血蝙蝠是群居动物，成群地居住在山谷洞穴的顶壁，似乎在分享着相互陪伴的欢乐，过着引人注目的群居生活。吸血蝙蝠栖息在几乎完全黑暗的地方，在它们的藏身地，由于淤积的消化液，而散发出一股浓烈的阿摩尼亚气味。它们白天潜伏在洞中，等到午夜前飞出山洞，常距地面1米左右低空飞行搜寻食物。对一般人来说，吸血蝙蝠是令人厌恶的，甚至是肮脏的。但实际上它们是比较干净、整洁的动物，大部分时间都用来认真地梳理打扮，经常用利爪把身体上纤细柔软的毛梳理整齐。因此，据说16世纪的印加帝国皇帝还拥有一件用吸血蝙蝠的皮制成的大氅。当排泄的时候，吸血蝙蝠会小心翼翼地把身子离开洞壁，以免弄脏自己。这些粪便堆积在各群吸血蝙蝠的下面，成为其他一些生物的乐园。

吸血蝙蝠是一种营养方式很特殊的小型蝙蝠，不吃昆虫或果实，而专爱吸哺乳动物和鸟类的血。通常的食物是家畜的新鲜血液，有时也吸人血。它们总是小心谨慎地飞到袭击对象跟前，在上空盘旋观察寻找下手机会。它们往往寻找熟睡的受害者，直接飞落在它的身上，而更多的是飞落在它的身旁，然后再悄悄地爬过去，爬上受害者的身上，这样不容易被发觉。它们选择动物的裸区或毛、羽稀疏部位，如肛门、外阴周围、鸡冠和垂肉等裸露部分，耳朵和颈部以及脚也常被光顾。当选中合适的地方后，便迅速地用尖锐的利齿轻轻地将皮肤割破一道浅浅的小口，然后缩回来，试探一下对方是否已经熟睡。由于受害者不感到疼痛，通常不会被惊

▲ 吸血蝙蝠的"嘴脸"

醒，仍然保持安静状态。吸血蝙蝠在吸血时一般每秒钟吸5次，对于不同的对象会选择不同的吸血部位，例如对于牛和马，专咬背部和体侧；遇到猪，专咬腹部；如果是鸟类，则咬腿部。有人曾目击一只吸血蝙蝠用翼钩攀住一只雄鸡的腿，自己的后腿则站在地上，雄鸡走时它也跟着走，边走边吸雄鸡的血。由于当地的农场主通常在夜晚把家畜拴起来，以免走失，结果这样的家畜特别容易受到吸血蝙蝠的进攻。

在下嘴之前，吸血蝙蝠常常在它选择的位置待上几分钟，又闻又舔，再用长长的牙齿先把选择好的对象身上的毛咬掉。吸血蝙蝠从不深咬，或与受害者争斗。它们的唾液中含有一种奇特的化学物质，能够防止血液凝固，使其能顺利地吃个饱。由于被咬后血液不会凝固，有时血从伤口流出可长达8小时，动物如果被咬上很多次，也会因为失血过多而受到伤害。吸血蝙蝠的舌下和舌的两侧有沟，血流沿沟通过。舌可以伸出和慢慢地缩回，从而形成口腔中部分真空，有助于血流入口中。吸血蝙蝠非常贪婪，吸血总是不厌其多，每次把肚子撑足，大约可吸血50克，相当于体重的一半，有时甚至吸血多达200克，相当于体重的一倍，却照样能起飞，真是地地道道的"吸血鬼"。每次吸血的时间大约为10分钟，最长达40分钟。吸血蝙蝠在一个夜

▲ 吸血蝙蝠"飞来"

里，能吸几种对象的血，或者往返几次去吸同一对象的血。饱餐后，吸血蝙蝠便回到了自己的栖息地。事实上，任何静止的温血动物都可能受到袭击，但是吸血蝙蝠很少去咬狗，因为狗能听到较高频率的声音，能觉察到吸血蝙蝠的靠近。有时吸血蝙蝠也咬熟睡的人，伤口虽然不大，出血量却可能很多，被咬后大片血污令人吃惊，但是，真正的危险是疾病的传染，例如它在吸取动物血液时，能够传播马的锥虫病；在咬伤人和家畜时，最易传染狂犬病。

吸血蝙蝠的生理系统非常特殊，除了嗜血以外，已经再也不能吃别的东西了。吸血蝙蝠的寿命较长，平均寿命为12年，一生所吸的血竟有100升之多。寿命最长的一只雌性吸血蝙蝠曾在笼中生活了19年半才死亡。

吸血蝙蝠在求偶的时候几乎没有什么仪式。在交配过程中，雄兽常常十分放肆地对待雌兽。交配以后，许多雄兽就不再在家庭生活中起任何作用了。经过漫长的妊娠期，幼仔出世了。刚出生的幼仔几乎没有毛，它们用钩子一样的乳牙叼住乳头，紧紧地依附在雌兽的身上，在变换乳头时必须用脚紧紧地抓住母亲的身体。在寻找食物的时候，雌兽把幼仔留在家中，由其他的雌兽来照料它们，这时幼仔们甚至还可以到其他哺乳的雌兽那里去吃奶。尽管幼仔的哺乳期长达9个月，但是当它长到四五个月时就可以飞行得很好了，并且可以陪着自己的母亲外出觅食。通常雌兽可以和它的幼仔们共享一个进食地点，但与其他吸血蝙蝠在一起时就要争夺最好的下嘴地点了。吸血蝙蝠的雌兽和幼仔之间的亲情关系，与它们那种令人憎恶的外表以及令人毛骨悚然的生活习性形成了鲜明的对照。

PART 35 动物的怪异行为之谜

第11章 来自玄奇国度的动物之谜

 **不死动物之谜**

千年不死的猫之谜

1990年初，埃及考古学家马苏博士在与同事们开掘一座4000年前的古墓时，发现守在墓旁边有一只早已绝种的猫科动物。

这座4000年前的古埃及法老切路勃泽四世的坟墓，是在著名的帝王谷地下8米深处找到的。打开了墓穴石门，当马苏博士等人提着灯笼走进去时，见到一只活生生、两只黄绿色大眼睛滴溜溜转的猫，正盯着来人。墓穴里除了一具石头棺材和这只准备猛扑过来的大灰猫以外，什么都没有。这只大灰猫像一只小豹那么大。当考古学者们向前移动时，这只猫拱起背嘶嘶乱叫，令人毛骨悚然，接着它抖动浑身的灰尘向马苏博士猛扑过去，用尖牙猛咬住他的大腿。受惊的其他考古队员，听到马苏的尖叫声后，立即上前打退了这只猫，但被激怒的猫旋即退到坟墓的角落，准备用它的尖牙再次阻止这些不速之客。但就在它欲发起第二次袭击之前，考古学者们用帆布将它捉起来送进实验室。

在古埃及的习俗中，猫科动物被视作活神，专门用来守卫神圣的寺院和坟墓。被捉的是一只雌猫，脸庞很瘦，轮廓明显，耳朵很长。但一进入实验室，该猫的健康急剧恶化，几小时后就死了。马苏博士计划对这只猫的尸体作进一步的研究。

万年不死青蛙之谜

1782年4月，巴黎近郊的采石工人从地下4.5米深处的石灰岩层中开采出一块巨大的石头。他们将石头劈开以后，意外地发现石头内藏有4只活的蟾蜍。这4只蟾蜍并非聚在一起，而是各有各的窝。窝比蟾蜍稍大一些，窝的表面还有一层松软的黄土。蟾蜍从石头内出来后，还能在地上活动。一位生物学家取了其中一只较肥大的做了标本。石灰岩层经科学家测定，证实其形成于100万年前。也就是说，这4只蟾蜍在岩石内已生存了100万年之久。

经过164年，即1946年7月，在墨西哥的石油矿床里，一位石油地质学家挖掘出了一只冬眠的青蛙。青蛙被埋在2米深的矿层内，挖掘出来时皮肤还是柔软的，且富有光泽，经过两天后才死去。经科学测定，证实这个矿床是在200万年前形成的。青蛙在矿床形成时被埋在矿层内。由此可见，该青蛙在矿层内已生存了200万年之久。

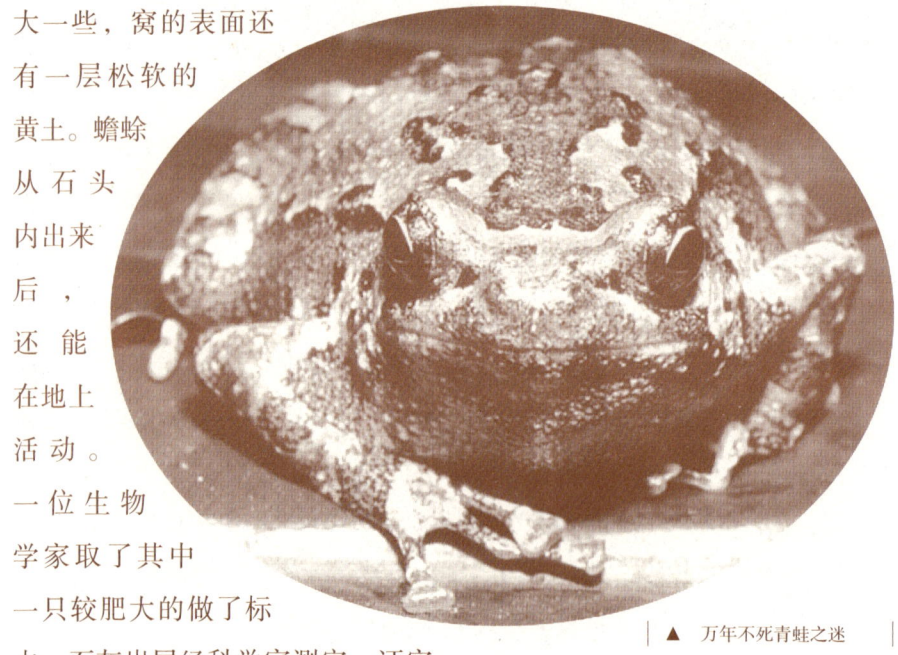
▲ 万年不死青蛙之谜

变性动物之谜

藤壶

成熟的藤壶是雌雄同体生物——即每只藤壶身上同时生长着雌雄两性的生殖器官。藤壶喜欢群居，仿佛这样才感到安全，但是过分密集的群落又会使大量藤壶幼体夭折。有时藤壶采取这样的方式避免过分拥挤——它们密密麻麻地吸附在轮船的船身上，把这个危机转嫁给了人类。为了适应这种头尾颠倒的生活方式，藤壶的卵巢是长在头上的。

大西洋扇贝

北美洲沿海生长着一种有趣的大西洋扇贝，雄性扇贝在水底漫游，直到最后找到了合适的配偶。这时，它就伏在雌性扇贝的背上。没过多久，雄性扇贝就会失去生殖器而完全变成雌性扇贝。以后，另一只雄性扇贝又会伏到它的身上，再转化成雌性。这种交配过程形成一种塔状的扇贝链，下面一层层都

▲ 扇贝

是雌性,最顶上一层是雄性扇贝,这一结构会越筑越高。在水底四处游荡的全是雄性扇贝,而雌性扇贝则一天到晚一动不动地伏在水底。

"清洁鱼"

这种鱼之所以有这么一个有趣的名称,是因为它们孜孜不倦地为别的鱼清洁口腔和鳍。在这种鱼身上,大男子主义发展到了登峰造极的地步。一条雄鱼拥有"三妻四妾",这些雌鱼都不准离开雄鱼的活动水域,它们也不会团结起来反对这位蛮不讲理的"丈夫"。有时,一条雄鱼后面跟着2~5条雌鱼,它们排成一长串,其先后次序是严格按等级排列的。雄鱼死后,地位最高的那条雌鱼就成为这群鱼的首领,不出几天,它身上会自动长出雄性生殖器而变成一条真正的雄鱼,而剩下的雌鱼则成了它的妻妾。

蚯蚓

蚯蚓是我们熟悉的蠕形动物,可是它的生殖方式却是十分奇特的。蚯蚓是成群结队交配的,它们先是直挺挺地躺着,再用分泌出来的粘液使彼此牢牢地粘在一起。这时,它们身上的第15节就产卵,而第9、第10两节则吸收这些卵并使它们受精,这些卵储藏在蚯蚓的脊

▲ 蚯蚓

部，2～3周后孵化出来。蚯蚓的这种"交配"过程一般持续数小时。

"棉垫蚧虫"

这种蚧虫因身上长着棉垫状鳞片而得名，它们一直危害着加利福尼亚的果园。后来人们引进了它的天敌——澳大利亚瓢虫，才有效地控制了它们。这种昆虫不存在交配问题，因为它们是自体交配的——这种交配方式即便是在雌雄同体的动物中也是不寻常的。对于这种昆虫，我们很难称它是雄性或雌性，因为它既是雄性的，同时又是雌性的。

欧洲扁蛎

这种软软的小生物是最典型的两性动物，它们轮流担任两性角色：先是雄性，然后是雌性。它们之所以能这样做，是因为体内长着雌雄两种生殖器官，这种雄雌交替的过程称之为"节奏性连续雌雄同体"。生活在英国周围的扁蛎，它们年复一年地轮流担任两性角色。然而生活在较为温暖的地中海中的扁蛎，却能在同一季节里同时承担雌雄两种角色。这种欧洲扁蛎长着十分坚硬的外壳，不易受到攻击。它们只在满月或新月后交配，与其说是由于春潮还不如说是春天困倦感的缘故。

陆地蜗牛

这种常见动物也是雌雄同体生物，其交配过程充满着激情与独特的浪漫情调。冬天时，蜗牛在地下打洞，并使自己钻入坚硬的壳内。春天来临时，它养足了精神，渴望伴侣。蜗牛的雄性生殖器官中包括一只装满"爱情之箭"的小囊——它可以随时发射这种细细的骨质导弹。当两只情意绵绵的蜗牛拥抱在一起时，

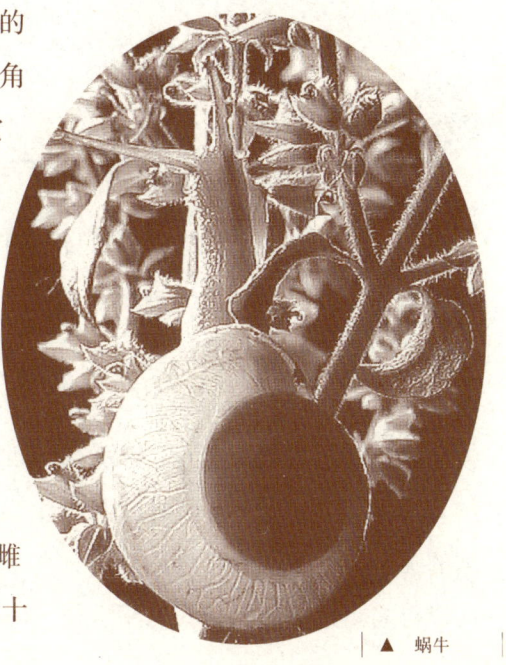

▲ 蜗牛

它们就将箭射入对方体内，以完成互相交换精子的过程。

肝蛭

肝蛭这种寄生虫也是雌雄同体生物，它们的卵孵化成幼虫后，这种幼虫可以不经交配再产卵。这样，一粒肝蛭卵最后可以成为千万条肝蛭。肝蛭主要寄生在家畜身上，如牛和羊。当牛、羊饮用了受污染的水后，它们就来到这些家畜的体内，准确地朝肝部前进，最后舒舒服服地在那里定居下来。

寄生蜂

小小的寄生蜂通常是"雌雄嵌体"的，也就是说，它们体内雌雄两种染色体杂乱地混合在一起。它们的行为毫无疑问地表明，它们最重要的性器官是"头脑"。比如说，一只正常的雄寄生蜂和雌寄生蜂交配后，雌蜂就会在蛾的幼体上蜇一下，把卵产在它的体内。不过，有些寄生蜂却长着雄性的头脑和雌性的身体——这就是"雌雄嵌体"，这时它的交配行为就会发生紊乱：它会蜇雌蜂并企图与蛾的幼体交配。它甚至还会围着雌蜂胡闹，却不与它交配；或者刚开始交配就突然停顿，仿佛记起了什么重要约会似的。

 ## 眼睛喷血之谜

角蜥的身体很像蟾蜍，所以也叫角蟾，但它实际是一种蜥蜴，与鬣蜥的亲缘关系较为接近。它的体长为7.5～12.5厘米，因为它浑身披甲，长满了刺状的鳞片，在头部的背面两眼上方还有8个放射状排列的尖刺，体表去有粗糙的鳞刺，所以得名角蜥。它的体形扁平，躯干呈椭圆形；头部较短两端圆，宽度和高度几乎相等；颈部粗短；四肢也较短；尾巴不算太长，柄宽而端尖，不像其他蜥蜴那样容易脱落以逃避敌害。头部为红褐色，下部为黄色，略缀褐色的斑点。身体的背面为暗沙色或皮黄色，喉部的两侧各有一个与背部斑点同色的大斑

点，刺的颜色均为褐色。虽然它的长相十分凶恶，全身的短刺也仿佛很锐利，但其实这些都是它的一种伪装，主要用于防御，并没有攻击作用。

角蜥仅分布于美国西南部加利福尼亚州、得克萨斯州和墨西哥的沙漠中，主要栖息在平原干燥沙地上。它的身体可以向前爬行，体刺能够如同锄头一样挖掘沙土，堆垒在背部，然后潜入沙中，仅露出头部休息，或伺机捕食昆虫。它的鼻孔内有膜，可以防止沙土灌入鼻腔。它是一种变温动物，白天阳光灼热的时候，需要在沙土下躲避曝晒，夜间天气较凉，它也要藏身于沙地中保持体温。只有在温度适宜的时候才出来活动、觅食。

角蜥还因为拥有三件防御敌害的法宝，所以能够在沙漠地区自如地生活。它的第一件法宝是具有很好的保护色，还具有"拟态"的本领。拟态就是动物利用形态、斑纹、颜色等跟另外一种动物、植物或周围自然界的物体相似，借以保护自身，免受侵害。由于角蜥的体色与沙漠环境的色调一模一样，身体上的棘刺看上去也很像植物的枯刺，使那些凶猛的大型爬行动物、鸟类和哺乳动物很难发现，因而遭

▼ 昂首挺胸的角蜥

到敌害袭击的机会就大大地减少了。如果敌害来临，它就立即左右晃动身体，迅速地钻进沙土，开始是斜着头部向下钻，然后摇动着尾巴，使全身都钻进去。不久，它又会将头部露出来，察看一下外面的动静。如果敌害已经走远，就再从沙土中爬出来。这种本领不仅可以帮助它对付敌害，还能够迷惑猎物，使它们只要呆在一处不动，就可以坐等食物上门，将那些丧失警惕的猎物大口吞食。

角蜥的食物主要是蚂蚁及其他昆虫。它很少饮水，并且很耐干渴，主要在食物中获取水分，或饮露水等。它头部后方的刺粗大锐利，身体和尾巴上也布满了刺，这些刺不仅能够自卫，还有一种奇妙的功用：如果它往水里浸一下，水就会进入小刺之间的凹陷处，再从那里的缝隙进入皮肤上的小孔，然后流向头部。在它的嘴角旁有收集水分的小囊，水就储藏在那里。如果遇到天旱缺水，它只要轻轻地动一下颌部，水滴就会从小囊里冒出来。

角蜥的第二件法宝是全身长有许多鳞片，这些又尖又硬的鳞片，每个都像一把锋利的匕首，是它重要的防御武器。当凶猛的响尾蛇向角蜥冲过来、咬住它的头部，企图一口将其吞下肚的时候，却常常被角蜥脖子上的匕首状鳞片牢牢地刺穿了喉部。

此刻，响尾蛇就会感到一阵极度疼痛，但这时想要吐出嘴里的角蜥又不可能了，因为鳞片刺穿的方向与它想要吐出的方向正好相反。最后，这条响尾蛇只能由于流血过多而死去。

角蜥第三个自卫的法宝非常奇特，常常要到十分危急、关系到生死存亡的时候才会施展出来。因为一些猛兽十分狡猾，它们似乎知道角蜥身上的匕首状鳞片的厉害，常常先不用嘴巴咬，而是企图用脚爪撕裂它，把它弄死后再吃掉。遇到这种情况，角蜥就开始大量吸气，使自己的身躯迅速膨大，然后眼角边的窦破裂，突然从眼睛里喷出一股殷红的鲜血来，射程为1～2米，敌害则肯定会被这迎面喷来的鲜血吓得惊慌失措，角蜥就可以趁机逃之夭夭了。

角蜥的这第三个自卫方式的发现颇费周折，因为它平时是很少使用这个方法来避敌的。角蜥看上去性情比较温顺，所以在产地常有人进行人工驯养，成为当地人喜爱的一种宠物。然而，有人却传说他们曾见过这种动物会从眼睛里喷射出长长的血流，并且说如果人被这种"神怪武器"击中，就会死亡。但大多数人都认为这不过是天方夜谭的迷信说法。

为了证实关于角蜥眼睛能喷血的说法，很多科学家都开始对它进行实验。一些科学家认为角蜥的确可以从眼中喷射出一股鲜红色的液体，很像血液，其目的显然意味着防御，但能够"喷血"的角蜥仅占实验数量的百分之五。就是说，只有极少数的角蜥才有这个本领。也有的科学家对角蜥的此种行为以及这种行为与性别、季节、温度或其他因素的相关关系进行了研究，但并没有取得进一步的结果。

最近，美国科学家发现，他们驯养的一只黄色猎犬经常能使角蜥的眼睛喷血，而且仅对这只猎犬的恐吓做出这种反应，无论是白天或是夜晚，也无论天气冷热。而人

▲ 沙滩上的角蜥

对角蜥进行各种恐吓实验均不能使其喷血。因此，他们认为角蜥"喷血"的行为可以称为是一种特殊的"抗犬防御"，并且计划进一步以狐狸、狼等角蜥在自然界中的各种天敌进行试验。

后来，又有一些生理学家对角蜥的喷血现象进行了实验。经过一番认真细致的研究，已经查明：角蜥喷出的的确是鲜血。它在喷血之前，有一束闭孔肌会压迫主血管，使脑血管的血压升高。这个压力对那些眼膜里的娇嫩血管来说非常之高，足以导致血管破裂，使鲜血喷出。当然，如果对人类来说，这种现象就太可怕了，因为血管破裂就将意味着脑溢血，会有生命危险。但角蜥头部血管中的局部高血压，不仅不会对它的生命构成威胁，反而可以用这种"危险的游戏"来吓跑敌害，从而拯救自己的生命。

毒蛇拜祭之谜

人会拜祭，难道毒蛇也会吗？世界之大，无奇不有，这件事不是人们凭空编造出来的，事情就发生在希腊的西法罗尼岛上。

▲ 毒蛇

第11章 来自玄奇国度的动物之谜

每年的8月6日到15日,都会有数以千计的毒蛇从悬崖峭壁和山林洞穴里爬出来,直奔这个小岛上的两座教堂,盘结在教堂的圣像下面。它们在这里呆上10多天后,才全部慢慢地离去,就好像有谁在指挥着它们似的。这是一种剧毒蛇,只要被它咬一下,就很难活命,但它们却能跟岛上的居民和睦相处,十分温顺。岛上的居民认为,这种毒蛇具有驱邪治病的神力,只要触摸它一下,或者把它缠绕在身上,就可保佑你岁岁平安。

令人迷惑不解的是,毒蛇朝圣的日子,竟然都是希腊的重要节日:8月6日——希腊人纪念上帝的日子;8月15日——纪念圣女的日子。更让人感到奇怪的是,每一条蛇的头上,都有一个跟十字架极为相似的标记。据记载,这种毒蛇朝圣的现象,已经持续120多年了。

这到底是怎么回事呢?岛上的人对此做何解释呢?在岛上,一直流传着一个悲惨而又动人的故事。

在很久很久以前,西法罗尼岛是一个美丽富饶的地方,人们安居乐业,过着无忧无虑的日子。可是有一天,灾难降临了,一伙强盗登上了这个岛,烧杀抢掠,还不怀好意地将24名年轻貌美的修女关押起来。圣母知道这一情况后,为了使手无寸铁的修女免遭强暴,就把她们都变成了毒蛇。强盗眼看着美女变成了毒蛇,吓得一哄而散。毒蛇也再没有变回人。它们为了报答圣母的搭救,每到8月6日~15日,就到这里来朝圣。

传说归传说,这种现象用科学的方法该如何解释呢?难道教堂里有什么吸引蛇的气味吗?即使是有气味的话,怎么偏在这几天散发出来呢?除此之外,还有什么别的解释吗?这一切,还没有谁能做出一个令人满意的回答。

不管怎么样,这些朝圣的毒蛇使西法罗尼岛成了一个神秘之岛,每年都引得无数游客到这里来参观。

动物的"杀过"行为

孔夫子曾说过"过犹不及"。人类是讲中庸之道的,对做任何事情,都讲究适可而止。可在动物界里,有许多动物却不遵守这一规则,经常做出过分的行为,这里说的"杀过"行为,就是其中的一例。

▼ 独角鲸

所谓"杀过",是指一些食肉动物一次杀死远远超出自己食量的猎物的行为。这种行为,在动物界里是普遍存在的,并不是偶然现象。比如,一只金钱豹能够一次杀死17只山羊,它杀死这么多的山羊,并不是为了吃,而是把尸体整齐地排列起来,然后扬长而去。狮子、北极熊、狼等猛兽,都有这种过分举动,几只狼可以杀死上百只驯鹿,北极熊可以一口气杀死20多头独角鲸。

一些小型动物的"杀过"行为一点也不亚于大型动物。赤狐的"杀过"行为更厉害。荷兰的一位动物行为学家曾亲眼见过一只赤狐杀小鸡的情景。夜幕降临了,鸡都回到了自己的"家"开始休息了。这时,一只贼头贼脑的赤狐出现了,它左顾右盼,寻找着猎物。目标终于出现了,一个关得不十分严

▲ 黑头鸥

实的鸡舍就在它的面前。它毫不犹豫,一头钻了进去,10分钟左右,

▲ 狼

从各种角度提出了自己的看法。

这种"杀过"行为，是由动物固有的凶残本性决定的。有些动物天生就具有进攻本能，遇到对手绝不放过。

有人从另外的角度来分析动物的"杀过"行为。他们认为，这些动物的过激行为，是对被害动物反抗挣扎的回报。即使是一些比较凶残的食肉动物，它们的"杀过"行为也是偶然的，并不是每次都杀过。

就把鸡舍里的鸡全部杀死。赤狐还经常在暴风雨之夜，偷偷闯进黑头鸥的巢穴，把那里的10多只黑头鸥一个个杀死，然后一走了之，一只也不带。

猫头鹰捕捉起田鼠来，也常常表现出极强的"杀过"意识。有些猫头鹰即使在吃饱的情况下，遇上田鼠也绝不放过，穷追不舍，直至杀死为止。

让人困惑不解的是，这些动物为什么要这样做。科学家们

之所以会有"杀过"举动，那

▲ 赤狐

是因为它们接近猎物时，受到被害动物的惊吓和逃窜的刺激而引起的，绝不是它们残忍嗜杀的本性决定的。可是，怎么来解释赤狐猎杀黑头鸥表现出来的行为呢？曾有一位动物学家对黑头鸥的栖息地进行了考察，发现它们在夜间，尤其是在有暴风雨的夜晚，一直蹲在那里一动不动，但赤狐也没有放过它们。

因此又有人指出，对于动物"杀过"行为产生的原因不能一概而论，要做具体分析，也许有的出于本性，而有的是因为受了刺激，也可能两种原因兼而有之。

| ▼ 狮子 |